创见

VIEWPOINTS

未来新赛道与科创新引擎

丁国杰 ◎ 主编

上海交通大学出版社
SHANGHAI JIAO TONG UNIVERSITY PRESS

内容提要

　　本书主要阐述了未来产业的内涵、特征及趋势规律,分析了未来产业与战略性新兴产业和先导产业的区别,阐述了未来产业细分领域的主要方向以及对各地布局未来产业的建议,研究了发展未来产业所需要的环境生态,并围绕大模型、脑机接口、合成生物等方向展开深入分析。同时,本书也对全国 GDP 排名前 25 城的未来产业潜力用指数方法进行了分析,并分别对上海 16 区未来产业的潜力和科创特色展开了论述。

　　本书适合从事产业研究、产业政策研究、未来产业研究、科技创新领域研究的学者、政府部门和未来产业领域的园区企业阅读和参考,可为未来产业的理论研究与实践以及政府部门决策提供参考。

图书在版编目(CIP)数据

　　创见:未来新赛道与科创新引擎/丁国杰主编.
上海:上海交通大学出版社,2024.11—ISBN 978 - 7 - 313 -
31850 - 3

　　Ⅰ.F269.2

　　中国国家版本馆 CIP 数据核字第 2024M31V98 号

创见:未来新赛道与科创新引擎
CHUANGJIAN: WEILAI XIN SAIDAO YU KECHUANG XIN YINQING

主　　编:	丁国杰			
出版发行:	上海交通大学出版社	地　　址:	上海市番禺路 951 号
邮政编码:	200030	电　　话:	021 - 64071208
印　　制:	上海新华印刷有限公司	经　　销:	全国新华书店
开　　本:	710mm×1000mm　1/16	印　　张:	18.25
字　　数:	307 千字			
版　　次:	2024 年 11 月第 1 版	印　　次:	2024 年 11 月第 1 次印刷
书　　号:	ISBN 978 - 7 - 313 - 31850 - 3			
定　　价:	88.00 元			

版权所有　侵权必究
告读者:如发现本书有印装质量问题请与印刷厂质量科联系
联系电话:021 - 56324200

编 委 会

前　言

  未来产业由前沿技术驱动，当前处于孕育萌发阶段或产业化初期，是具有显著战略性、引领性、颠覆性和不确定性的前瞻性新兴产业。大力发展未来产业，是引领科技进步、带动产业升级、培育新质生产力的战略选择。当下，从国家到地方，都在积极布局未来产业，强化创新驱动发展战略，加快新质生产力的布局。

  为深刻把握未来产业的内涵、特征与趋势规律，对国内各地未来产业发展的潜力水平进行评价，并对上海未来产业的优势与短板、上海创新驱动发展的实践进行分析，上海中创产业创新研究院团队对未来产业开展了深入研究，旨在为国家、各省市未来产业和科技创新的发展提供启示和借鉴。

  本书汇总了上海中创产业创新研究院 2023 年度的优秀原创成果，分为未来产业和新赛道、上海 16 区未来产业潜力、未来产业潜力之城和上海 16 区科创风云四个部分。未来产业和新赛道，分析了未来产业与战略性新兴产业、先导产业的联系与区别，阐述了未来产业的趋势规律与环境生态诉求以及未来产业细分领域选择的主要依据，并对大模型、脑机接口、合成生物等前沿领域展开论述；上海 16 区未来产业潜力，分析了上海各个区未来产业领域的企业集聚、产业基础、科创资源等特征，剖析了各区的短板和存在的问题，并提出了对策和建议；未来产业潜力之城，结合未来产业细分领域，构建了覆盖创新策源能力、产业硬核能力、企业成长潜力、创新孵化能力和综合环境生态五个维度 19 个指标的指数评价体系，对全国主要城市未来产业潜力进行了评价排名，分析了各个城市的优势和不足，并提出改进建议；上海 16 区科创风云，分析了上海各区的科创资源禀赋、创新能力水平、重要创新成果和创新环境生态，挖掘各区的优势与不足，并提出对策和建议。

  其中，未来产业和新赛道主要由上海中创产业创新研究院产业集群研究促进中心、新兴产业研究中心、战略科技中心和数字经济研究中心撰写；上海 16

区未来产业潜力主要由上海中创产业创新研究院产业集群研究促进中心、新兴产业研究中心和战略科技中心撰写；未来产业潜力之城主要由上海中创产业创新研究院集群研究促进中心和新兴产业研究中心撰写；上海16区科创风云主要由上海中创产业创新研究院战略规划研究中心和战略科技研究中心撰写。

本书在撰写过程中得到了上海市经济和信息化委员会等市级部门、各区相关职能部门的指导和支持，并结合了大量企业调研，以翔实的数据研究、典型的案例研究、深入的问题探讨、实操的政策建议，为全国各地政府以及上海市级部门、各区政府部门决策提供参考。在此向为本书提供指导和支持的各界朋友表示感谢！

未来产业是新质生产力的重要组成部分，科技创新是新质生产力的根本动力。这些研究方向也是上海中创产业创新研究院的主攻方向和优势所在，我们将持续深耕专业领域，持续输出高质量的研究成果，回应时代需求和社会关切，解决现实痛点；为中国式现代化产业体系的构建，科技强国、制造强国、数字中国等国家战略的实施承担起智库应有的责任与担当。

目　录

第三部分　未来产业潜力之城

第四部分　上海 16 区科创风云

第一部分

未来产业和新赛道

未来产业、战略性新兴产业、先导产业是什么关系

　　未来产业是面向未来社会需求，由当下尚未成熟的技术突破驱动，将来可能会发展成为战略性新兴产业的产业。未来产业是大国博弈的竞争焦点，也是塑造未来世界的决定性力量，美国、日本、欧盟等国与地区近年均出台了产业创新战略，积极抢占未来产业发展的制高点。从国内来看，2020年，习近平总书记在浙江考察时提出了"未来产业"这一重大时代命题，国家"十四五"规划也明确提出"在类脑智能、量子信息、基因技术、未来网络、深海空天开发、氢能与储能等前沿科技和产业变革领域，组织实施未来产业孵化与加速计划，谋划布局一批未来产业"。自2022年10月上海出台《上海打造未来产业创新高地发展壮大未来产业集群行动方案》以来，全国各地对未来产业的关注进一步升温，浙江省、南京市相继发布未来产业的指导意见和行动计划，工信部也明确提出要制定国家层面的未来产业行动计划。一时之间，未来产业成为各方关注焦点。

　　然而从现实情况来看，各方对未来产业的概念与内涵缺乏全面深刻的理解与共识，对未来产业趋势规律的认识还比较模糊，关于发展未来产业的路径也在探索之中，这给各地谋划发展未来产业带来一定的挑战。因此，笔者结合自己的研究和理解，尝试对未来产业进行剖析和解读，供大家参考。

一、为什么当下要提出布局发展未来产业

　　布局未来产业既是把握全球新一轮技术和产业变革机遇、积极参与全球竞争的战略部署，也是我国实现高水平科技自立自强、建成世界科技强国的必然选择。

　　科学技术是推动人类发展的根本动力，从人类历次工业革命的历程来看，都是科学革命引发科技革命进而推动产业革命，谁能率先引领科技革命，谁就

能够占领产业发展的制高点，从而在国际产业分工格局中占据产业链和价值链的顶端，引领全球产业发展。产业更迭成为国家兴衰的重要因素之一。

如第一次工业革命将人类推进蒸汽时代，开创了以机器代替手工劳动的时代，极大地解放了人类的生产力，促进了纺织业、钢铁业、运输业的发展，并带来一场深刻的社会变革，同时也使英国奠定了世界工厂的地位，并成为世界上第一个工业国家。到19世纪中期，第二次工业革命开启，人类进入电气时代，电器开始替代机器；接着是19世纪七八十年代，内燃机出现，内燃机驱动的汽车、轮船、飞机相继问世，推动了石油开采和石油化工工业的发展。第二次工业革命使德国成为制造强国，美国实现加速崛起。到20世纪四五十年代，以原子能技术、航天技术、电子计算机技术应用为代表的第三次科技革命拉开帷幕，人工合成材料、分子生物学和遗传工程等领域呈现出齐头并进的发展态势，第三次工业革命也使人类进入信息时代。当前，第三次工业革命的红利有所衰减，人工智能、量子信息、脑科学、生物育种、深海空天、可控核聚变、虚拟现实等前沿领域的技术创新正孕育着新一轮的科技革命。世界主要国家纷纷在这些新兴领域布局，以抢占未来发展的制高点。

从国内来看，经过多年发展，特别是改革开放以来，我国的科技创新发展到了新的高度，我国经济增长的动力也从传统的劳动力优势和市场优势转向创新驱动。时代呼唤更多的原始创新、颠覆性创新在中国本土诞生，而不仅仅是在世界的科技竞争中一直扮演"模仿"与"跟跑"的角色，这既是制造强国、科技强国目标要求的重要组成部分，也是大国复兴的必然使命和客观规律，以便在新一轮技术革命影响全面爆发之前能够占据先机、形成优势，把握战略主动。

二、什么是未来产业

未来产业既不是现有产业的升级版，也不是遥不可及的科幻想象，技术成熟度曲线是判断未来产业的核心标准，技术的前沿性、需求的突破性、影响的颠覆性、价值的战略性和前景的爆发性构成了未来产业的基本特征。

到底什么是未来产业，目前社会各界对此的理解存在巨大差异。有人认为未来产业是现有产业的升级版，"今天"产业的"明天"就是未来产业、当下产业的转型升级就是未来产业；也有人认为，未来产业之所以称为"未来"，那一定是目前还看不见、看不清的产业，如果是现有的、能够看得清楚的产业，那一定不能叫未来产业。

应该说,这两种观点都有失偏颇,什么是未来产业?核心标准或者可以依赖的分析工具,比较有效的是技术成熟度曲线,常规可以借鉴的就是著名的Gartner 曲线。根据 Gartner 曲线,在技术萌芽期和导入期的领域可以认为是未来产业。未来产业根据技术成熟阶段的不同,在技术萌芽期的领域可能是未来几十年可以形成产业化的领域(比如侵入式脑机接口、核聚变等),而在技术导入期的领域可能是未来 10~15 年有望成长起来的新兴产业。

同时,未来产业还具有一些区别于一般产业的特征,掌握这些特征有利于更深层次地认识和区分未来产业,为各地在选择未来产业方向时提供参考。一是技术的前沿性,未来产业是技术和市场都尚未成熟的产业,目前市场上没有公认或既定的技术标准,不是简单的技术升级或迭代,而是传统技术路线的替代和创新范式的革新;二是需求的突破性,未来产业面向未来需求,代表了人类对智能能力、生命质量、资源利用、空间拓展更具极限突破性的需求,而不是简单的需求升级和线性迭代;三是影响的颠覆性,未来产业是对传统技术领域和技术路线的颠覆,将为生产力和生产关系带来变革性影响,能够颠覆人类的生产生活方式,不仅是简单的技术革命,而且会带来社会变革;四是价值的战略性,未来产业涉及的领域在国际竞争中具有战略意义,代表了新赛道的开辟,将重塑全球产业分工格局、决定国家产业地位更迭变迁,对各国全球领导权和话语权争夺具有战略意义;五是前景的爆发性,未来产业一旦技术成熟会形成效益产出的显著爆发力,将促进围绕前沿技术的新兴领域的形成和发展,对经济、生活、社会等各方面形成广泛带动作用。

三、未来产业与战略性新兴产业、先导产业是一回事吗

未来产业与战略性新兴产业、先导产业并非同一个概念,核心区别依然在于技术成熟度和产业成熟度。三者在技术进步方向上一脉相承,但技术的前沿程度不同;三者在当地产业发展格局中的作用有相似之处,但又有发展阶段、支撑程度和战略价值上的差异。

战略性新兴产业是指以重大技术突破和重大发展需求为基础,对经济社会全局和长远发展具有重大引领带动作用的、成长潜力巨大的产业,是新兴科技和新兴产业的深度融合,具有科技含量高、市场潜力大、带动能力强、综合效益好等特征。我国提出发展战略性新兴产业是在 2008 年全球金融危机之后,当时世界经济受到强烈冲击,发展动能衰减,各国都在寻找新的经济增长点。我

国提出要加快布局战略性新兴产业,以应对危机、积蓄动能,并于 2010 年出台了《国务院关于加快培育和发展战略性新兴产业的决定》,把节能环保、新一代信息技术、生物、高端装备制造、新能源、新材料、新能源汽车等七大领域作为重点发展的战略性新兴产业。经过多年发展,我国战略性新兴产业增加值占国内生产总值的比重已从 2010 年的 3% 左右提升至 13% 以上,部分领域已成为国民经济重要支柱产业。

先导产业则是在各地产业规划中比较常用的概念,如上海"十四五"先进制造业规划中,明确提出构建"3 + 6"产业体系,其中"3"就是布局集成电路、生物医药、人工智能三大先导产业,先导产业是六大战略集群的分支,是在产业创新能力提升、产业规模实力壮大方面发挥先导和引领作用的产业。应该说,先导产业不是与战略性新兴产业、未来产业处于一个维度的产业领域的划分,而是政府产业规划部门主观上对产业地位与作用发挥的一种期待或者定位。

从历史进化的视角看,当初谋划发展战略性新兴产业与今天谋划布局未来产业发展的初衷是一致的,当时的战略性新兴产业对于已经成熟的传统产业来说,也带有一定的未来色彩,今天的战略性新兴产业正是昨天的未来产业。但是从当下来看,战略性新兴产业和今天所讲的未来产业依然存在显著差异,主要表现在:一是技术阶段的差异,未来产业是处于更加前沿、技术处于更早期萌芽阶段的产业,现在的战略性新兴产业在技术上已经比较成熟,技术路线也相对清晰,已经形成一定的产业集聚规模,两者的技术成熟度和发展阶段不同;二是地位作用的差异,现在的战略性新兴产业已经成为当地的主导产业和支柱产业,而未来产业还需要前期的引导和培育,很难在短期内形成地方产业实力的支撑,其更重要的价值在于布局前沿、积蓄力量、孕育突破、引领未来。

同时也要看到,未来产业与战略性新兴产业、先导产业尽管有差异,但存在一定的延伸和根植关系。未来产业是战略性新兴产业或先导产业中技术更加前沿、目前尚未成熟、技术路线有望颠覆变革的领域,是战略性新兴产业的分支,而不是空中楼阁、无源之水,比如超大模型计算是人工智能的未来方向,通用 AI 是 AI 通过技术的创新突破赋能更多领域的融合发展;再比如合成生物虽然很早就存在,但是未来产业领域中强调的合成生物在技术方向上是不同以往的。

因此,我们谋划未来产业,要有历史联系的视角和思维,不是推倒重来、不是完全替代,而是在各地战略性新兴产业发展的基础上,结合各地资源禀赋、创新能力和产业基础,向更前沿的领域进行及早布局和谋划,以培育未来的潜力产业领域,积蓄未来发展的新动能。各地在布局未来产业的时候,要处理好和现有产业的关系,在推进时序、资源配置方面做好统筹。

作者:丁国杰

参考文献

[1] 军兴研究院. 详细解说人类历史上四次工业革命的背景、特点以及影响[EB/OL]. [2023 – 03 – 13]. https://mp. weixin. qq. com/s? __biz = MzUxMzM1MDYyNg = = &mid = 2247532927&idx = 2&sn = 4fc73c01390bd9d6b41cc9ed82a55a00&chksm = f9548ff2ce2306e4aa297484653677f0d445536ae7950b6a421a7be3739c609408f9bd05fc17& scene = 27.

[2] 上海市人民政府办公厅. 关于印发《上海市先进制造业发展"十四五"规划》的通知 [EB/OL]. [2023 – 03 – 13]. https://www. shanghai. gov. cn/nw12344/20210714/ 0a62ea7944d34f968ccbc49eec47dbca. html.

[3] 中华人民共和国国民经济和社会发展第十四个五年规划和 2035 年远景目标纲要 [EB/OL]. [2023 – 03 – 13]. https://www. gov. cn/zhuanti/shisiwuguihua/.

未来产业覆盖哪些领域，各地布局如何把握方向

　　各地在谋划未来产业发展的过程中，领域的选择是重中之重，也是规划布局的难点。虽然产业发展有其客观的市场规律，不完全是政府规划的结果，但也不可否认，政府规划的引导对产业发展的重要意义。从地方支持的角度，要对若干相对明确的领域进行重点布局、支持和引导，这既以尊重产业发展规律为前提，客观上也要求当地要形成适应未来产业发展的生态环境，而具体领域的选择本身也应该是一个认识规律、尊重规律的过程，既要有相对合理的逻辑和思路，也要有相对科学而有效的依据。

一、未来产业的方向前景具有不确定性，
但未来技术演进的基本逻辑有迹可循

　　把握未来产业技术方向的内在演进逻辑和驱动力是未来产业领域选择的基本出发点。从人类技术进步的方向来看，解放和发展生产力是技术进步的核心驱动力，对生命质量、认知拓展、资源永续、空间延展的需求突破是人类技术演进永恒的追求，正是这些需求形成了生物技术、智能技术、能源技术、空天深海技术领域的持续突破，而促进各种要素、各种技术组合，丰富要素、技术的组合性能，释放组合的动力和效率，则又推动了信息技术、材料技术的发展。因此，从这个角度来讲，不管未来产业领域方向如何选择，在大的技术框架范围内，都跳不出未来健康（追求生命更长、质量更好）、未来智能（追求智力极限，提高效率、驾驭世界）、未来能源（清洁、高效、可持续地永续发展）、未来空间（向深海深空要未来空间）和未来材料（与其他未来产业领域融合发展，满足功能与性能需要，从而不断突破前沿技术）这五个主要方向。

　　比如，未来健康代表人类对生命长度、生命质量的永恒追求，正是人类对生命结构的探索推动着生物技术和生物医药产业的发展。1868 年 DNA 和 RNA

双螺旋结构被发现,传统生物学进入分子生物学时代;19世纪70年代基因重组技术的诞生,人类基因组测序成功,生物学进入系统生物学时代;20世纪80年代全球生物制药加速发展,直至21世纪进入繁荣阶段,针对人类各类疾病的创新药物和创新疗法不断突破。展望未来,基因编辑、酶促DNA合成技术成为未来的前沿技术,基因作为一种信息来呈现,生命科学呈现生物学、数学、化学、材料科学、工程科学、信息科学多学科的交叉融合,合成生物被认为是以基因组设计合成为标志的第三次生物技术革命,而生物技术和信息技术的融合将推动脑机接口等类脑智能技术的发展,也构成了未来健康颠覆创新的领域。

未来智能代表人类对智力极限的追求永无止境,探索如何解放人的双手和大脑能量,释放劳动能力,突破人类认知,提高效率和动力,提升人类对世界的认知和掌控能力。1843年到20世纪60年代为人工智能起步阶段,当时人工智能停留在"符号人工智能",局限性比较明显;20世纪80年代推动应用,机器学习开始探索各类不同的学习策略和学习方法;20世纪90年代至2010年,互联网技术推动人工智能技术的创新应用持续深化;2011年开始,人工智能进入蓬勃发展期,诸如图像分类、语音识别、无人驾驶等人工智能技术实现了重大的技术突破。展望未来,算力和算法的突破依然是决定人工智能高度与深度的底层技术,而生成式人工智能(基于超大模型的训练与计算)、通用型人工智能、云网端融合、多模态未来网络等将成为重要的前沿方向。

在未来能源方面,对资源能源的可持续利用、对清洁高效能源的挖掘是人类技术进步的又一重要路径。人类历史上经历过多次重大能源变革,从最初人类对火的控制和利用,到农业文明时代的燃料、风力和水力,再到化石能源的开发利用,再到天然气的开发利用,直到19世纪中叶电力的发明是人类历史上又一次重大的能源变革与进步,到20世纪下半叶,核裂变展现了核能的威力,可以清晰地看到能源技术的演进。展望未来,减少对化石能源的依赖,替代为可持续的清洁能源,是推动能源技术演进的核心方向。基于此,氢能、可控核聚变成为引领未来的能源技术方向。同时,新型储能作为平滑光伏、风能等可再生能源发电稳定性、安全性、持续性以及降成本的核心解决方案,也成为未来能源赛道中的新引擎。

未来空间,代表着人类对生活空间、深海空天资源利用的突破,也是人类技术进步的重要方向。人类对深海空天的探索经历了一个漫长的演进过程。1783年,法国一位历史学家和一位侯爵实现了人类第一次气球载人飞行;1903年,莱特兄弟发明了世界上第一架飞机,之后是发动机产品的不断迭代;1961

年,苏联实现了第一艘载人飞船飞上太空,成为人类太空技术的又一大突破;1969 年,人类首次登上月球,之后开始对火星、金星、木星等进行探测。展望未来,对更广阔空天和深海资源的探索是未来空间技术创新的核心动力,新型垂直起降飞行器、太阳轨道飞行器、卫星互联网、无人飞船等成为前沿技术方向;而深海方面则主要是深远海的船舶及海工装备、采矿装备等。

在未来材料方面,材料是其他产业发展的基础,材料技术的演进源自其他产业对材料的需求,人类材料发展的历史,也是人类生产力进步的历史和人类社会发展的文明史。从早期的石器时代、青铜器时代和铁器时代,到后面出现陶瓷材料,大工业发展带动金属材料的跨越发展,而轻工业的发展则带动了工程塑料、合成纤维、合成橡胶、涂料和胶黏剂的应用,后续合成高分子材料的问世形成了完整的材料科学。展望未来,材料技术总体的走向与新兴和未来产业的发展需求紧密相关,核心在于材料性能的适应性突破,在耐高温、高寒、极限制造、弹性柔性、多领域融合以及智能化中的应用。基于此,类似高温超导材料、光子芯片、类脑芯片等新一代半导体材料,碳基新材料和高性能纤维材料、膜材料成为代表性的前沿技术方向。

以上方面也是上海提出五大未来产业集群的基本出发点,以面向人类进步、面向认知拓展、面向资源永续、面向空天深海、面向性能突破"五个面向",构建未来健康、未来智能、未来能源、未来空间、未来材料"五大未来产业集群"(见图 1)。在这样的框架下,各地可以结合自身的资源禀赋、创新能力和产业基础,进行细分领域方向的选择。实际上,目前已经出台未来产业意见或计划的地方,在具体领域方面也没有偏离这些基础的方向。

二、长期跟踪储备前沿技术领域是把握未来产业发展方向的重要参考

地方在选择具体的产业领域时,可以充分考虑落实国家战略要求,借鉴参考国际权威报告的前沿技术跟踪预测与世界主要国家未来产业相关战略,并结合自身产业基础进行布局。

首先,充分考虑落实国家战略。习近平总书记在中国科学院第十九次院士大会上的讲话中提及全球前沿技术方向,包括以人工智能、量子信息、移动通信、物联网、区块链为代表的新一代信息技术,以合成生物学、基因编辑、脑科学、再生医学等为代表的生命科学领域,融合机器人、数字化、新材料的先进制

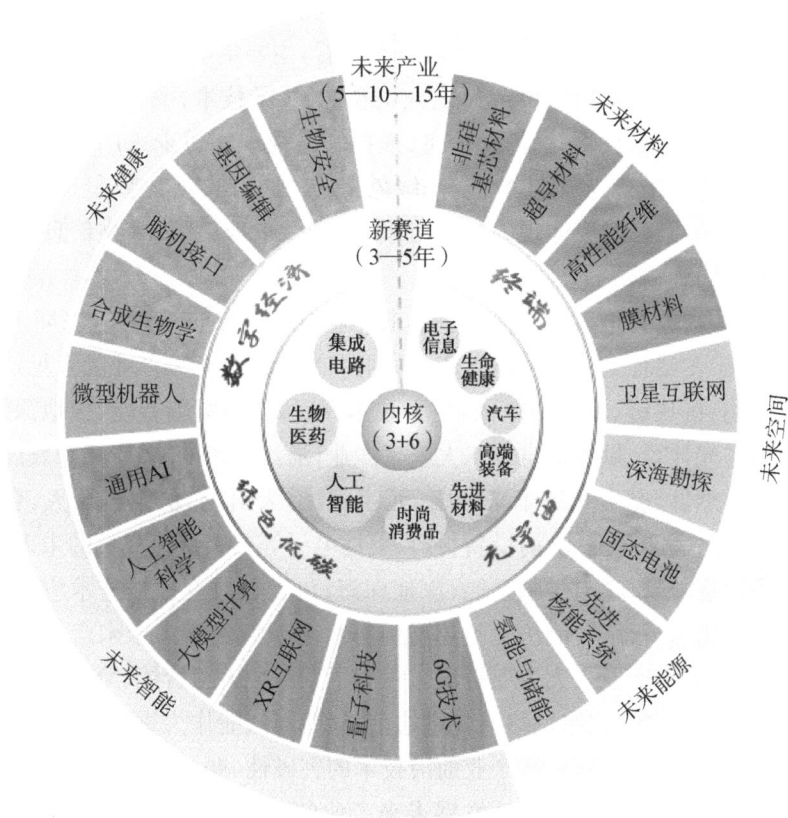

图 1　上海布局未来产业五大集群的基本逻辑

造技术,以及以清洁高效可持续为目标的能源技术。我国"十四五"规划明确提出,在类脑智能、量子信息、基因技术、未来网络、深海空天开发、氢能与储能等前沿科技和产业变革领域,组织实施未来产业孵化与加速计划,谋划布局一批未来产业。

其次,要对标国际前沿技术趋势,综合 Gartner 曲线技术预测分析技术,结合阿里达摩院《2023 十大科技趋势》《2024 数字科技前沿应用趋势》、百度研究院《2023 年十大科技趋势预测》等报告中涉及的未来产业。这些报告涉及基因编辑、脑机接口、通用 AI、人工智能科学、大模型计算、虚拟现实和增强现实、硅光芯片、全域隐私计算、云网端融合、固态电池、纳米材料、数字孪生、空天技术等方向。

最后,大国科技的战略博弈焦点也是考虑的一个维度。近年来,美国、英国、德国、日本等科技强国通过制定国家层面的发展战略，争相布局面向未来的关键技术领域。从全球未来产业领域分布来看，主要集中在智能、低碳、健康三个方面。智能体现为各国在半导体、人工智能、量子技术、下一代通信技术、超智能社会、先进计算技术、脑神经信息、虚拟和增强现实等未来产业群的部署；低碳体现为各国在新能源、生物能源、绿色交通、氢能、低碳工业、低成本核能等未来产业群的部署；健康体现为各国对未来医学、未来医院、生物信息学、生物安全等的布局。

另外，国内也有很多省市提出了未来产业布局的方向。例如，深圳于2022年出台《关于发展壮大战略性新兴产业集群和培育发展未来产业的意见》，提出了合成生物、区块链、细胞与基因、空天技术、脑科学与类脑智能、深地深海、可见光通信与光计算、量子信息等八大未来产业；浙江发布的《关于培育发展未来产业的指导意见》提出布局未来网络、元宇宙、空天信息、仿生机器人、合成生物、未来医疗、氢能与储能、前沿新材料、柔性电子等九个快速成长的未来产业，探索量子信息、脑科学与类脑智能、深地深海、可控核聚变及核技术应用、低成本碳捕集利用与封存、智能仿生与超材料等六个领域的潜力未来产业；南京出台《加快发展未来产业六大专项行动》，明确了新一代人工智能、第三代半导体、基因与细胞、元宇宙、未来网络与先进通信、储能与氢能作为重点领域。

这里需要强调的是，未来产业前沿技术的突破性、颠覆性创新要求，以及未来产业发展的不确定性，对各地发展未来产业的环境提出了更高要求，未来产业不应该、也不可能在各地全面开花，未来产业也不是选择了就能够发展起来。一方面，各地可以通过构建覆盖高校资源集聚度、优势学科匹配度、创新平台支撑度、领军人才领先度、代表企业先进性、创新产品突破性"四度两性"，客观评价自身发展布局未来产业的基础，对未来产业布局方向做出相对理性的选择；另一方面，相比领域选择，更为重要的则是营造良好的环境与生态，为未来产业的种子苗壮成长提供土壤和空间，让未来产业可以在自由宽松的环境中健康发展。同时，未来产业发展绝对不可能一蹴而就、短期见效，需要坚持"坐冷板凳"和"孵化培育"的思维，久久为功方能取得真成效。

作者：丁国杰

参考文献

［1］科普中国. 人类利用能源的发展历史［EB/OL］.［2023－03－14］. https：//baijiahao.

baidu. com/s? id = 1724887087710698159&wfr = spider&for = pc.

［2］张先恩. 世界生命科学格局中的中国［J］. 中国科学院院刊,2022,37(5):622-635.

［3］周波,冷伏海,等. 世界主要国家未来产业发展部署与启示［J］. 中国科学院院刊,2021
(11):1337-1347.

未来产业遵循哪些趋势规律，需要营造怎样的生态

未来产业本身的产业属性决定了其发展与一般产业的要素需求有共通之处，比如有企业主体、有创新驱动、有平台支撑、有人才支持、有资金配套、有政策扶持等等。但同时，未来产业也有技术的前沿性、路线的不确定性、产品市场接受程度的过程性以及孵化培育的长周期性等特征，这些特征决定了未来产业在发展路径、发展模式上必然与成熟产业存在很大差异，将对以往的创新范式、产业组织形式以及政府治理方式提出新的挑战。

一、有赖"全链贯通、组合创新"的创新范式

由于新一轮技术革命中技术快速叠加、交叉融合等特征，引发了对传统创新范式的颠覆。传统的创新范式下，基础研究、应用研究以及产业化相对分割，相关主体也相对独立，基础研究更多是大学和科研院所的工作，应用研究和产业化基本是以企业推动为主，尽管也有产学研合作，但是仍以个体的项目合作为主，合作相对松散，并且一提到创新，基本是以技术创新为主，很少涉及其他方面的创新。而在新一轮技术特征及趋势要求下，未来产业的发展更加需要全链条创新的贯通与融合，并且要体现创新组织形式、产业组织方式、研发制造模式等的全方位变革。

全链条贯通。要打通基础研究、应用研究、产品布局的全链条，在基础研究阶段，就考虑企业的介入和市场需求的反馈，如概念验证中心这一新的组织形式在高校基础研究项目的早期阶段就已经有资本积极参与，成为弥补高校院所基础研究成果与市场化之间空白的关键环节；通过企业牵头的创新联合体进一步整合研发、产业链上下游、应用端及横向生态圈的各种资源，进一步推动应用研究和产业化的融合，整体上形成从科学发现到技术创新，再到形成产品以及大规模产业化的闭环。我国科技部和教育部批复的大学未来科技园也是一种

"学科＋产业"的创新模式,大大提升了科技成果转化和孵化的专业能力。

交叉融合创新。进入21世纪以来,全球科技创新进入空前密集活跃的时期,信息智能、生命科学、创新能源、空天深海领域持续地出现原创前沿技术的突破,并且体现了学科之间、技术之间、自然科学和人文社会科学之间多领域的交叉融合,呈现快速迭代乃至跳变的特征,技术对生产力影响的深度、广度、速度和精度都在前所未有地增加。因此,未来产业要着力在交叉融合创新方面加大力度,依托未来产业研究院、未来产业技术学院、未来大学科技园等不同的组织形式和平台载体,探索多科学交叉融合创新的体制机制。

组合式创新。未来产业的发展不仅依靠单纯的技术创新,还需要各种创新的组合,如在研发生产模式上,将共享制造、定制化制造、数字孪生制造、服务型制造等各种模式融合进来,不断地对新技术新产品进行反馈;在产业组织形式上,加强各种创新联合体、产业联盟、链主与上下游企业的协作等,不再是泾渭鲜明的产业链上下游的垂直分工,更多的是各种行业生态资源的跨界横向整合,实现跨产业链融合、跨生态圈协同,通过研发模式、生产方式、业务模式、组织变革推动产业发展。

二、凸显"场景示范、衍生应用"的牵引带动

未来产业依托未来新的技术突破,更多的是源头技术突破的衍生应用,通过应用场景打开未来产业发展空间,这也是我国面向新一轮技术产业变革,在未来产业赛道上的比较优势。场景驱动、衍生应用在技术和产业发展的不同阶段有不同的要求、支撑载体和示范路径,同时也有不同的作用空间。

如在技术处于概念期的时候,未来产业发展需要一些类似概念验证中心的载体和平台,可以围绕未来产业不同领域,依托高校或科研院所建立未来产业概念验证中心,提供早期科技成果评估、技术可行性评价等概念验证服务,探索设立概念验证基金,筛选、支持能够解决产业实际需求的基础科研项目,助力未来技术到未来产业的孵化与加速。

在技术从1到100的产业化突破阶段,特别需要为新技术、新产品应用提供示范空间,通过技术的应用、反馈进行技术的完善和迭代,从而推动技术不断走向成熟。从产品端来看,新产品的应用体验也不断形成对技术的反馈,反向推动技术的成熟、产品性能的稳定,从而为产业化加速提供支撑。其中,政府的作用也很重要,可以在政府购买、示范应用、市场推广、各方资源信息嫁接等方

面发挥作用。当然，政府可以通过购买第三方服务实现这些功能的延伸，培育一批市场化的未来产业集群促进服务组织。

而在技术从 100 到 10000 的产业化加速阶段，则需要在推动行业成熟发展的商业模式方面支持探索、加快成型。在这个阶段，要积极发挥一些未来产业加速园的作用，可以在城市更新和存量调整的框架下，为未来产业企业项目提供一些低成本的用地空间，作为研发生产基地，助力企业加速成长。

总之，未来产业发展需要构筑差异化的应用场景，在概念验证、技术孵化、产业加速方面提供广阔空间。

三、遵循"前瞻布局、市场培育"的成长路径

未来产业由于是技术尚在孕育或者技术尚未成熟的领域，一般在技术路线上还存在争议，产业化前景也并不完全明朗，有可能某些技术路线会走不通，在可预见的未来很难有市场应用的可能和空间，也有可能未来呈现爆发式的增长，为未来技术和产业发展带来颠覆性的变革和影响。

与成熟产业更多依赖市场机制、由市场规则运行来推动和发展不同，未来产业的发展有赖于政策的引导和支持，带有"主动谋划、前瞻布局、市场培育"的特征，如何建立一套未来产业的科学发现、潜力评估、投资决策、孵化培育的机制显得非常重要。因此，对未来产业选择、政策支持、产业发展生态构建方面提出了更高的要求。选择哪些领域进行布局，要有一套相对科学合理的筛选机制，避免大量资源的浪费并错失发展良机。尤其需要强调的是，未来产业布局需要从国家战略层面进行考量，如美国的芯片法案、生物经济法案、先进制造业战略等等，都是出于国家战略、国际竞争长远考虑进行的战略谋划。对于我国来讲，要发挥举国体制优势进行前瞻性的布局，着力构建战略科学家源头引领、战略企业家市场实践、战略投资家赋能推动、政府举国体制引导支撑的未来产业促进机制。

四、需要"弹性包容、创新开放"的政府治理

未来产业技术的前沿性、路线的不确定性、孵化的长期性、市场接受度的过程性，决定了对未来产业发展的治理方式和手段要有别于成熟产业，未来产业发展有赖于宽松自由的环境、包容开放的治理和大刀阔斧的改革与制度创新。

未来产业的发展还面临着诸多瓶颈和现实的难点，比如，未来空中交通领域面临低空域权开放的问题。再比如，未来产业项目准入政策或资质申请面临营收、税收、产值或固投等经营指标的限制；法律法规的制约，以氢能领域为例，氢气仍作为传统危化品按照现有法律法规进行管理，严重滞后于氢作为新能源的发展步伐，对加氢站建设、燃料电池汽车发展带来障碍；涉氢检测标准、氢能安全标准以及氢燃料电池用氢质量标准等方面缺失，也在一定程度上影响了行业发展；虚拟数字人的权利归属、行为规范、归责标准等法律法规及标准均有待进一步构建。同时，传统的科研管理体制对未来产业颠覆性的原始创新和技术成果加速产业化均形成了一定的制约，总体上，我们对基础研究和科学家价值的认可和重视不够、社会宣传不够、整体氛围和文化都有所欠缺，同时，科研项目资源的分配机制、科学家潜心科研的机制环境、科研人员职称评定和成果认定的方式、科技成果转化的利益共享机制等，都未能充分激发科学家和科技人员创新的内生动力，人才培养机制缺乏创造思维和批判精神的培养。

因此，发展未来产业，提出布局方向只是万里长征第一步，我们需要重新构建一套适应未来产业发展的生态系统，推动传统政府治理方式的深刻变革。在市场准入环节，为未来产业和前沿技术领域给予一定"留白"，针对未来产业领域的项目，降低营收、税收、投资等硬性指标的要求，将企业的创新能力、研发投入、行业技术先进性、创始团队能力、社会融资认可程度等多元因素纳入项目准入的评估决策体系；在资金支持方面，要推动政府引导资金变"锦上添花"为"雪中送炭"，要投向风险较大、特别需要支持、市场相对失灵的领域，要投早、投小，发挥政府资金的引导作用，撬动社会资本大杠杆；在人才松绑方面，推动传统科研机构管理评价方式、人才认定机制与评价体系的改革，率先打破条框制约，营造为"偏才怪才"提供发展土壤和空间的环境；在企业支持方面，要尝试改变大企业偏好，更多关注民营创新型、成长型企业，在资质申请、政策享受、荣誉授予、创新产品示范应用、首台套及首版次支持等方面给予民营企业更多支持。

作者：丁国杰

参考文献

［1］陈劲，朱子钦. 未来产业：引领创新的战略布局［M］. 北京：机械工业出版社，2022.

［2］李斌，郭宇靖，盖博铭，等. 未来产业：塑造未来世界的决定性力量［M］. 北京：北京联合出版公司，2021.

从概念到落地：上海如何打造未来产业加速园

2022年9月，上海出台的《上海打造未来产业创新高地发展壮大未来产业集群行动方案》明确提出，要建设一批未来产业加速园。那么到底什么是未来产业加速园，其在未来产业发展中承担怎样的功能，上海打造未来产业加速园的基础如何，未来应该如何推动未来产业加速园落地，这些都是需要研究和破解的问题。本文试图从"是什么、有什么、怎么做"三个方面，回答上海未来产业加速园从概念到落地的相关问题。

一、什么是未来产业加速园

《上海打造未来产业创新高地发展壮大未来产业集群行动方案》提出，建设未来产业加速园，遴选若干特色产业园区前瞻布局，发挥未来产业科技园作用，建设一批推动创新成果转化的加速器。从方案内容不难看出，未来产业加速园的核心功能是承载并推动未来科技创新成果转化，其重点依托的平台载体是科技园区和特色产业园区。

熟悉科创的人经常会接触到两个概念，一个是孵化器，一个是加速器。孵化器面向初创企业和创业团队，为其提供物理空间、共享设施以及各类专业化服务，提高创业企业的成活率和成功率。加速器介于孵化器和科技园区之间，进入加速器的企业是经过孵化器的孵化后，进入团队、业务、收入等快速发展期，加速器往往需要比孵化器具备更扎实的资源和服务能力。因此，加速器是孵化器的延伸，两者往往很难进行严格区分。在整个创新链条中，孵化器与加速器发挥着重要作用，成为新技术转化、新企业孵化、新产品孕育的重要策源地。

上海提出未来产业加速园的概念，事实上就是要打破独立分散的孵化器、加速器的创新发展模式，在更大的空间尺度上统筹布局未来产业领域的科技成果转化。在未来产业加速园内，集中布局面向未来科技转化的孵化器、加速器、小试中试平台、公共技术服务平台以及旗舰制造工厂等创新平台载体，汇聚科研机构、金融服务机构、科技中介机构等创新服务机构，营造有利于科技成果转化的创新生态和营商环境，成为未来科技企业孵化和成长的主要承载区。

二、哪些区域有条件成为未来产业加速园

根据未来产业加速园的功能定位，上海有三类产业创新载体有条件打造成为未来产业加速园。

第一类是以研究型大学为主导的科技园。这类创新载体的最大优势就是贴近大学，是大学科研成果转化的首站。目前上海全市范围内有复旦大学、同济大学、上海交通大学、华东理工大学、上海理工大学等 14 个国家大学科技园，截至 2019 年底，14 个国家大学科技园累计培育 100 家科技"小巨人"企业、539 家高新技术企业和 66 家上市企业。2020 年 10 月，上海市出台《关于加快推进我市大学科技园高质量发展的指导意见》，要求大学科技园强化科技成果转化、科技企业孵化、科技人才培养、集聚辐射带动等核心功能。

复旦大学科技园成立于 2001 年，是经科技部、教育部认定的首批国家大学科技园之一，科技园本部位于复旦大学本部校区东南侧，截至 2021 年底，科技园拥有孵化场地面积 2 万平方米，共计注册企业 1726 家，在孵企业 116 家，累计孵化上市企业 13 家、高新技术企业 47 家，在软件和信息技术、集成电路、生物医药、节能环保、文化教育等领域培育了一批优秀企业。

上海交通大学科技园也是首批国家大学科技园之一，2021 年被科技部、教育部认定为 A 类（优秀）国家大学科技园，拥有 2 个国家级科技企业孵化器、3 个国家级众创空间和 2 个上海市级科技企业孵化器。截至 2019 年底，上海交通大学科技园累计培育高新技术企业 201 家，累计上市、新三板挂牌及被并购的企业 23 家，包括东方财富网、恒为科技、饿了么、PPS 等。

目前，研究型大学正在加快布局未来产业技术领域，如上海交通大学联合闵行区、宁德时代等，筹建未来能源与智能机器人产业科技园；同济大学联合杨浦区、嘉定区、上汽集团、百度等，建设自主智能未来产业科技园。

第二类是具有品牌影响力的"双创"空间载体。这类创新载体的优势是机制更灵活，形成了一套市场化的理念和打法，其中比较典型的品牌载体包括杨浦的长阳创谷、紫竹 ET 空间、张江孵化器等。

　　长阳创谷是 2014 年杨浦区与上海电气联手打造的科创项目,定位为开放式的 CAMPUS 创新生活街区,将工业老厂房与现代科技、都市生活、自然生态等有机结合,为创新创业者打造亲切舒适、类似大学校园的空间体验。创谷内有启迪之星、创翼天地、优客工场等众创空间,集聚 300 多家"双创"中小企业,带动创业就业 2.5 万人。

　　紫竹 ET 空间位于紫竹高新区,包括苗圃、孵化器、加速器在内总共 1.2 万平方米创业孵化基地,累计服务创业企业 400 多家,培育了晶岳、凡米、汇像、云拿等 53 家高新技术企业以及触宝科技、柏楚电子等上市企业,在孵企业在"创·在上海"国际创新创业大赛、"创客中国"全国决赛等多项国家级赛事中屡获大奖。

　　张江孵化器是经科技部火炬中心认定的国家级孵化器以及人力资源和社会保障部认定的全国创业孵化示范基地,张江孵化器连锁化运营 9 个以"张江创业工坊"为品牌的创业空间以及微软 AI&IoT 实验室和 IBM 创新中心,总孵化基地面积超过 7.2 万平方米,打造开放式创新平台、跨国联合孵化平台。

　　第三类是聚焦未来产业领域的特色产业园区。这类创新载体的优势是产业化空间相对丰富,有利于形成全产业链的配套支持。上海已获批成立三批次 53 个特色产业园区,其中有相当部分园区已经在未来产业领域进行了布局,如嘉定氢能港、张江人工智能岛等。与此同时,还有一批正在崛起的以未来产业为主攻方向的特色园区,如张江细胞和基因产业园。

　　嘉定氢能港是我国首个燃料电池产业园,也是国内氢燃料电池产业链最齐全、高端人才集聚度最高的区域之一,集聚了上燃动力、重塑能源、捷氢科技等行业龙头企业,形成了燃料电池汽车、燃料电池系统、电堆、氢瓶、膜电极、双极板、空压机、加氢站等完整的氢燃料电池汽车产业链。

　　张江人工智能岛是上海乃至全国人工智能产业集聚度最高的区域之一,形成了包括基础支撑层、软件算法层、行业应用层等在内的全链条创新体系,集聚了平头哥、英飞凌、IBM、云从科技、小蚁科技以及同济自主智能无人系统科学中心等一批 AI 科技企业和研究机构,拥有 5G + AI 实验室、红衫产业孵化中心等孵化平台。

　　张江细胞和基因产业园以国际医学园区为主体承载,聚焦细胞和基因治疗、基因测序与分子诊断等领域,形成"底层技术 + 源头创新 + 产业基石"的发展体系。园区规划面积 61.3 万平方米,其中核心区 19.3 万平方米,围绕张江细胞产业园与张江基因岛,打造具有全球集聚度和显示度的产业新地标,扩展区 42 万平方米，满足产业空间扩增需求。

三、如何做好未来产业加速园

未来产业加速园是构建未来产业链的关键环节，高起点、高水平推动一批未来产业加速园建设，是上海打造未来产业创新高地、发展壮大未来产业集群的重要抓手。

构建"专业园 + 综合园"模式。根据上海各类产业创新平台载体的优势，分类推动未来产业加速园建设。参照张江细胞和基因产业园的模式，聚焦未来产业细分赛道，重点打造一批规模不大，但专业特色明显的未来产业加速园。依托大学科技园区、特色产业园区、创新创业基地等存量载体，深入挖掘并培育未来产业技术新方向，打造产业领域相对丰富、综合服务能力较强的未来产业加速园。

贴近高校院所等策源主体。未来产业加速园是推动技术成果加速转化的平台，其存在的前提是要有可以用来转化的未来前沿技术，因此未来产业加速园必须贴近高校、科研院所等创新策源主体，这种贴近并不意味着物理空间上的毗邻，而是需要建立创新链条上的深层次合作关系。大学科技园与高校之间存在天然的贴近关系，依托其他平台建立的未来产业加速园，也要想办法与大学和科研院所形成更紧密的合作关系。

建立完善的产业创新生态。未来产业加速园不是简单地建几个加速器，而是需要在孵化、加速、产业化等全链条上下功夫，也就是说要着眼于整个产业创新生态的建设。这里面有几个关键的因素，例如，要有高水平的孵化器或者与高水平孵化器建立紧密合作关系，要有针对企业加速成长的金融服务、知识产权服务、小试中试平台等配套服务，还要在产业化空间方面提供更多的支撑和保障。

打造专业的管理人才队伍。未来产业是由前沿颠覆性技术转化而来的产业，需要进行前瞻布局，这也对园区管理者提出了更高的要求。未来产业加速园的管理队伍需要有更专业的识别能力和管理能力，不仅要与企业家打交道，还要与科学家打交道。因此，上海要加快建立完善产业管理人才培养机制，培育一批熟悉未来产业的园区管理人才队伍。

作者：芮晔平

参考文献

［1］上海市人民政府.关于印发《上海打造未来产业创新高地发展壮大未来产业集群行动方案》的通知［EB/OL］.（2022－10－24）［2023－03－16］.https://www.sheitc.sh.gov.cn/bmgzjxgwj/20221108/0048949b9bf543c0a095504bb9641525.html.

［2］上海市人民政府.关于加快推进我市大学科技园高质量发展的指导意见［EB/OL］.（2020－10－22）［2023－03－16］.https://www.gov.cn/xinwen/2020-10/22/content_5553328.htm.

［3］俞陶然.上海发布重磅文件,引导大学科技园"回归初心"［EB/OL］.（2020－10－21）［2023－03－16］.https://export.shobserver.com/baijiahao/html/302448.html.

ChatGPT 于语言 AI 处核爆，谁将在视觉 AI 中出圈

随着 GPT-3 横空出世，这个具有 1750 亿参数的通用预训练模型让人们看到了超大模型在通用 AI 中的潜力，并在全球掀起 AI 大模型的浪潮。相信未来会有越来越多学术机构和企业加入 AI 大模型训练的竞争行列。OpenAI 的 ChatGPT 更确立了自然语言处理（Natural Language Processing，NLP）大模型准入门槛，参数千亿级起步，投入至少数十亿美元，性能方面都将以 ChatGPT 为参照物。

然而计算机视觉（Computer Vision，CV）领域的大模型仍处于初步探索阶段，ChatGPT-4 在视频和三维视觉语义识别等领域尚没有达到人们理想中的状态。

未来，谁将像 ChatGPT 在 NLP 中的地位，引爆整个 CV 领域，是 ChatGPT-4 升级版，还是其他龙头的 CV 大模型？本文将介绍国内外六大热门 CV 大模型以飨读者。

一、百度文心·CV 大模型 VIMER

大算法、大数据、大任务、大参数、大平台、大算力成为 CV 大模型的六要素。模型训练往往面临两个挑战。其一，随着模型参数量的急剧增加，大模型需要巨量的计算资源，普通开发者通常无法负担；其二，随着 AIoT 的发展，越来越多的 AI 应用从云端向边缘设备、端设备迁移，而大模型无法直接部署，产业落地成为难题。百度提出 VIMER 系列的 CV 大模型，包括视觉自监督预训练大模型 VIMER-CAE、多任务学习模型 VIMER-UFO2.0、端到端文档 OCR 表征学习预训练模型 VIMER-StrucTexT2.0 等。其中，VIMER-UFO2.0 在充分利用大数据和大模型的同时，兼顾大模型落地成本及部署效率，目前已经应用于燃气巡检、电网能源巡检、电子制造等领域，未来非自动驾

驶 CV 大模型还将助力自动驾驶落地应用。

二、华为盘古 CV 大模型

2021 年 4 月，华为发布了盘古系列大模型，是当时最大的视觉预训练模型，包含超过 30 亿参数。其由 NLP 大模型、CV 大模型、多模态大模型、科学计算大模型等多个大模型构成，通过模型泛化，解决传统 AI 作坊式开发模式下不能解决的 AI 规模化、产业化难题。据悉，华为盘古大模型在新药开发领域的应用，即华为云盘古药物分子大模型，成药性预测准确率比传统方式高 20％，进而提升了研发效率，使先导药的研发周期从数年缩短至 1 个月，同时可降低 70％的研发成本。盘古 CV 大模型融合了卷积网络和 Transformer 架构，是首次实现模型按需抽取的业界最大 CV 大模型，首次实现兼顾判别与生成能力，在 ImageNet1％、10％数据集的小样本分类精度上，达到了业界最高水平，在智能巡检、智慧物流、金融等方面实现了大量场景落地应用。

三、商汤 INTERN 大模型

2021 年 11 月，上海人工智能实验室联合商汤科技、香港中文大学、上海交通大学，共同发布新一代通用视觉技术体系"书生（INTERN）"，该体系旨在系统化解决当下人工智能在视觉领域中存在的任务通用、场景泛化和数据效率等一系列瓶颈问题。2022 年 3 月 14 日，商汤科技发布多模态多任务通用大模型"书生（INTERN）2.5"，在多模态多任务处理方面实现多项全新突破，其卓越的图文跨模态开放任务处理能力可为自动驾驶、机器人等通用场景任务提供高效精准的感知和理解能力支持，向通用人工智能迈出坚实的一步。

四、谷歌 ViT 系列及 V－MoE 模型

2017 年 Transformer 被提出，颠覆了传统的深度学习模型，在机器翻译任务上实现了最佳性能，其在文本领域优秀的表现吸引了计算机视觉研究者，许多人开始将 Transformer 机制引入计算机视觉。2020 年，谷歌借鉴前人的思想，在强大的算力资源加持下，提出视觉大模型 VisionTransformer（ViT），打通了 CV 和 NLP 之间的壁垒，凭借碾压各路 ConvNet（卷积神经网络）的性能

表现，一举掀起 Transformer 在计算机视觉领域的研究热潮。为了探索 AI 大模型的性能极限，谷歌又训练了一个 220 亿参数的 ViT 模型。在 ViT 模型基础上，谷歌于 2021 年 6 月推出了一种基于专家稀疏混合的新视觉架构 V－MoE 模型，成为迄今为止最大的视觉模型，参数量达到 150 亿，在 ImageNet 上的 Top－1accuracy 达到 90.35％，当应用于图像识别时，V－MoE 在推理时只需要一半的计算量就能实现先进网络性能。

五、微软 Swin-Transformer 系列

2021 年，微软发布了一款基于窗口移动的 Swin—Transformer，其作为一个通用的视觉 Transformer 骨干网络，在物体检测和语义分割任务中大幅刷新了此前的纪录，并被广泛应用于众多视觉任务中，如图像生成、视频动作识别、视觉自监督学习、图像复原、医疗图像分割等。随后，微软又发布了 Swin—Transformer V2，直接目标是能够联合建模 NLP 和 CV 模型，得到一个大规模的预训练模型（图片分类），应用到其他的视觉任务（分割、识别）并取得高精度。Swin—Transformer V2 证明了视觉大模型在广泛视觉任务中的优势和前景。

六、Meta 的 ConvNeXt 模型

2012 年，AlexNet 横空出世，推动深度学习快速发展，带动 AI 的第三波浪潮，卷积神经网络 CNN 作为图像处理的标配卷过了 AI 的大半边天。2017 年，谷歌提出基于自注意力的 Transformer 之后，展现了一统江湖的野心。但"ConvNet 派"作为传统霸主底蕴深厚，还没到低头认输的时候。2022 年 1 月，MetaAI 研究院、加州大学伯克利分校的研究人员发表了卷积神经网络的扛鼎之作——ConvNeXt，基于纯 ConvNet 新架构，取得了超过先进 ViT 的计算速度和精度，但其模仿了 Transformer 的架构，使 CNN 在图像层面的表现优于同期的 Transformer。

此外，腾讯于 2022 年 4 月首次对外披露 HunYuan 大模型，完整覆盖 NLP 大模型、CV 大模型、多模态大模型及众多行业/领域任务模型；阿里于 2022 年 9 月发布"通义"大模型系列，构建了通用模型与专业模型协同的层次化人工智能体系。特斯拉加入 Transformer 神经网络结构行列，其 OccupancyNetworks 神经网络模型在智能驾驶领域一直处于领先地位。

总体来看,CV 领域绝大多数视觉任务可以分为两类:一类是对位置信息不敏感的固定图像识别;另一类则是对位置信息较敏感的图像识别,如物体检测、3D 姿态估计、AR 试穿、智能驾驶等。

经过几十年的基础研究,视觉识别领域已经迎来了大规模视觉学习的新时代。但现如今的视觉大模型大多还是依赖预训练和微调的方式,不同的视觉应用仍需要依赖不同的模型,如何建立一个视觉通用大模型解决大部分问题,仍然困难重重。ChatGPT 在语言 AI 中的表现,让大家对 CV 大模型充满了信心。

当前 ViT 与 ConvNet 两大方向在 CV 大模型领域旗鼓相当,主干网络看似进入 Transformers 时代,在学术界四处"屠榜",但 ConvNet 在工业界的主导地位仍难以被撼动。未来 CV 领域谁主沉浮?也许汲两家之长处,相互融合、相互借鉴,会别有一番天地。

作者:李光辉

参考文献

[1] Google AI. 150 亿参数,谷歌开源了史上最大视觉模型 V－MoE 的全部代码[EB/OL].（2022－01－14）[2023－03－29]. https://baijiahao. baidu. com/s? id = 1721924883431298550&wfr = spider&for = pc.

[2] 将门创投. 十年回顾——CV 的未来:ConvNeXtorTransformer?［EB/OL].（2022－04－23）[2023－03－29]. https://www. 163. com/dy/article/H5KN538L0511CQLG. html.

[3] 商汤发布多模态多任务通用大模型"书生 2. 5"[EB/OL].（2023－03－15）[2023－03－29]. http://www. xinhuanet. com/fortune/2023-03/15/c_1211738012. htm.

[4] 孙小程,李兴彩. 盘古大模型未揭幕已大火,产业链上下游集体躁动[EB/OL].[2023－03－29]. http://www. stcn. com/article/detail/827442. html.

[5] 微软亚洲研究院. SwinTransformer 迎来 30 亿参数的 v2. 0,我们应该拥抱视觉大模型吗?［EB/OL].（2022－03－17）[2023－03－29]. https://www. msra. cn/zh-cn/news/features/swin-transformer-v2.

[6] 心缘. ECCV 2022 ｜力压苹果 MobileViT,这个轻量级视觉模型新架构火了[EB/OL].（2022－07－29）[2023－03－29]. https://m. thepaper. cn/baijiahao_19201488.

"意念"想天开，"脑机"接未来

脑机接口是脑科学最具有吸引力的研究领域。脑机接口有着"脑联万物"的技术变革雄心，通过脑机接口可实现大脑与智能终端的互联，将作为生物体的人类打造成超人；同时也有着悲天悯人的现实情感，能有效修复运动感知功能，帮助高位截瘫人士、渐冻人士、失明人士拥有独立生活的能力。

一、梦想的足音

对于地球生命而言，无论是八爪鱼捕猎的吸盘手臂，或是大熊猫黑皮靴般的爪子，还是劳动者勤劳的双手，都在执行大脑的指令。相较于其他生物，人类大脑的进化无疑是卓越的，其展现的惊人创造力，远超出我们的身体仅凭自身、不借助外在工具所能实现的范围。

电影《黑客帝国》中，人类通过脑机接口与母体连接并维系沟通；电影《阿凡达》中，人类可以通过脑机接口控制"替身"的活动……

时间在不紧不慢地前行，而今我们听到了梦想的脚步声。2022年11月30日，神经技术初创公司Neuralink在硅谷展示了一只名为Sake的猴子。这只猴子通过屏幕和植入大脑的传感设备追踪屏幕上的移动光标，拼出了英文短句"Can I please have snacks"，猴子全程和键盘没有物理接触。

看到这里，你或许会惊叹：通过意念来控制这个世界的时代真的到来了吗？我们每个人或有可能成为尼奥或崔妮蒂？各位看官先莫要激动，让我们先了解一下脑机接口到底是怎么回事。

二、天才的构想

大脑的奥秘一直令科学家深深着迷。几百年来，科学家们不断尝试创造记录、操纵和引导大脑电信号的新方法,脑机接口则是其中最为大胆的构想。1973 年,科学家雅克·维达尔(Jacques Vidal)发表文章《通向直接的脑机交流》,首次提出"脑机接口"这一术语,畅想通过建立大脑与外部设备的直接连接,从而实现信息的交换与响应。该文证明人们可以在精神上引导光标穿过一个简单的虚拟迷宫。2000 年代初,杜克大学神经科学家米格尔·尼科莱利斯(Miguel Nicolelis)和他的合作者经过研究发现,植入神经接口的猴子可以用它们的思想控制机器人假肢。中国科学院上海微系统与信息技术研究所副所长、国家 2020 前沿实验室创始主任、上海脑虎科技有限公司创始人陶虎认为,脑机接口作为人类大脑和世界沟通的渠道,已成为脑科学领域最重要的底层核心工具。

三、群雄的逐鹿

美国政府于 1989 年率先提出脑科学计划,并将 20 世纪最后 10 年命名为"脑的 10 年"。奥巴马于 2013 年正式宣布启动该计划,成为继人类基因组计划、曼哈顿工程、阿波罗计划之后,又一国家技术工程。未来该计划将持续投入超 45 亿美元。目前来看,美国脑机接口的研究推进最快,有超过 30 个院校及科研机构、数百个研究团队在从事该领域的研究。

欧盟几乎与美国同步启动了人类脑计划,并将其列入欧盟委员会未来和新兴技术的旗舰项目,有 26 个国家的 135 个合作机构参与。作为多国参与的科研项目,欧盟脑计划受到成员国的广泛质疑,目前欧盟决定停止对人类脑计划下一个 10 年的资助。但欧盟各成员国的研究并未停止,法国、荷兰、奥地利等仍是全球脑机接口研究的重要参与者。

日本于 2014 年提出"日本脑/思维计划",计划在 10 年内由日本教育部、文化部以及日本医学研究与发展委员会提供 500 亿日元的研发经费资助。日本理化学研究所、国立生理科学研究所、东京大学、京都大学、大阪大学等一些科研机构和高校已在该领域取得重大研究进展。

我国早在《国家中长期科学和技术发展规划纲要(2006—2020 年)》中,把"脑科学与认知"列入基础研究 8 个科学前沿问题之一。2013 年"中国脑计划"便开始酝酿,2016 年正式启动,在上海和北京分别成立研究中心,目前已持续推进数年。2021 年 3 月,国家"十四五"规划纲要正式将脑机接口列入"十四五"时期科技前沿领域攻关项目。中国科学院、清华大学、浙江大学、上海交通大学、复旦大学、电子科技大学、华南理工大学等科研院所是我国脑机接口研究的中坚力量。

四、创新的殊途

脑机接口有公认的三类技术路线——侵入式、非侵入式、半侵入式，其中半侵入式是前两种技术的折中路线。

侵入式脑机接口技术需通过手术将信号采集电极侵入大脑灰质，其优点是采集到的脑电信号信息量大、信号质量和时空分辨率高，可以更好地实现对外部设备即时、精确的控制。侵入式脑机接口在实验室里主要解决更庞大的脑科学和神经科学的问题，比如治疗癫痫、ALS、阿尔茨海默病、孤独症、抑郁症等疾病。侵入式脑机接口技术为有创手术，存在对人脑造成不可逆伤害的风险。上海脑虎科技有限公司创始人陶虎认为，侵入式脑机接口经历了三次重大技术创新，其一是 Utah 硬质电极系统，但需要通过开颅手术侵入；其二是 Stentrode 血管电极系统，可颈静脉侵入；其三是 Neuralink 柔性电极系统，前文提到的猴子 Sake 就是对该项技术的应用。

总体来看，目前的侵入式和半侵入式脑机接口主要处于实验阶段，面临的核心瓶颈还有待突破。一是脑机植入的安全性仍然难以保障，大规模推广使用还存在很多医学和伦理风险；二是技术性能与实际需求还有很大差距。目前脑机电极系统的记录带宽提升缓慢，通道只能做到 1 000 个左右，而大脑却有多达 800 多亿个神经元。

非侵入式脑机接口技术将信号采集装置置于颅骨之外，虽无须手术，但也面临不少技术瓶颈。由于隔着头骨，并且大脑神经元信号一直在变化，导致信号采集和分析的难度很大。正如强脑科技公司创始人韩璧丞所言："在不开颅的情况下去听一个人的脑电波，好比在 8 万人的世界杯球赛场馆的墙外去听主教练讲话的内容，中间需要过滤掉 8 万球迷的噪声。"不过非侵入式脑机接口技术应用的风险和阻力则要小很多，目前已有成功商用的产品。

五、进击的先锋

脑机接口已经成为资本追捧和科技巨头争抢的风口，据有关机构预测，未来 10～20 年，全球脑机接口产业将产生多达 2 000 亿美元的经济价值，已经涌现出一批著名的先锋企业。

(一) Synchron

该企业脱胎于美国国防部高级研究计划局资助的墨尔本大学的一个脑类科学实验室，目前总部位于美国纽约。Synchron 是全球第一家获得美国食品药品监督管理局批准对永久植入性设备进行人体临床试验的脑机接口企业，得到来自微软联合创始人比尔·盖茨和亚马逊创始人杰夫·贝佐斯的风险投资。Synchron 采用颈静脉注射方式将脑机设备植入大脑运动皮层下，然后与血管壁进行融合固定，此方法可避免开颅，安全性更高，感染风险更小。

(二) Neuralink

该企业是由埃隆·马斯克联合多名学者和工程师成立的侵入式脑机接口科技企业，总部设在美国旧金山。Neuralink 构建了小而灵活的电极"线"阵列，每个阵列有 3 000 多个电极分布在 96 根"线"上。Neuralink 还建立了一个神经外科手术机器人，该机器人工作精度可以达到微米级，可最大限度减少对脑功能的损害。该机器人每分钟可以插入 6 根线，两小时可以完成植入手术。

(三) 脑虎科技

该企业位于中国上海，依托中国科学院上海微系统与信息技术研究所强大的科研力量，借用集成电路的开发模式，致力于侵入式脑机接口的研究。脑虎科技目前已在柔性深部电极、皮层电极、集成式 BCI、高通量神经信号采集系统等领域实现核心技术突破，成功研制关键器件，产品在部分性能上超过了Neuralink。

(四) 强脑科技

强脑科技总部位于浙江杭州，是首个入选哈佛大学创新实验室的中国团队，目前已是全球融资总量最高的脑机领域科技企业之一，已成为全球领先的非侵入式脑机接口技术解决方案供应商。相较于其他同类企业，强脑科技更加关注科技成果的商业化应用，目前在康复、健康、教育领域已经有数款产品上市，发展前景不可小觑。

（注：本文部分素材来源于脑虎科技创始人陶虎博士在"上海市产业技术创

新大会未来产业高峰论坛”的演讲。内容未经演讲者审议，仅代表编者观点。）

作者：任柯柯

参考文献

［1］Nature. 美脑机接口最新研究进展［J］. 机器人技术与应用，2022(6)：4.

［2］钱丽娜，王倩.“脑机接口”从科幻走进现实［J］. 经营管理者，2023(2)：39－43.

［3］让猴子“意念打字”：脑机接口研究新成果［J］. 中国总会计师，2022(12)：188－189.

［4］中关村产业研究院. 脑机接口｜七家值得关注的全球脑机接口代表性企业［EB/OL］.（2023－02－28）［2023－04－04］. https：//baijiahao. baidu. com/s? id＝1759057265108446977＆wfr＝spider＆for＝pc.

从建物致知到建物致用，合成生物学点燃创造万物的新引擎

合成生物学是 21 世纪生命科学领域的一门新兴学科，被视为 DNA 双螺旋结构发现和基因组测序之后的第三次生物科学革命。2023 年是 DNA 双螺旋结构发现 70 周年，也是人类基因组计划完成 20 周年，合成生物学亦逐渐成为科技先进国家全力争夺的崭新赛道，我国在这一领域的基础研究和产业化应用也已进入发展快车道。

2022 年，上海市政府发布《上海打造未来产业创新高地发展壮大未来产业集群行动方案》，合成生物被列为五大未来产业集群 16 个细分领域之一，上海各区县也在竞相推动合成生物产业落子布局。2023 年 4 月 24 日，上海市宝山区举办"2023 上海合成生物产业高峰论坛"，与政产学研金等各方专家学者共话合成生物。本文将结合论坛演讲内容，简述我国及上海合成生物产业的发展基础和规划布局，探讨合成生物产业发展面临的瓶颈问题和未来展望，并对上海发展合成生物产业提供一些决策参考建议。

一、合成生物学的起步与内涵

合成生物学一词的出现，最早可以追溯至 1911 年。一个多世纪以来，随着生物学研究逐渐从细胞水平向分子水平过渡，合成生物学研究也日渐兴盛，逐渐成为一门多学科交叉融合的前沿科学。

(一) 从现代生物技术一路走来

合成生物学的一个重要转折点出现在 20 世纪 50 年代。1953 年，美国遗传学家詹姆斯·沃森（James Watson）和英国生物学家弗朗西斯·克里克（Francis Crick）发现 DNA 双螺旋结构，标志着现代生物技术的崛起和发展，也奠定了合成生物学的理论基础。而后，中心法则的提出、限制性内切酶的发现

以及人类基因组计划的制定完成，催生了基因工程技术，也正式开启了合成生物学的大门，对合成生物学理论研究和技术发展起到了巨大推动作用。2000年，美国斯坦福大学教授埃里克·库尔（Eric Kool）在美国化学年会上重新定义了合成生物学，认为其是"基于系统生物学的遗传工程"，这一说法的提出标志着合成生物学正式成为一门真正的学科。

（二）多学科交叉融合赋能科学研究

合成生物学的内涵从其发展起源和概念定义上便可窥得一二。作为一门新兴交叉前沿科学，合成生物学以系统生物学为基础，涉及生物学、生物信息学、计算机科学、化学、材料学等多个学科，同时融入工程学的思想。其中，最主要的一点就是以工程学思想为导向汇聚而成的研究内核：从一个个独立的个体元件入手，采用自下而上的正向工程策略，建立一种能从头合成复杂生命系统的可验证技术，其目标导向是创建新的生命体系。而在20世纪90年代基因组学革命开始之前，系统生物学作为一门系统科学，一直是自上而下开展研究的。

在过去的20年里，合成生物学领域的元件工程、线路工程、代谢工程、基因组工程以及细胞工程都取得了长足的进步，也起到了巨大的赋能作用。一方面，合成生物学赋能生命科学研究，提出"建物致知"的研究理念，即在工程学思想指导下，按照特定目标理性设计、改造或者重新合成生物体系，通过一系列推算推演以解决"能不能""为何能"的问题；另一方面，合成生物学赋能生物技术发展，为技术应用提供"建物致用"的机会和产业化出口，把过去不能做的产品做成、偶尔做成的产品常规化。

二、我国合成生物学发展现状

我国合成生物学从基础研究到产业发展都进入了快车道，从底层的技术到产业化的终端产品皆有成果不断涌现。

（一）我国合成生物学领域战略研究与重要布局

中国很早便在基因组测序技术、DNA合成技术、基因组改造技术、系统生物学、生物信息学等合成生物学相关技术的研究与应用方面有大量积累，但在合成生物学领域的研究布局约从2008年才正式开始，比国际上晚5～10年，但起势较快，尤其是"十三五"以后国家逐步加强合成生物顶层战略布局，重视基础研究和技术产业的宏观部署(见图1)。

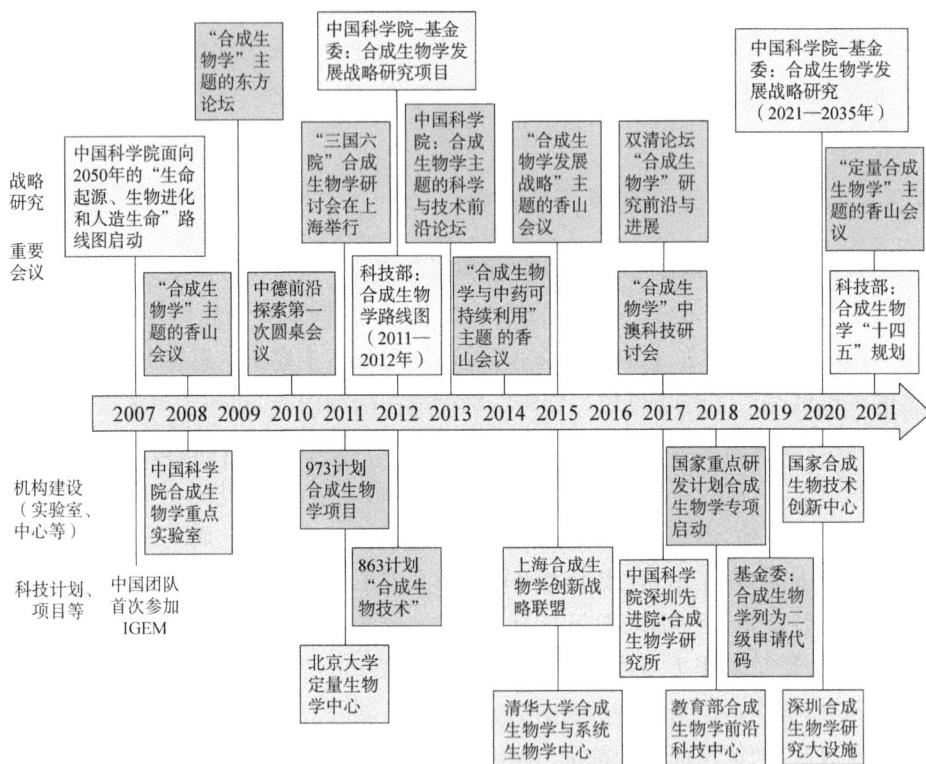

图1　我国合成生物学领域战略研究与重要布局

(二) 相关企业发展迅速

据睿兽平台不完全统计,目前中国合成生物学相关企业(广义)有925家,其中技术层和应用层企业居多,分别占总量的47.68%和46.48%,呈现两端大中间小的格局。其中,技术层企业主要从事生物体设计、自动化平台、DNA/RNA合成服务,软件开发领域的企业较为欠缺。应用层企业从化工(精细化工产品、医药原料)切入较多,和国外应用层企业大多集聚在健康与医药领域有所不同,这与我国化工基础强、相关生物工程和生物技术研究基础较好有关。

此外,由CB Insights China等联合打造的工程生物产业数据分析平台于2020年发布"全球最值得关注的50家合成生物学企业"榜单,中国企业占据九席,主要集中在北京、长三角和深圳等地(见表1)。

表1　"全球最值得关注的50家合成生物学企业"中国上榜企业

序号	企业名称	所在城市	企业介绍
1	博雅基因	北京	成立于2015年，基于在基因编辑技术、高通量基因组编辑筛选和生物信息等方面的科研和技术实力，推进国际领先的体外和体内基因编辑疗法开发，已建立包括体外疗法造血干细胞平台、体外疗法通用型CAR-T平台、体内疗法RNA碱基编辑平台在内的多个治疗平台
2	合生基因	北京	成立于2014年，2020年11月基于国内原创的合成生物技术开发的首款基因治疗产品SynOV1.1获得美国食品药品监督管理局临床试验许可，用于治疗包括中晚期肝癌在内的甲胎蛋白阳性实体瘤，是全球第一次将经过合成生物学技术优化、改造的免疫疗法用于治疗中晚期肿瘤病人
3	蓝晶微生物	北京	成立于2016年，致力于设计、开发、制造和销售新型生物基分子和材料，其中包括生物可降解材料PHA、再生医学材料、美妆新功能成分、新型食品添加剂、工程益生菌等
4	凯赛生物	上海	成立于2000年，利用生物制造技术，从事生物基新材料的研发、生产及销售，业务主要聚焦聚酰胺产业链，产品可广泛应用于纺织、医药、香料、汽车、电子电器、日用消费品等多个领域
5	恩和生物	杭州	成立于2019年，通过标准化、自动化的高通量实验平台，结合生物计算和机器学习对生物体进行系统性、工程性编辑，为化工、食品、制药和农业等行业提供关键技术解决方案
6	泓迅科技	苏州	成立于2013年，属于跨国DNA技术企业，主要开发合成生物学完整的DNA合成组合平台，业务范围涵盖序列智能设计、引物/探针合成、基因合成、RNA合成、文库合成、重组抗体及蛋白表达、DNA测序、基因编辑等
7	南京传奇	南京	成立于2014年，集肿瘤免疫细胞疗法研发、临床、生产及商业化开发于一体的跨国生物制药企业，位列全球免疫细胞疗法领域第一方阵
8	森瑞斯	深圳	成立于2019年，利用高通量合成生物技术，将酶的定向进化、基因调控网络优化与发酵过程放大相结合，通过诱导微生物和利用细胞的人工设计，实现大规模低成本地生产合成生物基材，产品应用在生物制药、新型烟草、化妆品、香料、燃料、溶剂、农业等领域
9	鑫飞生物	深圳	成立于2022年，是中国科学院深圳先进技术研究院研究团队所设企业，主要从事生物基材料技术研发等业务

注：根据公开资料整理，排名不分先后。

三、重点城市合成生物领域创新基础

　　随着学术界和产业界对合成生物的关注度逐渐升高，全国各地近年来也在这一领域加快布局科创资源落地，以推动基础研究和技术突破。其中，以上海、天津、深圳最为突出。

(一)上海：在合成生物领域诞生多项"首个""第一"

上海一直被业界人士视为中国合成生物学和相关产业的发源地,多项"首个"研究成果均在这里诞生,代表性成果包括 1965 年世界上第一个人工合成的蛋白质牛胰岛素和人类基因组计划的"上海印记"。前者于 1982 年获得国家自然科学一等奖,其研究集体代表被杨振宁等科学家推荐为诺贝尔化学奖候选人。后者是指 1998 年国家人类基因组南方研究中心在上海浦东张江高科技园区设立,与后续成立的另两家中心共同承担国际人类基因组计划中的"两个1%"任务。除此之外,2008 年,中国科学院合成生物学重点实验室在上海成立,是国内首个合成生物学重点实验室。2018 年,世界首例人造单染色体真核细胞在中国科学院分子植物科学卓越创新中心诞生。2020 年,位于上海的凯赛生物成功登陆科创板,成为国内合成生物第一股。

(二)天津：科创平台助力基础研究先发制人

天津在合成生物学技术研发端起步较早,在基础研究领域占据先发优势。具体来看,天津大学是国内最早建立合成生物学本科专业和硕博学位点、最先编写合成生物学本科教材(《合成生物学导论》)的高校院所,2019 年天津大学成为国际合成生物设施联盟 16 家发起单位之一,培养集聚了一大批相关产业人才。中国科学院天津工业生物技术研究所于 2012 年 11 月正式挂牌运行,开展工业生物技术战略性、前瞻性、定向性、建制化的基础研究与应用基础研究。合成生物学海河实验室于 2021 年正式设立,聚焦合成生物定量解析、精准调控、合成再造、智能设计等技术体系发展。位于天津的国家合成生物技术创新中心主体即将完工,将从研发实验、创新孵化、配套服务和综合管理四方面为合成生物产业提供更多载体空间。

(三)深圳：初步形成全过程创新生态链模式

深圳以光明科学城区域为代表,现已成为合成生物产业领域的后起之秀,形成了"基础研究＋技术攻关＋成果产业化＋科技金融＋人才支撑"的全过程创新生态链模式。在创新策源方面,深圳拥有中国科学院深圳先进技术研究院合成生物学研究所、深圳合成生物学创新研究院等专业研究机构,前者围绕STEA(理论—S、技术—T、工程—E、应用—A)进行全链条布局,在合成生物部分细分领域前沿项目上可与国际先进水平比拼。同时，深圳正在建设全球首个合成生物研究重大科技基础设施。在技术成果转化方面，以深圳工程生物产业创新中心为载体的"楼上楼下创新创业综合体"，为科研人员和相关企业创造零距离交流机会，同时也被国家发改委写入"推广深圳经验47条"文件中。在金融与人才支持方面，2020年深圳先进技术研究院合成生物学研究所联合DeepTech成立国内首只合成生物产业基金。2022年深圳"20＋8"产业基金群正式发布，其中合成生物产业基金的目标规模为15亿元。中国科学院深圳理工大学将设立全球首个合成生物学院，以培养从本科到博士的合成生物专业人才。

四、上海合成生物产业现状基础和未来发展思考

合成生物学作为生物医药相关产业发展的重要组成部分，为生物医药学科的发展提供了强大推动力，同时也为连接上海集成电路、生物医药、人工智能三大先导产业起到了重要的桥梁作用。

谈及上海发展合成生物产业的基础优势，上海交通大学生命科学技术学院院长冯雁认为，"上海占据先发优势，积极打造全国合成生物产业发展的'试验场'，在项目研究、人才队伍、科研力量等方面引领全国"。华东理工大学科研院院长赵黎明表示，"上海有全产业链生态优势，在产业上下游均有丰富的人才技术储备，且上海作为一个海纳百川的城市，在政策、信息、金融等方面都为产业发展提供了良好的环境"。上海市生物医药产业发展促进中心副主任唐军认为，"上海从政策层面为发展合成生物产业进行了一定突破，如浦东充分发挥立法授权对产业发展的促进效应，设立《上海市浦东新区促进张江生物医药产业创新高地建设规定》，突破解决海关特殊物品进出口等产业化链条上的痛点难点"。

关于上海发展合成生物产业的不足，冯雁院长认为，"在把科研创新成果转化为服务社会、造福民生的产品的过程中，动力和效率稍显不足。虽然上海在这一领域的创新力已可以与国际相媲美，但其创新成果对社会和经济的影响力尚未完全释放"。赵黎明院长认为，"与国际先进地区相比，目前上海在合成生物领域仍缺乏有组织的科研，包括战略导向、前沿导向、市场导向和技术导向。此外，对合成生物领域的科技研发投入和知识产权保护力度也有待提高"。

就上海如何推动合成生物学和合成生物产业更好更快发展等问题，中国科

学院院士赵国屏提出，一是要强化研究开发体系与能力建设。加强战略谋划和前瞻布局，以具有未来性、前沿性的科学问题为引导进行探索。在全市范围内整合优势力量，加大组织协调，合理分工布局，提高资源利用效率。营造有利于"会聚"的生态系统，营造转化型研究通道。二是要建立综合治理与科学的传播体系。建立科学、高效的管理体系，包括市场准入相关的监管科学研究。加强生物安全和伦理风险评估和监管，建设全社会参与的科学传播平台。唐军呼吁，社会各界，尤其是投资界应给予国产品牌更多关注和支持，在同等条件下建议优先使用国内企业的研发产品，以推动创新成果产业化市场化落地。

作者：刘梦琳

参考文献

［1］创业邦. 中国合成生物学产业发展报告［EB/OL］. (2023－02－13)［2023－04－25］. https://mp. weixin. qq. com/s/q52x1Iz6Tcbk33g4_FAiHw.

［2］生辉 SciPhi. EB Insights 首发丨全球合成生物学企业"50 强"榜单［EB/OL］. (2020－12－26)［2023－04－25］. https://baijiahao. baidu. com/s? id＝1687120108791099789&wfr＝spider&for＝pc.

我国数字化赋能现代化产业体系的对策研究

党的二十大报告首次提出建设现代化产业体系,2023 年政府工作报告进一步明确,加快建设现代化产业体系,大力发展数字经济,加快传统产业和中小企业数字化转型。现代化产业体系相对于传统产业体系,最大的特征就在于以科技创新为引领、以数字经济为核心,是我国从制造大国走向制造强国的必由之路。特别是在当前国际科技和产业竞争不断加剧的大背景下,通过数字化赋能传统产业转型升级、提升产业链供应链韧性和安全水平,对我国实现经济高质量发展、强化产业竞争新优势具有重要意义。

一、全球产业现代化发展的趋势和特征

回顾人类发展历史,每一次产业革命都是对前一阶段产业发展的颠覆,在生产要素、内在动力、产业形态等方面表现出不同以往的新趋势和新特征。在数字时代,数据成为核心生产要素,数字技术带来企业生产流程、组织形态重构,全球产业现代化发展主要表现为三个方面的变革。

(一)科技创新带来的生产方式变革

全球科技创新正在进入多点突破、群体迸发的新阶段,5G、大数据、云计算、区块链、人工智能等数字技术族群融合裂变,通过组合式创新打破了技术与技术之间的边界,创新链条更加灵巧,技术迭代更加快捷。例如,在工业机器人领域,国际机器人联合会发布的《2022 年世界机器人报告》中提到,截至 2021年底,全球在役工业机器人存量达到 350 万台,工业机器人密度为每万名员工141 台,较 2015 年翻了一番,工业机器人在提升生产效率的同时,也带来了劳动力市场结构的重大变化。在 3D 打印领域,适应定制化、个性化需求的增材制造技术,正从最初的模型制作向建筑构件、汽车零部件、医疗器械和航空航天

等领域不断拓展。

（二）数字经济带来的生产要素变革

随着数字经济蓬勃发展，全球数据呈现爆发式增长，工业、金融、健康、医疗、消费、教育等领域大数据快速兴起。据国际权威机构 Statista 预测，2020 年全球数据产生量为 47ZB，而到 2035 年将突破 2 000 ZB。数据成为产业发展的核心生产要素，带来企业研发设计、生产流程、市场营销乃至管理经营全链条重构，工业互联网、消费互联网成为产业运行的基本载体和支撑。比如，上海致景通过物联网、大数据等技术打造"飞梭智纺"平台，打通原料采购、纱线、坯布、染整、制衣等生产和交易环节，形成纺织产业云上产业链，累计服务织厂和接入织机分别超过 8 000 家和 60 万台，在全国织造产能的覆盖率超过 40%。

（三）跨界融合带来的产业形态变革

现代产业的发展正从规模经济转向范围经济，以个性定制、柔性生产为特征的新型制造模式快速兴起，人工智能、元宇宙等技术使得信息化与工业化融合、制造业和服务业融合进程明显加快。例如，谷歌、META 等互联网巨头通过开发蛋白质预测大模型向生物医药领域进军，为预测蛋白质功能和识别潜在药物靶点提供了新工具；英伟达推出 Omniverse 工业元宇宙平台，已广泛应用于机器人仿真、数据科学建模、自动驾驶汽车、智能工厂和气候研究等领域；微软、拼多多、盒马等进军农业科技，华为成立煤矿、公路、智能光伏等"军团"，更好地赋能实体经济发展。

二、我国数字化赋能产业现代化面临的挑战

近年来，我国推动信息化和工业化融合发展取得积极进展，成为新型工业化的重要引擎。但与此同时，数字化赋能产业现代化仍面临不少挑战。

（一）数字技术成为新的国际竞争壁垒

一方面，由于我国在关键核心数字技术方面外部依赖度高，正向研发、自主可控的自主创新能力仍较薄弱，存在产业链断链隐忧。例如，在 BIM 软件领域，Autodesk、Bentley、Dassault 等国外厂商在我国的市场占有率达到 95%；在图形渲染引擎领域，Unity、Unreal 等几乎处于垄断地位；在地图可视化、大数

据引擎、操作系统、高端服务器、GPU 等领域,国外厂商的市场占比超过 90％。另一方面,发达国家对我国科技创新和产业发展遏制的重心,正在从传统高端制造技术向数字技术聚焦,高端芯片、核心电子元器件、基础软件、核心工业软件等成为"锁死"我国产业升级"技能树"的重要工具。例如,近年来美国在高端半导体、高性能计算、先进软件、网络安全、数据存储与管理等数字领域对我国企业进行无端打压,以谋求继续保持自身的领先优势。

(二) 数字经济与实体经济融合度有待提升

在数字产业化领域,得益于我国超大人口规模和消费市场红利,涌现出一批以整合市场资源、创新商业模式为特征的数字经济平台企业。据中国信通院统计,截至 2022 年,我国上市互联网企业共 193 家,其中电子商务、网络游戏、社交/在线社区领域营业收入占总体营收的比例接近 80％。但类似苹果、微软、谷歌、亚马逊、特斯拉等硬核技术驱动的"巨无霸"平台企业仍然较少。在产业数字化领域,大部分企业数字化转型处于初级阶段,面临转型成本高、传统工业设备改造难度大、基础性赋能工具平台少、数字化生态构建能力弱等问题,特别是中小企业数字化转型任务更为艰巨。

(三) 数据要素对产业发展的赋能作用有待强化

相较于消费数据的开发利用相对成熟,工业数据的采集、分析和利用难度更大、专业性更强。我国不少传统企业仍处于数字化转型的初级阶段,由于设备接口不统一、系统平台不开放,导致数据采集碎片化、数据质量非标化、数据利用低效化,大部分工业数据处于睡眠状态。同时,由于数据权属界定不清,使用权、加工权、经营权难以有效区分,以价值为导向的流通机制、分配机制尚不健全,导致行业之间和企业之间的数据共享流通困难重重,数据资源化、产品化、资产化路径尚未有效打通。

(四) 产业数字化发展的监管机制有待完善

我国传统行业监管体系与数字化转型需求不相适应。从行业管理体制来看,各地数字经济发展分别涉及网信办、发改委和工信部等多个部门,虽然从国家层面设立国家数据局有望进一步加强数字经济统筹力度,但具体行业领域数字化转型的管理职能仍在各专业部门,如何更好地整合资源、形成合力仍有待在机制上进一步优化。从行业监管政策来看,目前传统制度规范和业务流程已成为制约转型的重要瓶颈，如在无人驾驶汽车上路、人工智能医疗临床应用、生物特征识别、电子证照等技术应用上，就面临制度不允许、业务不适应、推广不积极等困境。此外，传统行业监管规则与数字化转型需求不相适应，监管过度或监管真空现象并存，"一管就死""一放就乱"的问题仍时有发生。

(五) 产业数字化转型的复合型人才缺乏

我国企业普遍缺乏既懂数字技术又懂生产运营，既具备数字技能又能够推动数字化战略的复合型人才。根据安永与华为2022年联合发布的《中国ICT人才生态白皮书》，预计到2025年，我国信息与通信技术行业的人才缺口将超过2000万，其中人工智能、大数据、物联网、云计算等新兴技术领域的人才供给不足情况较为突出。2019年以来，我国人力资源和社会保障部先后公布了四批共56个新职业，包括智能制造、虚拟现实、机器人、数据安全等工程技术人员，以及智能硬件装调员、工业视觉系统运维员等。目前我国高校教育存在理论与实践脱节、科研与产业脱节等问题，这些新职业的结构性人才失衡问题较为突出。

三、我国数字化赋能现代化产业体系的对策和建议

(一) 强化数字技术引领作用

加强共性数字技术研发，围绕现代化产业体系发展需要，梳理绘制关键核心数字技术发展图谱，并集中力量进行攻关突破，如推动汽车电子、通信制造、智能物联等领域的EDA设计工具及关键IP开发，组织智能芯片、前沿算法等重点方向的AI系列技术攻关等。鼓励数字技术创新应用，组织实施具有引领性、基础性的数字技术融合重大应用示范项目，跟进AIoT、大规模智能模型、数字孪生、区块链跨链、元宇宙等前瞻性、颠覆性技术，支持企业牵头建设国家制造业创新中心、数字技术联合实验室，加速科技研发与科技成果应用的双向迭代。

(二) 推动产业大数据创新发展

发挥央企和行业龙头企业的带动作用，打造数据、知识、算法"三位一体"的

产业大脑,支持产业链上下游企业共建安全可信的行业数据仓,对生产工艺、管理经验、技术标准等行业知识与模型进行提炼,并打造能力组件"超市",推动跨企业、跨区域的要素融合。支持行业数据产品流通交易,发挥上海、北京、深圳等数据交易所流通平台作用,组织开展多板块运营,面向制造业、金融、航运、科创、贸易等领域推动数据与行业知识深度融合,开发行业高质量数据集和数据产品,推动各类企业主体进场交易,深化产业数据应用,发展数据驱动的新模式、新业态。

(三)培育生态聚合型服务平台

积极推广工业互联网"平台+产品""平台+模式""平台+行业/区域"等创新解决方案,促进产业链上下游和大中小企业资源、数据和服务共享。支持行业龙头企业牵头打造面向重点行业、特定技术的特色专业平台,支持产业联盟、联合创新体等建设跨行业、跨领域的综合服务平台。支持数字经济和行业龙头企业搭建集成专用算力、开发环境、设计工具等服务能力的新型行业赋能平台,进一步丰富"小快轻准"数字化系统解决方案和产品,建设工业软件适配、中试、测试、验证等公共服务平台。

(四)推动中小企业链式转型

鼓励链主企业和平台企业能力输出,支持产业链关键企业、工业互联网平台打造覆盖供应链上下游的数字化平台,支持数字化服务商打造面向特定行业的数字化解决方案,对外输出数字化系统或各领域资源,指导帮助链上中小企业进行数字化转型。支持行业龙头企业标准引领,鼓励行业龙头企业牵头制定行业数字化转型标准,为上下游中小企业数字化转型提供统一规范,加强企业系统对接、业务协同,降低数字化转型复杂性。

(五)完善产业数字化政策环境

结合国家数据局设立,积极推动地方层面整合分散在各部门的数字产业化和产业数字化职责,加强整体谋划、统筹推进。加快研究制定数字经济领域的法律法规,及时调整不适应数字化发展的政策规范。创新资金扶持方式,加强各类专项资金的统筹引导,鼓励银行、保险等金融机构面向数字经济发展提供"云量贷"、融资租赁、质押担保、"上云"保险等金融服务,引导资本规范参与数字经济发展,构建社会资本有效参与的投融资体系。

（六）加大复合型人才培养力度

积极推动产教融合,支持数字技术"新工科"建设,鼓励企业与高校、研究院所、行业组织开展合作,通过共建产业数字化联合创新中心、数字技术概念验证中心、数字经济人才实训基地等方式,推广订单式、学徒制等多元化数字人才培养模式。鼓励企业创新人才激励机制,建立适应数字化转型发展需求的职称评定机制,制定以价值创造为导向的劳动报酬政策,积极推广首席数据官制度,加大数字工匠培养力度,完善技术入股、期权激励等收益分配机制,充分激发人力资本的创新潜能。

作者:高平

参考文献

［1］邸俊鹏,鲍俊杰,惠浩.工业机器人对制造业劳动力市场的影响:"升级"抑或"极化"? ［J］.上海经济研究,2023(2):51－63.

［2］何展,刘春晖.浅谈"注入 AI、物理准确"的元宇宙数字世界创建底层技术［J］.人工智能,2022(5):71－77.

［3］胡胜蓉,黄学.浙江推进产业大脑应用建设的路径探索［J］.信息化建设,2022(2): 21－24.

［4］李勇坚.中小企业数字化转型:理论逻辑、现实困境和国际经验［J］.人民论坛·学术前沿,2022(9):37－51.

［5］张红艳,闫一新.数字经济时代工业数据治理发展路径［J］.中国工业和信息化,2022 (4):12－15.

［6］张懿.上海"云"赋能纺织业高端化智能化绿色化［N］.文汇报,2023－03－06.

［7］中国信息通信研究院.大数据白皮书(2020)［EB/OL］.［2023－12－25］.http://www. caict.ac.cn/kxyj/qwfb/bps/202012/t20201228_367162.htm.

［8］周毅,许召元,李燕.日本经验对我国制造业高质量发展的启示［J］.发展研究,2020 (5):9－13.

跨境数据流动安全保障的国际经验与启示

在数字化时代,作为新的生产要素和重要生产力,数据要素对各国发展的基础性、战略性作用不断提升,美国、欧盟、新加坡等全球主要发达经济体纷纷将数据上升至国家竞争高度。跨境数据流动也逐步成为全球资源配置的关键要素、全球经济活动链接的重要纽带、全球数字秩序重构的博弈焦点,如何保障跨境数据安全有序流通,成为各国必须面对的问题。

一、国际保障跨境数据安全流动的主要举措

从全球来看,各国本质上对关键数据出境采取的都是越来越严格的防守型手势,从而保障跨境数据安全流动。

(一)美国:加强规则标准引领,实行双重标准

美国注重打造在全球跨境数据自由流动规则和制度制定过程中的主导地位,围绕保障自身利益最大化,在数据跨境自由流动主张之下施行双重标准,严格限制关键领域数据出境。

一方面,美国主张最大限度实现跨境数据自由流动,以商业利益最大化为主要政策关注点。美国数字经济规模和技术创新实力全球领先,集聚了全球顶级科技巨头、数字平台、跨国公司总部。美国力求增强本国跨国公司对全球数据的掌控权,通过《澄清境外数据的合法使用法案》,以数据控制者标准实施长臂管辖;面向 APEC 等国际组织、双边或多边自由贸易谈判等更广范围推行跨境数据自由流动主张,主导《APEC 跨境隐私规则体系》制定、宣布全球跨境隐私规则声明,意图将 APEC 框架下的数据跨境传输机制向全球拓展。

另一方面,通过出口管制、外资审查等举措,严格约束数据控制者或处理

者的经营行为,对金融、科技、生物、个人信息等重点领域的关键数据实施跨境数据流动管制。《外国投资风险评估现代化法案》通过外商投资安全审查限制人工智能、生物技术等关键领域数据出境。持续修订《出口管理条例》,通过出口管制等限制关键领域、关键技术与特定领域数据出口。实施"清洁网络计划",以霸权主义限制境外主体数据访问。发布《保护美国人数据免受外国监视法案》,强调防止别国通过信息和通信技术设备等获取个人敏感数据的风险。

(二) 欧盟:以单边立法拓展个人数据域外管辖权

欧盟数字经济发展相对落后,更为重视个人数据隐私保护和数据主权,采用单边立法赋权方式拓展其长臂管辖权。

围绕个人数据保护实施长臂管辖。与美国类似,欧盟《一般数据保护通用条例》通过推动数据权属从属地原则变为属人原则,拓展了域外数据管辖权。

加强多样化传输方式,保障跨境数据安全。《一般数据保护通用条例》对欧盟成员国之外的个人数据跨境传输有着严格的规定,并围绕充分性认定、适当保障措施、获得数据主体明确同意这三种情形进行监管。

此外,积极推动成员国之间数据自由流动,发布"欧洲数据自由流动倡议",要求解除非个人数据储存和处理的本地化限制。

(三) 新加坡:谋求数据中心引领和规则引领

新加坡注重塑造全球数据港优势,对个人数据采取高水平数据保护,积极探索成为全球数据跨境流通规则的影响者与制定者。

注重打造全球数据集散枢纽地位。完全解除外资通过直接或间接投资方式进入本国电信产业的限制,吸引国际科技巨头设立数据中心;吸引全球主要数据托管、云计算、数字内容等服务商开展各项业务,增强对全球数据要素资源的配置功能,促进全球数据以新加坡为枢纽的集散。

建立个人数据跨境保护体系。成立个人数据保护委员会,对符合条件的企业授予"数据保护信任标识"并享受便捷的监管要求。新加坡颁布的《个人数据保护法》规定,数据控制者不得将任何个人数据转移到新加坡以外的国家或地区,除非根据该法要求,为传输的个人数据提供至少与该法相当的保护标准。《2021个人数据保护条例》明确了满足跨境传输个人数据的具体类型以及数据接收方的法定义务。

此外，新加坡还主导新加坡、新西兰、智利《数字经济伙伴关系协定》以及新澳、英新、韩新等双多边贸易协定对数据跨境流通作出要求，对外推行新加坡的数据跨境流通规则。

二、我国保障跨境数据流动安全的主要措施

我国高度重视数据安全保护，近年来持续完善法律规则体系，围绕网络安全、数据安全、个人信息数据以及特定领域数据层层优化升级。

（一）我国跨境数据流动的法律规则体系

如图 1 所示，在网络安全层面，我国于 2017 年开始实施的《网络安全法》初步确立了以关键信息基础设施运营者为监管对象、以个人信息和重要数据为主要类型、以境内存储为管理原则的跨境数据流动的安全评估制度，为我国跨境数据流动管理起到了重要的基石作用。《关键信息基础设施安全保护条例》《网络安全审查办法》等围绕关键信息基础设施供应链安全进一步明确了保障网络安全和数据安全的要求，并作出了网络安全审查的要求。

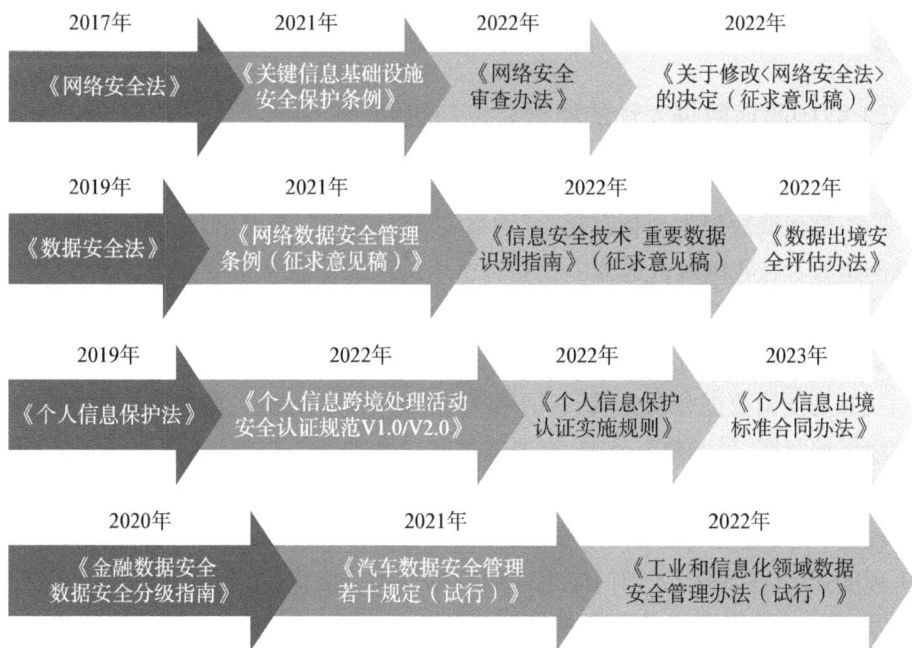

2017年	2021年	2022年	2022年
《网络安全法》	《关键信息基础设施安全保护条例》	《网络安全审查办法》	《关于修改〈网络安全法〉的决定（征求意见稿）》

2019年	2021年	2022年	2022年
《数据安全法》	《网络数据安全管理条例（征求意见稿）》	《信息安全技术 重要数据识别指南》（征求意见稿）	《数据出境安全评估办法》

2019年	2022年	2022年	2023年
《个人信息保护法》	《个人信息跨境处理活动安全认证规范V1.0/V2.0》	《个人信息保护认证实施规则》	《个人信息出境标准合同办法》

2020年	2021年	2022年
《金融数据安全数据安全分级指南》	《汽车数据安全管理若干规定（试行）》	《工业和信息化领域数据安全管理办法（试行）》

图 1　我国跨境数据流动的法律规则体系

在数据安全层面,《数据安全法》按照数据分类分级保护要求,确立了各类数据出境的管理规则,并通过出口管制的方式对数据管制物项的数据出境进行限制。《网络数据安全管理条例》对个人信息、重要数据和跨境数据提出了管理举措,明确了互联网平台运营者的责任义务。《数据出境安全评估办法》的实施,标志着我国数据出境安全评估制度的正式落地,全面和系统地提出了数据出境的适用范围、安全评估的具体流程、主要程序等,形成了制度闭环。

在个人信息数据保护层面,我国个人信息数据出境的标准化、法制化进程不断深化,《个人信息保护法》明确了个人信息出境需要满足的"安全评估""个人信息保护认证"和"标准合同"三项法定条件。《个人信息出境标准合同办法》规定了个人信息出境标准合同的适用范围、订立条件和备案要求,明确了标准合同范本,为向境外提供个人信息的活动提供了具体指引。《个人信息跨境处理活动安全认证规范 V1.0》《个人信息跨境处理活动安全认证规范 V2.0》和《个人信息保护认证实施规则》对个人信息数据出境的安全认证机制、跨境处理活动规范管理等的适用范围、认证依据、认证模式、实施程序等进行持续优化和升级,形成了认证的可行路径。

在重点产业领域层面,我国围绕金融、汽车、工业和信息化等重点领域,相继出台了关于数据安全分类分级、重要数据识别以及数据安全管理等指南和规定。

(二) 我国跨境数据流动的监管要点与机制

我国促进跨境数据流动安全的管理重点主要体现在三个方面。

一是强调数据本地化存储。《网络安全法》第 37 条提出,关键信息基础设施的运营者在我国境内运营中收集和产生的个人信息和重要数据应当在境内存储。因业务需要,确需向境外提供的,应当按照国家网信部门会同国务院有关部门制定的办法进行安全评估。

二是强调数据分类分级。《网络安全法》第 21 条提出,国家实行网络安全等级保护制度,采取数据分类、重要数据备份和加密等措施。《数据安全法》第 21 条提出,国家建立数据分级分类保护制度,根据数据在经济社会发展中的重要程度,以及遭遇风险对国家安全、公共利益或者个人、组织合法权益造成的危害程度开展,各地区、各部门应当按照数据分类分级保护,确定本地区、本部门以及相关行业、领域的重要数据具体目录。《个人信息保护法》第 51 条提出,对个人信息实行分类管理。《信息安全技术 重要数据识别指南》(征求意见稿)

提出,将数据从高到低分为核心、重要、一般三个级别,明确了三级数据识别判断因素。

三是强调风险自评估与国家安全评估结合。《数据出境安全评估办法》提出,明确数据出境安全评估流程、内容等具体要求,遵循坚持事前评估和持续监督相结合、坚持风险自评估与国家安全评估相结合的原则。

目前,我国已形成数据出境安全评估、个人信息出境标准合同、个人信息跨境处理活动安全认证的跨境数据流通三大机制(见图2)。

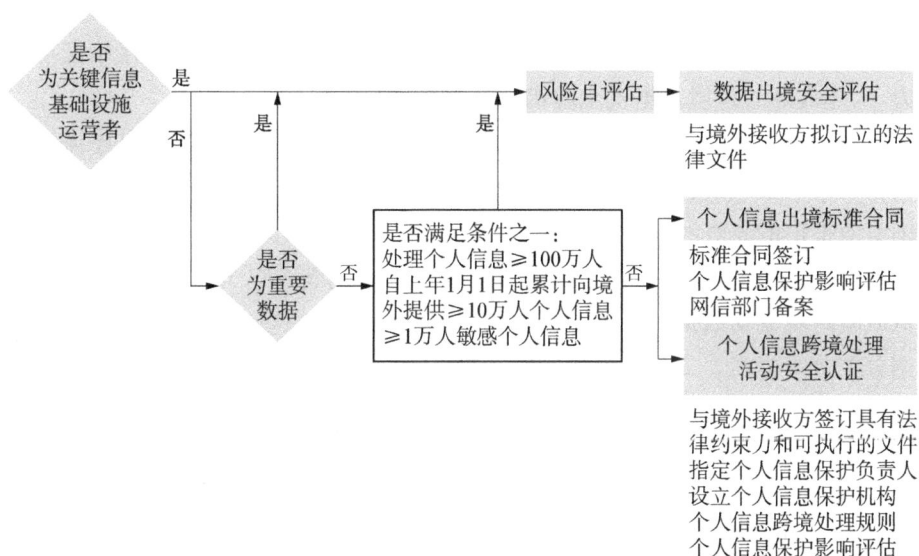

图2 我国跨境数据流动的三大机制

然而,我们也需要看到,由于我国跨境数据流通相关规则体系尚处于起步阶段,相关法律法规和制度体系仍有较大的细化空间。例如,数据分类分级要求仍需细化界定,数据出境的监管部门、安全评估的执行机构等尚未明确,评估需要花费的成本以及工作流程等还需要细化统筹考虑等。

三、启示与建议

在企业层面,应着力提高数字化水平,提升企业运营管理和产业发展过程中的数据治理能力,提升跨境数据流动的风险应对能力,更好地发挥跨境数据赋能作用。一是提升跨境数据安全管理能力。将跨境数据安全管理提升至战略高度，设立首席数据安全官，建立数据安全责任机制，建立全生命周期的数据安全保护体系，积极开展 DCMM 贯标工作，整合法律、技术、管理等多部门能力，加强对数据资产和数据业务的治理，提升数据安全综合能力。二是提升跨境数据安全风险识别能力。搭建跨境数据安全风险评估体系，在跨境数据关键环节，对可能出现的数据篡改、窃取、滥用等风险和存在的安全隐患实现智能预测与识别。同时，注重数据出境的场景化思维，根据特定应用场景的特点与需求，制定针对性的安全风险评估策略。三是提升跨境数据安全技术防御能力。加强加密算法、脱敏技术、数据签名、泄露防护等安全技术在数据采集、存储、传输、应用、销毁等环节的应用。同时注重提升企业内部网络和数据存储安全能力，构建良好的跨境数据安全防御技术生态。

在政府层面，上海应发挥先行先试作用，在促进跨境数据安全有序流动方面积极开展模式创新、技术创新以及对标对接国际的规则创新，力争形成在全国有效推广的先进经验。一是完善跨境数据分类分级。针对我国现有规则关于重要数据的概念尚不明确的现状，加强发挥临港新片区先行先试作用，制定低风险跨境流动数据目录等。在航运、金融、贸易等领域加快研究制定跨境数据分类分级标准。二是支持打造国际数据空间。支持高校科研院所、联合国内外数字科技龙头企业和国际组织，率先在工业互联网、智能网联汽车、金融等数据跨境流动相对成熟、数据跨境交换共享需求较高的领域，形成确保数据存储安全、使用规范、状态可查、流向可控的国际数据空间整体方案。三是对接跨境数据流动国际规则。加快与高水平数字规则的衔接，积极参与国际数据跨境、数据安全等国际规则与技术规范等规则制定。依托"一带一路"建设，探索开展双多边合作，研究制定白名单机制，探索形成特定区域范围跨境数据安全流动的样板模式。四是优化跨境数据安全治理体系。围绕跨境数据全流程，建立网信部门、产业主管部门之间协同联动监管机制。探索设立数据海关，开展跨境数据流动的审查、评估、监管等工作。建立政府、企业、协会等多方参与的跨境数据安全治理生态。

作者：刘彩云

参考文献

［1］韩冬.论我国非个人数据跨境流动规则的构建[D].北京：北京邮电大学,2020.

［2］刘俊敏,郭杨.我国数据跨境流动规制的相关问题研究——以中国（上海）自由贸易试

验区临港新片区为例[J]. 河北法学,2021(39):76-90.

［3］张海丽. 数字经济时代数据跨境流动安全规则研究[D]. 天津:天津财经大学,2020.

［4］中国电子信息产业发展研究院. 全球及中国数据跨境流动规则和机制建设白皮书[EB/OL]. [2023-11-30]. https://www.ccidgroup.com/info/1096/33588.htm.

第二部分

上海 16 区未来产业潜力

浦东新区:不缺平台和人才,转化能力待提高

自 2022 年 9 月上海发布《上海打造未来产业创新高地发展壮大未来产业集群行动方案》后,上海各区县也快马加鞭地全面推动未来产业落子布局。未来产业的发展要依托现有基础,那么各区县都具有哪些先行优势,又存在哪些有待加强的短板,本文以浦东新区为例,剖析该区发展未来产业的优势与短板,以及推动未来产业发展的路径。

作为上海全球科技创新中心核心区,浦东新区具有理念领先、科技领先、产业领先、平台领先"四先"优势,是最有条件率先打造成为上海未来产业策源地和引领区的区域。

一、发展未来产业占据"四先"优势

理念领先:发展未来产业,需要政府和社会有国际视野和前瞻意识,同时还要有对待新事物更加包容的政策和宽容失败的心态,浦东新区始终走在创新理念的前沿。

20 世纪 90 年代初,浦东新区开发开放初期,便选择生物医药、集成电路作为张江高科技园区的主导产业来培育,这在当时就是对未来产业的前瞻布局。此后,浦东新区一直走在中国乃至世界科技产业发展的前沿,从政府部门到产业园区,经济管理者始终对前沿科技产业保持敏锐的嗅觉,始终与全球创新网络和热点创新区域保持频繁接触,持续不断地引进国内外科技领军企业和创新创业团队。因此,浦东新区具有发展未来产业的内在创新基因,同时也已经形成了良好的创新环境和创业氛围,加上多年来积累的创新资源、人才队伍以及硬核科技产业基础等,具备主动探索、认识以及发展未来产业的条件。

科技领先:浦东新区始终走在科技创新的前沿。发展未来产业,核心是要具备前沿技术领域的自主创新能力。浦东新区在开发开放过程中,始终将眼光

放在科学研究和科技创新的前沿，谋划布局了中国科学院上海高等研究院、中国科学院上海药物研究所、上海科技大学、李政道研究所、朱光亚战略科技研究院等一大批顶尖科研机构，打造了世界顶尖科学家论坛品牌活动，上海交通大学、复旦大学、浙江大学、中国科学技术大学等国内知名研究型大学也在浦东设立了研究机构。目前浦东新区拥有已建和在建大科学装置 10 个，建成了全球规模最大、种类最全、综合服务功能最强的光子大科学装置群。上海已设立的三个国家实验室中，有两个布局在浦东新区，分别是张江实验室、临港实验室。这些科学平台、科研机构以及研究型大学是推动科技自立自强的创新主体，将为浦东新区发展未来产业提供强有力的基础理论支撑、科技创新策源以及技术转化服务。

产业领先：浦东新区拥有引领未来产业的硬核产业体系。未来产业不是凭空而来，发展未来产业也非坐而论道。从浦东新区正在重点打造的集成电路、生物医药、人工智能三大先导产业以及中国芯、创新药、智能造、蓝天梦、未来车、数据港六大硬核产业体系看，与未来产业五大领域具有很高的契合度，甚至有相当部分的未来产业细分领域的主战场就在浦东。未来健康领域，张江药谷代表着国内最高水平，还专门设立了基因和细胞治疗产业园。未来智能领域，张江人工智能岛是国内人工智能高地，集聚了微软、平头哥、百度希壤、云丛科技等一批国内外领先的人工智能企业。未来能源领域，华能核能技术研究院聚焦超高温气冷堆关键技术研发及产业化，奥威科技的能量型超级电容器产业技术达到世界领先水平。未来空间领域，浦东拥有商飞、蓝剑、中国科学院微小卫星创新研究院等一批航空航天领域的龙头企业和科研机构，在空天技术创新和产业发展方面有良好的基础。

平台领先：浦东新区拥有支撑未来产业的高端专业平台。上海市第一批三个未来产业先导区中有两个在浦东新区，分别是张江未来产业先导区和临港未来产业先导区。其中，张江未来产业先导区的特色是创新策源，依托张江科学城丰富的创新资源，强化未来产业创新策源功能，打造中国药谷、中国硅谷、中国智谷和绿色低碳示范园等未来产业的品牌地标。临港未来产业先导区的特色是硬核科技，用好自贸试验区改革开放先行制度优势和世界顶尖科学家论坛等前沿创新窗口，依托 AI 创新港、动力之源、大飞机园等产业载体，构建未来智能产业集群、未来能源产业集群和未来空间产业集群。在建设未来产业加速园方面，浦东新区也有很多优势非常明显的平台载体，如张江人工智能岛、张江细胞与基因产业园、金桥 5G 产业生态园、临港大飞机园等。

二、浦东发展未来产业面临三方面短板

高水平人才相对欠缺。未来产业是基于前沿颠覆性技术的创新成果，浦东建立了世界一流的科学设施、科研平台，但在高水平人才尤其是顶尖科研人才集聚方面，与国内外科创领先地区还存在一定的差距。比如，缺少对未来科技产业有前瞻预见能力和统筹把握能力的战略科学家；缺少能够打通多个领域以及创新链前后端的复合型人才；在未来产业关键领域的基础理论研究和核心技术攻关方面，缺少世界级的科学家和科技领军人才；在未来产业企业培育方面，缺少像乔布斯、马斯克这样的创业人才。

成果转化能力有待提升。有了好的平台和人才，产出了好的科技成果，怎么让这些成果实现高效转化，这也是当前浦东新区需要重点破解的问题。比如，科学家有了新发现，或者研究人员有了新的技术成果，但对哪些成果能转化，哪些成果能帮助企业解决关键技术问题，缺乏有效的挖掘、验证、对接机制；在企业孵化培育方面，浦东新区有一批较高水平的孵化器，但还没有真正意义上的国际顶尖孵化器；与国内部分城市相比，政府的创新引导基金投入相对不足，这也是当前浦东新区面临的问题之一。

优质产业用地空间相对不足。未来产业具有很强的人才驱动特征，而人才对区位条件和配套环境的要求比较高。从目前浦东新区产业开发和建设用地的局面看，张江科学城和金桥开发区的综合条件比较好，对高层次人才特别是国际化人才的吸引力比较强，但是可供开发的增量产业用地空间非常紧张，经过上一轮建设规划调整后，张江科学城的产业用地空间进一步被压缩。与此同时，这些区域还有不少相对低效的存量产业用地，包括一些镇级产业园区，产业用地的统筹规划与二次开发等问题比较紧迫。

三、坚持"三力"齐发、打造未来产业高地

浦东新区在未来产业发展方面有着很好的基础条件，但如何将创新资源优势转化为未来产业胜势，还需要在高端人才集聚、技术成果转化、空间资源优化等三方面下功夫，为浦东打造成为未来产业的策源地和引领区提供有力支撑。

提升高水平人才集聚力，强化创新策源功能。建设布局1～2所具有国际竞争力的研究型大学，支持国家实验室、重大科技基础设施、高水平科研机构面

向全球招揽人才,发挥世界顶尖科学家论坛和浦东新区院士交流中心等高端平台的作用,集聚国内外顶尖的科学家和科技创新领军人才,真正用好用活这些高能级的设施和平台,在前沿技术和未来产业领域有更多的科学新发现、技术新发明。面向全球科技人才发布浦东未来技术"揭榜挂帅"重点项目,引进国内外高层次科研人才、产业领军人才和创新创业团队。围绕未来科技产业重点领域,加大对青年科学家的支持,加强跨界复合型人才培养。

提升科产金服融合力,强化产业引领功能。围绕前沿颠覆性技术创新与成果转化,浦东新区要进一步完善创新生态,构建从前端技术挖掘、概念验证,到中端企业孵化、小试中试,再到后端产业加速、生产制造的全流程创新服务体系,加快推动未来产业技术的转化落地。支持大学、科研院所、科技企业、投资机构等建设概念验证中心,打造一批未来产业领域的标杆孵化器、大企业开放创新中心等孵化平台,建设一批未来产业加速园,支持国内外科技服务专业机构落地发展,设立未来产业领域的创新引导基金,引导风险资本投早、投小、投硬科技,支持企业通过科创板等多层次资本市场实现上市融资。

提升空间资源保障力,强化资源配置功能。高起点、高水平推动实施张江科学城和临港新片区两个未来产业先导区的规划布局,推动一批未来产业加速园建设,支持未来产业领域的市级特色园区申报和建设,形成未来产业先导区、加速园以及特色园区的产业空间体系,重点保障相关区域内的前沿技术研发、科技成果转化以及未来产业发展等用地需求。针对部分区位条件较好、周边配套服务较完善的区域,要加快低效产业用地二次开发,为未来产业发展提供有力的空间保障。同时,针对二次开发或新开发的区域,要进一步提升空间资源利用效率,探索混合复合用地模式,积极推动"工业上楼"模式,提高容积率。

作者:芮晔平

黄浦区:"高富帅"入局科创,首个难题是"太贵"

在一般人的印象中,中心城区往往是服务业高度聚集的区域,似乎与承载产业、布局科创并不相容。近年来,伴随着国际上"科创回归都市"的演进趋势,关于国际大都市中心城区深化科创布局的探索也逐步展开。作为上海中心城区核心区,上海的心脏、窗口和名片,以及全市生产总值排名第二、中心城区排名第一的实力强区,黄浦区的科创似乎是它的短板。近些年,黄浦正在加大布局科创的力度。上海发布未来产业行动方案后,为中心城区如何抢占前沿科技地位提出了新的命题,黄浦区在上海未来产业的空间格局中处于什么地位,扮演什么角色,又该走出怎样的路径和模式呢?

一、透视黄浦区布局未来科技产业的优势

黄浦区地处上海的行政中心、文化中心和商业中心,拥有密集优质的公共服务资源,也有发达的金融业和专业服务业。面向未来前沿的技术领域,黄浦区的一些底蕴特质可以得到彰显。

(一)高端专业服务优势明显

未来产业的发展离不开各类服务,作为上海高端服务业的聚集区,黄浦区在金融、咨询、会计、法律、资讯等高端服务业方面拥有领先优势。面向未来科技前沿,这些专业服务的优势可以实现新的用武之地,可以着力开辟赋能科创企业的新服务,如围绕网络安全、数字资产、人工智能伦理等新赛道和未来产业领域,构筑科创服务的新优势。

(二)经济资源密度全市领先

经济密度是经济高质量发展的重要标志,在这方面,黄浦区保持着国内的

领先地位。2022 年,黄浦区区域经济密度达到 147. 32 亿元/平方千米,人均 GDP 达到 59. 53 万元/人,均位于国内城区首位。同时,黄浦区人均金融服务、文化设施、剧场资源、咖啡馆资源、餐饮和酒店资源均处于国内领先地位。这样一个资源高度密集的区域,可以为人才提供满足生活品质需要的各种服务,这种“丛林式”的生态也正是国际大都市科创回归的重要秘诀。根据国际硅巷成功的经验,数字经济时代新科技新产业的诞生越发需要场景组合和场景密度的支撑,因为场景能够抓住人的需求从而吸引人才来发展科技。

(三) 多元的未来技术应用场景

黄浦区是上海城市繁荣的象征与核心承载,在城市功能元素的丰富性和多样性方面具有其他城区无法比拟的优势。同时作为上海的心脏、窗口和名片,是各种新潮之物的发源地和引领地,这种特征与未来技术应用的场景高度契合,目前布局在南京路的苹果、华为、大疆等各类科技品牌旗舰店,正是时尚先锋科技与商业结合的典型案例。例如,上海未来产业的重点领域未来智能的扩展现实(XR)终端,黄浦区结合文化、旅游、商业等优势拥有无限的想象空间,这里可以成为 XR 终端产品旗舰店的集聚高地,也可以率先打造 XR 体验的引领地。

(四) 临床与成果转化资源丰富

作为老牌中心城区,黄浦区是各类高端资源和公共服务资源的汇聚地,尤其是医疗资源非常丰富。根据统计,黄浦区拥有瑞金医院、仁济医院、长征医院、第九人民医院、口腔医院等知名三甲医院,以每 8. 2 万人拥有一家三级医疗资源位居全市榜首,这些医疗资源本身也是医药研发创新和临床转化的基础。2020 年,转化医学首个国家重大基础设施在瑞金医院正式落成,中国工程院院士成果转化中心医学分中心在瑞金医院正式成立,将开展从临床实践到基础研究、医药产品和技术开发再回到临床实践的转化医学研究。同时,黄浦区拥有上海市科技成果转化服务中心这一国家技术转移示范机构,可以为科技成果转化加速赋能。

(五) 新动能潜力赛道崭露头角

近年来黄浦区持续加大对科创的布局,在新动能的培育和科创生态打造方面已经取得显著成效。在企业聚集方面,围绕区块链、机器人、半导体芯片和临床转化服务"科创四小龙",聚集了一批创新企业。在区块链领域,黄浦区引入了专利数全球第一的蚂蚁区块链、独角兽企业趣链上海总部趣熠链科技;在特种机器人领域,中国电子科技集团有限公司 21 所特种机器人中心快速发展,引入了国内领先的人形机器人公司爱凡达,北京东路上的海派智谷机器人应用展示中心已初具规模;在临床转化服务领域,拥有国内首家挂牌上市的 SMO 企业普蕊斯、首家跨入"千人研究团队"俱乐部的专业 SMO 企业药明津石、全球领先的 CRO 企业康德弘翼以及专注于提供药物临床研究一站式专业服务的 CRO 企业诺为泰;在半导体芯片领域,有全球领先的高性能半导体企业亚德诺、全球领先的半导体和通信产品集成企业闻泰科技、半导体业内持有 IP 范围最广的安华高等。同时,脑机接口的代表企业脑虎科技也布局在黄浦区,"数智心城·无界创新"产业园已正式开园。

二、正视黄浦区布局未来科技产业的短板

不可否认,与上海浦东、闵行、嘉定等制造业强区和徐汇、杨浦等创新资源丰富的城区相比,黄浦区科创的显示度较低,创新型企业集聚不足、商务成本较高且载体空间支撑不够,整体创新创业的氛围相对薄弱,这些都是黄浦区在未来需要弥补的不足。

(一) 传统创新指标总体水平偏低

按照一般衡量创新的指标,黄浦区均处于相对劣势的地位。无论是研发投入占比、新增发明专利授权、高新技术企业数、国家级孵化器、国家企业技术中心等方面,还是独角兽企业或潜力独角兽企业数量,黄浦区在全市的排名都相对靠后,在张江国家自主创新示范区 1 区 22 园的总体布局中,也同样处于靠后的位置。

(二) 尚未形成有引领力和竞争力的新动能赛道

尽管前述"科创四小龙"在黄浦加速崛起,但是总体上,黄浦区新动能赛道除了金融科技处于全市相对核心地位外,人工智能、半导体芯片、机器人等领域尚处于起步阶段,龙头企业集聚不够,产业的集聚水平有待提高,在全市新赛道和未来产业的格局中集聚效应不明显,特色地位不够突出。

（三）缺乏有影响力的科创载体和生态名片

总体来看，商务成本过高和增量载体空间不足，依然是影响黄浦区布局科创的重要因素。尽管黄浦区一直在解决这一问题，推出了一些科创载体，但是目前来看，这些创新载体在全市格局中的地位和显示度还不够，在科创服务生态、新产业集群促进、标志性的会展活动方面，黄浦区缺乏有影响力和显示度的科创品牌，如类似顶尖科学家论坛、世界人工智能大会、城市数字化转型体验馆、全球投促大会、生物医药产业周等高能级的品牌展会和活动，与黄浦区的交集似乎并不明显。

三、找准定位、另辟蹊径，探索科创回归都市的黄浦模式

对于黄浦区而言，布局前沿科技和未来产业，确实和一般的制造强区存在很大差异，培育和发展的过程也相对漫长和艰难，因此，需要另辟蹊径，找到突破口和闪光点，诠释"科技是第一生产力、人才是第一资源、创新是第一动力"的黄浦内涵，以未来产业的前沿布局打造科创回归都市的新样本和新空间。

（一）着力打造未来细分赛道的特色功能区

此前，黄浦区在上海科技创新中心建设格局中的定位是"打造上海科创中心重要服务区和特色功能区"，这一定位充分结合了黄浦区的优势和实际，区块链、机器人、临床转化服务和半导体芯片等"科创四小龙"也是黄浦区具有优势的重要方向，这些定位和领域应该继续坚持。同时，结合上海未来产业五大未来集群和 16 个细分领域，黄浦区可以进一步在未来健康和未来智能领域发力，前瞻布局脑机接口、合成生物、基因和细胞等领域，并且从跨界融合的角度，布局智能计算、通用 AI 等细分领域，类似 ChatGPT 等大模型生成式 AI 方向，更容易在中心城区实现布局，而不是郊区的工厂，另外还有人形机器人和 XR 终端，这些都是黄浦区可以发力的领域。在企业集聚方面，一方面要引进新的科创企业总部，包括国际上一些第二梯队的潜力科技企业，另一方面也要关注存量企业的裂变，将原有企业新布局的科创板块或新科技板块吸引过来。

（二）着力打造未来科技成果的转化加速器

科技成果转化是连接科技与产业的桥梁，也是促进未来产业发展的关键一

环。相较于依托科技基础设施、科研院所和高校布局科技创新策源的功能，黄浦区的定位和特色可以聚焦成果转化的方向，尤其是依托丰富的临床资源，可以打造高端医学的成果转化中心，特别在着眼未来健康领域，努力打造未来科技成果的转化加速器。其中，关键的路径一方面是发挥现有医学转化中心等平台的作用，另一方面也要着力布局一些面向未来健康和智能领域的成果转化平台。

（三）着力打造展示应用未来科技的绝佳试验场

示范应用是验证未来技术成熟度和市场接受度的重要环节，对未来产业的发展十分重要。黄浦区要发挥自身应用场景丰富的优势，通过为未来科技提供展示应用空间，促进相关企业集聚；推动跨领域融合发展，赋能商业更新，打造前沿科技产品旗舰集聚地，成为本土前沿科技品牌的先锋体验地；在城市更新中全方位地引入数字技术、虚拟现实、新型储能、数字能源、未来材料等技术，面向未来产业，揭榜挂帅发布一批未来场景需求，提供智造测试场景，通过未来科技的融合应用率先在全市打造未来城市样板。

（四）着力构建未来产业生态的服务强磁场

良好的产业生态是推动未来产业发展的关键，在产业生态的组成要素中，人才、资本、场景、跨界融合的载体平台、专业的服务等都是产业生态的重要组成部分，产业生态好了，就会集聚企业和人才。下一步还要继续升级服务生态，从"集成"走向"专业"。政府要在研究未来产业发展规律、未来企业的发展诉求方面走向精深，可以考虑成立未来产业战略咨询委员会或专家委员会，在项目遴选、市场准入、企业服务等方面引入更多的专业力量，让专业的科创孵化服务成为黄浦区服务的新品牌，打造品牌化的未来产业生态圈嫁接活动，汇聚各方力量和资源。

（五）着力打造城市更新赋能的科创载体群

载体是承载企业集聚的关键支撑。此前，依托黄浦科创集团，黄浦区已经在科技京城、广慈思南医疗转化园区等方面进行布局。下一步，建议步子可以大一点，比如腾挪外滩一些行政办公空间，结合第二立面的调整，为科创总部、研发资源腾出空间；再比如将一些花园洋房、老旧大楼改造为科创企业总部的集聚区。还有一条重要的思路就是，要打造一些地标性的创新载体、开放空间、孵化器、垂直楼宇或微智造空间，融合产业、展示、宣传效应、IP、活动、生态圈构建等元素，形成特色鲜明的创新地标，赋予城市丰富内涵。同时，也可以考虑和国际国内知名大学合作，布局引入未来技术学院、专业分院、产业研究院等。

对于黄浦区而言，彰显经典底蕴和繁荣繁华的标签已经很多，金融、专业服务这些领域的升级对黄浦区而言更多的是锦上添花的作用，着眼长远，黄浦区需要全方位地举起科创的大旗，旗帜鲜明地强化科创，改变大家认知中黄浦区只有商业、只有金融以及科创高不可攀的城区形象，要扎扎实实地为未来积蓄可持续的动能，孕育面向未来产业的种子。

作者：丁国杰

静安区：科技产业偏应用，硬核研发是短板

近年来，地处上海中心城区的静安区在巩固商贸、金融、专业服务等优势领域的基础上，推动数据智能、生命健康和创新设计等新兴产业快速发展，从产业基础契合度、应用场景赋能度、服务生态支撑度来看，静安区发展未来产业具有中心城区特有的融合优势，但也面临着硬核研发企业集聚不足、创新资源较为薄弱、增量载体空间有限等制约因素。

一、静安区布局未来产业"三度"优势彰显

静安区是上海首个以大数据为主导产业的国家新型工业化产业示范基地，"云、数、智、链"产业优势明显，同时数字健康、"文创+科创"等融合发展新业态新模式快速崛起，布局未来产业具备一定潜力。

（一）产业基础契合度：数据智能+生命健康+创新设计

数据智能产业凸显特色。市北高新技术服务业园区以市北数智生态园为引领，集聚了近600家数据智能类企业，将支撑静安区未来智能以及数字化融合新业态发展。在大数据方面，拥有170多家经上海市经信委认定的大数据企业，核心大数据企业占上海市总量的三分之一，代表企业包括灿瑞科技、梦创双杨、栈略数据等，其中灿瑞科技已在科创板成功上市。在区块链方面，静安区建成了上海市首个区块链主题产业园区——市北区块链生态谷，集聚了蚂蚁链、万向区块链、嘉楠捷思等70余家上下游企业。2022年，静安区成为上海唯一的国家区块链创新应用综合性试点地区。在人工智能方面，静安区集聚了合合信息、小鹏汽车、天翼数字生活、像航科技等一批人工智能应用企业。

生命健康产业蓬勃发展。静安区全球知名药企总部加快集聚，数字医疗等创新型产业初步形成，在发展未来健康领域具有基础优势。在全球药企布局方

面,目前全球医药行业前 50 强中,有近半数以总部、分公司、研发中心等形式落户静安,如辉瑞、飞利浦、百时美施贵宝等企业中国区总部均布局在静安区。在数字健康发展方面,静安区在"AI + 药物研发"、数字化临床管理、数字化平台服务领域集聚了一批代表企业,如阿斯利康医疗人工智能创新中心、有临医药、信医科技等。在医疗转化服务方面,上海市第十人民医院临床医学科创园区已被纳入上海市健康服务业"5 + X"空间布局,有效弥补了静安区在原研药和临床医学方面的短板。

创新设计驱动未来产业转化落地。与传统的工业设计不同,创新设计是以用户为中心、嵌入式融入全产业链、覆盖产品全流程解决方案的系统性创新活动,对驱动全产业链整合创新,推动前沿技术转化为生产力并快速产业化具有重要意义。静安区已经集聚了幻维数码、风语筑、水晶石数字科技等一批创新设计领军企业,拥有百雀羚产品创新设计中心等 3 家市级设计创新中心。2022 年,依托全球顶级艺术设计院校纽约帕森斯设计学院设立的帕森斯中国设计创新中心正式落户静安区,该中心也是我国首个围绕"设计 + 文创 + 科创"的创新中心。静安区将以此项目为引领,探寻创新设计赋能未来产业发展的先行示范路径。

(二) 应用场景赋能度:消费 + 文创 + 医疗

静安区作为中心城区,商贸、金融、文创、旅游等现代服务业高度发达,同时城区医疗资源、基础教育等优质公共服务资源丰富,更适合以服务人的需求为核心,通过城市中的多元全域场景赋能推动未来产业应用落地。

在消费场景方面,静安区着力推进国际消费中心城市数字化示范区建设,以南京西路为代表的商圈在打造数字化展厅,提供沉浸式商业体验、虚拟购物体验等方面优势明显。

在文创场景方面,静安区影视、电竞产业全市领先,集聚了 300 多家影视企业以及 VSPN、动视暴雪、网映文化、苏宁电竞俱乐部等一批知名电竞企业,为静安区布局 XR 终端产业、发展 XR 动漫影视及 XR 电竞提供支撑。

在医疗场景方面,静安区拥有 15 家综合医院,包括华山医院、华东医院、第十人民医院等。区内还集聚了多家专科医院和第三方医学检验检测机构,为推动临床转化研究、数字医疗等提供了丰富的应用场景。

(三) 服务生态支撑度:科创载体 + 转化平台 + 专业服务

发展未来产业,一方面需要高质量载体空间的保障,另一方面对科技成果转化服务、企业专业服务也有较高的要求。

在科创载体方面,静安区已形成以科技主导型园区为引领,大学科技园、科技企业孵化器、国际化众创空间为支撑的多元化创新创业载体格局,为培育发展未来产业提供高质量发展空间。其中,市北高新技术服务业园区占地3.31平方千米,先后获评国家生态工业示范园区、国家新型工业化产业示范基地等,是静安区对接全球科创中心和国际数字之都的核心承载区。大宁功能区通过"园区+基金""招商+投资",实现了集成电路/芯片设计、数字安全、智慧健康三大科创产业集聚。

在转化平台方面,静安区拥有中国医药工业研究总院、上海市知识产权服务中心、上海创新节能技术促进中心、上海科技成果转化促进会等国家级技术转移示范机构,集聚了自动化仪表、卡斯柯信号、国药集团化学试剂、上实龙创智慧能源科技等国家级企业技术中心。同时,静安区还汇聚了上海市大数据中心、华为上海区块链生态创新中心等数智产业功能性平台。

在专业服务方面,静安区自2019年开始实施全球服务商计划,集聚了78家具有全球服务能级的专业机构,不仅涵盖金融、广告、会计、咨询、法律、人力资源、检测认证等专业服务机构,也包括思爱普(软件服务)、卡斯柯信号(信息技术服务)、宝尊电商(电子商务)、Xnode(国际化创新创业服务)等创新型全球服务商,可为未来产业跨国企业深耕中国市场、本土企业开拓海外布局提供有力支撑。

二、静安区布局未来产业面临三方面不足

总体来看,静安区在现有产业体系中已经具备未来产业和新动能萌芽的基础,但也面临三方面不足。

(一) 硬核企业集聚不足

目前区内创新型企业总部、独角兽和准独角兽企业、获得市场融资的初创硬核企业相对较少。大数据、区块链和人工智能产业发展迅速,但规模较小,且以应用企业为主,前沿核心技术研发较为薄弱。全球药企在静安区主要开展投资管理、医药进口等相关业务,药物研发涉及较少。

（二）创新资源较为薄弱

与杨浦区、徐汇区等中心城区相比，静安区缺少与未来产业相关的高校院所、优势学科和全球顶尖人才，缺少具有原始创新能力的重点实验室、新型研发机构、大企业技术创新中心等重量级创新平台。全区创新投入有待加强。

（三）增量载体空间有限

静安区作为中心城区，缺少可成片开发利用的增量科创空间，同时能耗环评等标准较严，企业运营综合成本相对较高，对大多数处于初创期的未来产业企业缺少吸引力。

三、静安区布局未来产业的三点建议

把握新时代静安区"中心城区新标杆、上海发展新亮点"的定位要求，基于区域产业基础，放大多元化应用场景和专业化服务生态优势，进一步创新发展理念和发展思路，破解发展瓶颈，前瞻谋划一批未来技术多路径探索和交叉融合、具有爆发式增长的未来产业领域，打造未来产业特色集聚区，提升在全市未来产业的显示度。

（一）发现培育一批创新潜力企业

针对未来产业技术迭代升级快的特点，加强与科学家、企业家、风投资本、专业智库的合作，整合多方专业力量，建立科学合理的企业发现和遴选机制。综合考虑产业爆发增长潜力、企业突破创新潜力以及团队能力、融资情况、市场估值等标准维度，建立 XR 终端、数字健康、创新设计等未来产业领域企业认定标准体系，通过细分领域权威排行榜、举办各类创新创业大赛等导入培育一批硬核科技企业。引导创新、金融、财政、服务等资源向潜力企业倾斜，择优进行精准扶持。

（二）搭建提升一批科技创新平台

放大静安区区位优势、人才优势、总部集聚优势，围绕数字智能、生命健康等前沿领域，吸引一批大企业全球创新中心落户。鼓励区内企业与市内外科研院所共建重点实验室、创新中心、成果转化平台、检测认证等平台等。支持区内企业参与市内外新兴产业创新联合体。依托区内全球服务商计划,构建多元科技服务产业链条,进一步促进科技成果研发与产业化。

(三)释放打造一批特色载体空间

排摸评估区内楼宇可用资源,根据具体行业创新空间特色化需求,进行适配性定制化改造,打造一批主题鲜明、产业集聚、服务精准的未来产业楼宇地标。创新存量土地资源盘活利用模式和机制,探索在规划用地属性上突破,将区内传统商业空间、闲置办公资源部分转型为科创空间、孵化空间。

作者:唐丽珠

闵行区:科创"优等生"的成长烦恼

要了解中国现代工业和上海制造业的历史必须了解闵行。在上海产业与科技创新的格局中,闵行区一直都是实力担当,从中华人民共和国成立初期的"四大金刚"到"五朵金花",再到改革开放后外资经济和园区经济的崛起,伴随着上海交通大学等高校创新效应的释放,闵行区产业发展逐步转型为以战略性新兴产业为主导,并成为上海南部科创中心。近年来,"大零号湾"地区加速崛起,创新创业氛围日渐浓厚,闵行区也经历了从制造大区到制造强区、创新城区的蜕变。当前,闵行区又站在了发力未来、布局前沿的关键节点,下一步如何以未来产业再次引领未来,是闵行抢抓新的发展机遇、实现产业跃升的又一次战略选择。

一、亮眼的标签:南部科创中心、硬核产业高地

闵行区是上海制造业的实力强区,2022 年 GDP 排名全市第三,达到 2 880 亿元;工业总产值为 3 450 亿元,战略性新兴产业占规模以上工业产值的 53%。在上海全球影响力科技创新中心的格局中,闵行区处于南部科创中心的重要地位,这些都为闵行区布局未来产业奠定了良好基础。

(一) 硬核产业的集聚高地

在上海的产业发展格局中,闵行区无论是产业规模还是产业能级,总体都居于前列。在优势产业集群方面,闵行区目前已经形成了高端装备、新一代信息技术、人工智能和生物医药四大产业集聚的格局,航空、航天、船舶、电气、核电装备等大国重器都有布局,并成为上海的承载重镇。在产业载体方面,闵行区拥有闵行经济技术开发区、莘庄工业区、紫竹高新区等在全市排名居于前列的品牌园区,也拥有马桥人工智能创新试验区、浦江创芯之城等上海市特色产

业园区。在企业主体能级方面，截至 2022 年，闵行区拥有国家级企业技术中心 10 家、市级企业技术中心 101 家，均位列上海市第二；拥有高新技术企业 3 200 家；民营企业总部超过 60 家、上市企业 50 家；潜在独角兽企业 13 家，位居上海市第二；2023 年上海硬核科技企业 TOP100 榜单中，闵行区有 10 家企业入选。闵行区在人形机器人、AI 等领域也崛起了一批代表性的企业。

（二）创新能力居于前列

在反映一个区域的创新能力指标方面，闵行区总体表现居于领先地位。例如，全社会研发经费支出占地区生产总值的比例保持在 10% 左右，位于上海市第一，也位居全国第一梯队；闵行区拥有高价值专利超过万件，位居上海市第二，也处于相对领先的水平，每万人高价值发明专利拥有量 50 件。在创新人才方面，闵行区两院院士数量占全市 40%，国家级、市级海外高层次人才引进占全市四分之一。

（三）雨林创新生态逐渐形成

闵行区各类创新资源高度集聚，既有上海交通大学、华东师范大学等国内知名高校，也有很多细分领域的大院大所，如以上海航天技术研究院为代表的航天系研究所、以中国船舶重工集团公司第七一一研究所为代表的中船系研究所。闵行区拥有 300 多家区级以上研发机构，是国家科技成果转移转化示范区和国家知识产权示范区。在创新平台方面，闵行区还集聚了上海人工智能研究院、上海交通大学医疗机器人研究院、硅谷人工智能（上海）中心等功能型平台，仅"大零号湾"地区就已经有 18 个科创载体投入使用，汇聚了 10 多家科研院所、20 多家国家级重点实验室和工程研究中心。

（四）未来产业先发布局

相比其他城区，闵行区在未来产业的布局上已经形成了一定的先发优势，是相对比较具有显示度的城区。2021 年 8 月，上海交通大学溥渊未来技术学院正式揭牌成立，是教育部公布的全国首批 12 所未来技术学院之一；2022 年 12 月，上海交通大学、闵行区人民政府、宁德时代未来能源（上海）研究院有限公司共同建设的未来能源与智能机器人未来产业科技园成功获批国家首批未来产业科技园建设试点，宁德时代未来能源研究院开工建设；"大零号湾"获批上海首批未来产业先导区。可以说，在面向未来产业的两类新型创新组织和先导区方面,闵行区都成为重要试点区域,为引领未来产业发展奠定了坚实基础。

二、"优等生"仍有不足:对标国内顶尖创新城区,策源引领能力还需加强

尽管闵行区在产业的硬核实力以及科技创新资源的集聚方面具有非常明显的优势,在上海各区中表现也十分亮眼,但是闵行区的定位和发展从来不应该局限于上海。与引领未来的发展要求相比、与国内其他城市的创新强区相比,闵行区创新资源的转化能力以及策源能力还需要加强,创新赋能引领产业升级、迈向更前沿更精尖产业的能力还需要进一步提升,对标深圳南山区等国内领先的创新城区还有很大差距。

(一)高校和科研院所基础策源能力有待提高

对于未来产业而言,基础研究、原始创新的突破非常重要,当然,相比应用型创新,难度和要求也会更高。目前来讲,闵行区在硬核产品、前沿科技、"卡脖子"技术突破方面的成果还不够突出。闵行区虽然拥有一批创新企业,也呈现比较好的发展势头,但这些企业的创新产品在国际的领先度不足,突破性成果总体比较少。而且,闵行区内从 0 到 1 的基础研究的原创成果不多,区域整体对标世界级的创新能力有待提升。同时,区域科技创新能力也有提升空间,如从张江高新区一区 22 园的比较来看,闵行园在新增发明专利授权方面与杨浦园有一定差距;在高新技术企业集聚方面,与嘉定园、杨浦园也有一定差距,技术合同交易额等与徐汇有一定差距。面向全市,闵行区要继续争先进位。

(二)产业孵化与加速环境有待加强

闵行区在创新方面非常明显的优势就是高校资源集聚,尤其是以上海交通大学为依托,孵化出众多的创新企业,同时,在创新联合体、新型研发机构等模式路径创新上有很多创新实践。但总体上,闵行区在科技成果转化孵化方面还有很多的堵点需要疏通;在创新型企业孵化到成长壮大的机制方面还有待完善,如科技和金融的融合,或者科产融深度结合的机制不够完善,如深圳南山区有中国证券投资基金业协会备案的私募投资机构 3 300 余家,而闵行区的风投资源远远落后于南山区。

（三）头部硬核创新企业需进一步集聚

企业是创新的主体，是未来产业发展的核心支撑，培育和孵化出未来能够成长为巨头的企业，对一个区域的发展至关重要。在这一方面，闵行区与浦东张江、深圳南山区等地相比差距明显。深圳南山区拥有上市企业 204 家、国家级高新技术企业 4 300 多家，闵行区与之差距明显。当然，这不完全是闵行区单独面临的问题，而是上海各区的共性问题，但相比其他城区，闵行区更有责任也更有条件在企业成长方面做得更好，找到新的突破口和路径。

三、以国内一流创新城区为目标发力未来

对于闵行区来讲，布局未来产业，其意义和定位绝不仅局限于闵行城区本身，也不仅仅是追求上海市域范围的领先，更重要的是如何通过布局未来来引领未来，形成着眼长远、面向未来的竞争优势，并代表上海参与未来的国际竞争，在一些前沿领域能够实现国际并跑，甚至国际领跑。

（一）聚焦细分赛道，引培硬核科技企业

在上海五大未来产业集群的方向上，未来健康、未来智能、未来能源、未来空间方面闵行区都有一定的产业延伸基础，是一个产业领域覆盖相对全面的区域。闵行区下一步布局未来产业，需要牢牢抓住企业这个"牛鼻子"，围绕通用AI、量子科技、新型储能以及空天资源利用等思路具有一定基础的领域，在未来企业的挖掘、支持和培育壮大方面下足功夫。一是系统梳理和排摸全区未来产业方向以及具有成长潜力的企业，建立未来企业培育库，支持企业参与"未来之星"大赛，完善全链条的企业培育机制；二是支持大企业建立开放创新中心，面向中小创新企业开放订单、释放需求、共享服务、提供场景，带动创新企业成长；三是加大企业研发创新的支持力度，将现有的各类政策向未来产业领域延伸。

（二）以先导区为引领，探索组合式、全链条的创新范式

先导区是闵行区推进未来产业发展的重要载体，也是核心抓手，"大零号湾"地区也是闵行区未来产业发展最具潜力的区域。而作为先导区，最外显的标志在于率先形成未来产业的集聚，率先涌现更多前沿技术的创新成果，而背

后则是要在探索未来产业发展的制度方面大胆创新、率先示范，其中的核心是构建适应未来产业发展的创新范式。未来产业创新范式是一个系统概念，需要构建起"四梁八柱"，具体要素包括未来技术学院、未来产业研究院、概念验证中心、创新联合体、未来科技园（大学科技园）、未来产业孵化器和加速器，这样的组合构成了未来产业的"未来学科建设和人才培养—前沿技术策源—技术验证—成果转化—跨界融合—企业孵化—产业化"全链条闭环。而闵行区拥有该组合式闭环的载体和主体，具有非常好的探索和推动条件。

（三）率先打造"四敢"示范区，营造各方放开手脚的新生态

未来产业发展的不确定性、孵化的长周期性，决定了未来产业的发展生态具有特殊要求，闵行区发力未来产业，可以率先探索形成"四敢"的发展环境。让科学家敢干，率先聘任一批未来产业领域的战略科学家，启动一批未来科学家攻关计划，给予科学家最大范围的探索空间和支持；让企业敢闯，探索未来产业准入机制创新，降低投促引进项目的经营指标要求，将创新团队、创新潜力等要素纳入投资准入决策评价体系，优化投资决策制度，成立面向未来产业领域的专业招商团队；让资本敢投，构建风投支持政策，鼓励风投机构投早、投小，给予资本收益方面的政策支持；让政府敢支持，建立支持创新的容错机制，针对政府支持的企业创新失败项目，设置一定的免责条款，率先营造宽容失败、宽松包容的创新环境。

作者：丁国杰

徐汇区：创新资源丰富，缺乏产业联动

在上海的科创版图中，徐汇区一直是一个不能忽视的存在。徐汇区科技创新历史悠久，可追溯至明朝末期，著名科学家徐光启曾在这里从事科技活动，"徐汇"一名也由此而来。之后，徐汇区又成为上海开埠以来中西科技交流的发源地之一。现如今，徐汇区作为上海市中心城区核心区域、深化上海全球科创中心的重要承载区，牢牢把握"科技回归都市的城市发展趋势、科技引领未来的产业发展趋势"两大趋势，在人工智能、元宇宙、数字经济、生命健康等新赛道新动能领域已形成独具特色的产业生态。下一步面向未来产业，徐汇区又该如何定位、如何布局、如何发力？

一、科创大区、双 A 引领

如果说徐汇在上海市乃至全国有一定显示度的名片，那首先让人想到的应该是科创、人工智能、枫林、徐汇滨江和漕河泾。

（一）大院大所大师云集

徐汇区是上海的科创大区，城区发展一直传承着创新的基因。早至 17 世纪 20 年代，明朝著名科学家徐光启就是在这里从事农业和科学实验，其著作《农政全书》《火攻要略》等对后代的农业、军事科技起到了重要的指导作用。而 400 多年后的今天，徐汇已发展成为上海科创中心建设重要承载区之一。这里大院大所大师云集，拥有中国科学院上海分院、上海核工程研究设计院、华东计算技术研究所等 150 余家高水平科研机构，以及上海交通大学、华东理工大学等十余所高等院校，100 多位两院院士工作或生活在这里，约占上海总数的59％。这里创新成果丰硕，2023 年国家科学技术奖徐汇区获得 14 项，占全市总数的 28.6％；2023 年全区每万人口高价值专利拥有量达 86.79 件，每万人口发明专利拥有量、商标集聚度和活跃度连续 8 年位列全市第一。

(二) AI & ART 双向赋能

徐汇区立足自身产业基础优势特色，提出了 AI&ART"双 A"发展战略。在 AI 领域，徐汇区重点打造西岸智塔（AI Tower）和北杨人工智能小镇（AI Town）"双 T"载体。截至 2024 年 10 月，徐汇区已有人工智能相关企业近千家，2022 年总产出 705 亿元，徐汇区人工智能产业集群成为上海唯一入选的全国首批战略性新兴产业集群。在文创艺术领域，徐汇区以西岸计划为抓手，相继建设龙美术馆、余德耀美术馆、西岸美术馆、西岸大剧院和油罐艺术中心等 20 余座高品质文化场馆，西岸艺岛 ART Tower 成为上海国际艺术品交易新地标。此外，徐汇区推动 AI&ART 双向赋能，不断开辟游戏、元宇宙、区块链、数字经济等新赛道，已集聚全市超 50% 的游戏企业，其中米哈游多次位列"中国游戏厂商及应用出海收入排行榜"TOP3。

(三) 滨江转型科创绣带

抢占新赛道、发展未来产业，空间容量是不可避免的问题，而滨江沿线正是徐汇区为科创发展早已规划好的拓展区域。在这条长 11.4 千米的"W"形岸线上，已规划建设了"一港一谷一城一场一湾一心"核心载体，徐汇滨江也实现了从"工业绣带"到"科创绣带"的华丽转变，成为全区、全市乃至全国崭新的科创地标和人工智能战略高地。以西岸智塔（包括东塔）为例，目前已落地浦江实验室、期智研究院、微软亚洲研究院、树图区块链研究院等新型研发机构和智能视觉、视觉计算、营销智能等 3 个国家新一代人工智能开放创新平台，聚集华为、阿里、网易、商汤、依图、明略等数十家人工智能领军企业。此外，阿里巴巴、梦想强音、西岸艺岛、滨江城开中心等产业新标杆以及 100 万方存量载体，将在未来持续带动滨江沿岸联动发展。

(四) 两大知名园区

提起徐汇区，人们一定会想到漕河泾开发区和枫林园区两大知名园区。其中，漕河泾开发区以电子工业起家，是中国第一个微电子工业区，目前已形成"1＋5＋1"的产业体系。据 TOP 创新区研究院统计，漕河泾开发区汇聚了 14 000 余家企业，区域单位面积税收产出超 38 亿元，发展效益全国领先。集成电路领域汇聚了上海 1/4 芯片设计类企业，漕河泾元创未来元宇宙产业创新园获批上海市首批元宇宙特色产业园区。而枫林园区则以生命科学见长，徐汇枫林生命健康品牌写入国家生物医药产业创新高地"上海方案"。中国科学院分子细胞科学卓越创新中心、中国科学院营养与健康研究所等多支生命科学基础研究国家队，复旦大学附属中山医院、肿瘤医院等8家国内顶级三甲医院均汇聚在此。依托枫林品牌，徐汇区临床研究成果喜人，2021年药物临床研究数量位居全市第一，2022年徐汇区获批上市3项药物和27个医疗器械产品，包括1项1类国产创新药（上海共4项）。

二、产业链与创新链融合需进一步深化

（一）协同创新能力偏弱

徐汇区基础研究资源丰富、产业发展基础扎实，但大院、大所、大校、大企协同创新生态有待完善，以创新链布局产业链的能力仍需提高，围绕中国科学院系统院所、上海交通大学、华东理工大学等未形成相应的产业园区和产业带，院所的创新活动与区域产业发展的联动尚显不足，深厚的创新资源如何能够更好地赋能城区创新发展、不断激发城区发展的新动能和未来潜能，还需要深化体制机制。

（二）"硬核"和"尖端"能力不够

一方面，在高新技术企业、独角兽企业和潜力独角兽企业方面还需进一步集聚，如2022年徐汇区高新技术企业共802家，占全市总数的比例不到5%；2023中国未来独角兽TOP100榜单上海有12家企业入选，徐汇区未有企业进入榜单；2023上海硬核科技企业TOP100榜单中，徐汇区有7家入选，中心城区排名第一，但与浦东区、嘉定区、闵行区尚有差距。另一方面，在人工智能、集成电路芯片设计、元宇宙等方面，目前徐汇区内的企业在全国有显示度和引领性的创新产品还不多，大量新型研发机构、创新中心布局形成的产业动能激发效应还未显现。

（三）老牌园区面临新压力

徐汇漕河泾开发区经过40余年发展，已从城市边缘区域的小型产业园转变为中心地区的重要产业载体。漕河泾开发区在集聚大量人工智能、电子信

息、元宇宙、游戏文创等主导产业和新兴产业的龙头企业的同时，也面临着基础设施有待更新、适应未来前沿产业人才的"第三空间"相对较少等问题，如园区内共享办公场所、高品质咖啡馆、餐厅、绿地等设施仍需完善，产业社区感仍显不足，还面临着其他城区科创回归都市对新兴产业吸引力逐步增强的竞争，未来如何保持漕河泾开发区的引领地位，持续强化新兴产业和前沿产业布局，成为头部园区的烦恼。

三、如何引领城区再超越

(一) 聚焦未来智能和未来健康打造核心名片

把未来智能和未来健康打造成为徐汇区未来产业的核心名片，并促进跨领域融合。在未来智能方面，要推动人工智能再升级，向引领基础技术底座突破、前沿智能的方向延伸拓展，全面布局人工智能科学，打造智能科研的开源开放创新生态，聚焦"AI＋垂直细分领域"，鼓励区内人工智能企业积极参与智能计算、元宇宙和扩展现实、合成生物、药物研发等未来前沿领域探索。在未来健康方面，依托枫林生命科学园区布局基因和细胞、合成生物和脑机接口等前沿领域的研发。

(二) 率先探索打造"五链"融合示范区

围绕创新链布局产业链，完善资金链、人才链以及服务链，率先探索形成"五链"融合、协同发力的产业创新生态。鼓励中国科学院系统院所、上海交通大学等资源与全区龙头企业联合开展区域内重点产业关键技术攻关，依托华东理工科技园等建设，完善区域创新生态圈。探索科技金融模式创新，发挥政府引导基金作用，撬动更多社会资本向区内重点产业和未来前沿产业集聚。升级人才政策，打造前沿科创人才高地。发挥知识产权服务的核心优势，拓展技术概念验证、科技中介服务、研发服务外包、成果转移转化等各类科技服务，打造服务全市、辐射全国的科技服务高地。

(三) 聚焦徐汇滨江，打造世界级科创水岸

对于徐汇区来讲，滨江是一块非常宝贵的资源，对于未来产业的发展，滨江依然是重中之重，是徐汇聚力打造的具有世界级显示度的创新地标。作为上海

市中心难得的"大衣料子",徐汇滨江应坚持对标伦敦南岸、巴黎左岸等国际一流滨水区域,围绕新机遇新赛道,持续引进或培育更多能够引领未来的科创企业和产业项目,集聚一批高能级创新企业总部和功能平台,与漕河泾开发区联动发展、承接资源,成为上海乃至全国创新型总部集聚高地,打造世界级的科创水岸。

作者:刘梦琳

嘉定区:"国家队回嘉"蓄势,亟须未来产业新地标

有人说,上海汽车的发展进程,是近代中国汽车发展的缩影,而嘉定无疑在其中发挥着无可替代的作用。伴随汽车产业从无到有、从小到大、从大到强,嘉定也从上海的一个郊区一跃成为上海制造业的中流砥柱、经济最强郊区。伴随同济大学、上海大学等高校以及中国科学院上海微系统与信息技术研究所、上海微技术工业研究院、华东计算技术研究所等国家队科研院所科创效应的释放,嘉定成功入选上海科创中心重要功能承载区,成为上海六大科创中心承载区中唯一的郊区,开启了科创转型的新征程。

站在新起点,嘉定能否实现从制造大区到制造强区再到引领未来制造与创新的蜕变,再塑一个媲美"汽车嘉定"的新品牌,是嘉定在未来产业发展中应该着重思考并解决的重要问题。

一、上海高端制造和创新的重要承载地

嘉定区是上海经济最强郊区,也是仅次于浦东的制造业强区,2022 年 GDP 排名全上海市第四,达到 2 705 亿元;实现规上工业产值 5 502.9 亿元,其中战略性新兴产业完成工业总产值 1 500.1 亿元,占全区规模工业的 27.2%;在细分领域,生物和新能源领域同比分别增长 19.1%和 7.0%,高性能医疗设备及精准医疗同比增长 14.2%。早在 1958 年,嘉定就被确定为上海科学卫星城,科创基因根植于城市发展,嘉定也是上海六大科创中心承载区中唯一的郊区,这些都为嘉定区布局未来产业奠定了良好基础。

(一) 前瞻谋划,千亿级特色硬核产业加快集聚

嘉定在上海产业发展尤其是制造业发展格局中,占据着举足轻重的地位,是显示度极高的特殊存在。因车而兴的嘉定,也意识到一业独大的隐患,加快

在高端产业布局,明确培育极具嘉定特色、具有极强显示度和未来前景的汽车"新四化"、智能传感器及物联网、高性能医疗设备及精准医疗三个千亿级新动能产业,在智能机器人、北斗、新材料等硬核科技领域均有布局,联影医疗、新时达机器人、司南卫星导航、捷氢科技、矽杰微电子、君赛生物等一批优质创新型企业在嘉定孵化成长。

在产业载体方面,嘉定拥有 11 个产业园区,平均产出率远超上海市标准,嘉定工业园区综合排名位居上海市第五。嘉定氢能港、汽车新能港和上海智能传感器产业园区获批上海市级特色产业园区,并打造了涵盖三大千亿级产业、在线新经济、智能制造、总部及文创等领域的 16 个区级特色产业园区。

在企业主体能级方面,嘉定区企业硬核创新实力突出,拥有高新技术企业2 453 家、国家级专精特新"小巨人"企业 70 家,总量均位列全市第二;市科技小巨人(培育)企业家,居全市第三;拥有民营企业总部 46 家,A 股上市企业 31家,均位居上海市第三。长城战略咨询发布的潜在独角兽企业榜单中,嘉定有 8 家企业入选,2023 年上海硬核科技企业 TOP100 榜单中,嘉定有 11 家企业入选。嘉定在生物医药、AI、先进材料、氢能等领域也崛起了一批代表性的企业。

(二)老牌科技城创新活力持续迸发

作为老牌科技城,嘉定科技创新实力不容忽视,全社会研发经费支出占地区生产总值的比例超过 5%,高于上海平均水平;技术合同成交金额达 292.66亿元,占增加值比重位列全市第一;企业专利申请量超万件,有效发明专利增速位居全市前列。上海新发布的第四批专精特新"小巨人"企业中,嘉定企业发明专利申请总量位居全市第一,平均每家企业专利申请量位居全市第三,企业自主研发创新能力不断增强。

在人才资源方面,嘉定有高层次人才 180 多名,科研人员超过 2 万名,全区各类人才超过 38 万名,为科技创新提供了充足的智力支撑。科技企业孵化器等载体是创新创业的重要阵地和平台,嘉定现有各类创新创业载体共计 57 家,市级科技企业孵化器总数达 19 家(其中国家级 4 家)、众创空间 8 家(其中国家级 1 家),为未来技术落地孵化,打造发展新引擎、增强发展新动力提供了有力支撑。2022 年全上海市营商环境考核中,嘉定区科技创新创业活跃度考评获全市第一。

(三)"国家队回嘉"，助力产业创新转型

作为曾经的上海科学卫星城，一批极具科研实力的国家科研机构曾在嘉定落户，但后因各种因素出走。如今科技在产业发展中的作用日益突出，嘉定全新规划总面积近 20 平方千米的科技创新核心功能区，加大力度支持科研"国家队回嘉"。

如今，嘉定已形成中国科学院上海硅酸盐研究所、中国科学院上海微系统与信息技术研究所、中国科学院上海光学精密机械研究所、中国科学院上海技术物理研究所、华东计算技术研究所、国家智能传感器创新中心、新能源汽车及动力系统国家工程研究中心、中国科学院上海分院国家技术转移中心嘉定产业基地等"十一所三中心二基地"的国家级科研院所和同济大学、上海大学等七所高校的集聚规模，还有汽车风洞中心等重大科技基础设施，以及上海细胞治疗研究院、上海市智能网联汽车制造业创新中心等市级研发平台，拥有可对外开放的国家级、省部级研发平台超过 93 个，建设了国内首条 8 英寸 MEMS 研发中试线、首台国产化质子治疗装置，为新兴产业企业在内的各类制造业、科技研发企业提供优质的技术对接、产品试验、检验测试等服务，这为区域产业转型发展提供了强有力的科技支撑。2022 年全区校地、院地合作科技园总产出超 500 亿元。据统计，科研院所在嘉定孵化落地的科技企业超过 400 家，年产值超百亿元。

此外，中国工程院院士专家成果展示与转化中心也落户嘉定，必将推动大量未来产业科技成果在嘉定落地，同时也为嘉定科技创新提供顶级智力支持。

(四) 无心插柳，未来产业先发布局

凭借科研院所以及硬核科技企业集聚优势，嘉定对未来产业已经抢先布局。在汽车"新四化"和智能传感器及物联网超前布局背景下，嘉定在未来智能和未来能源领域先行一步，同时在未来空天、未来材料方面也有一定布局。

在未来智能领域，嘉定拥有国内第一个国家智能网联汽车（上海）试点示范区封闭测试区，开创全国先例地划定了开放测试道路，颁发了全国首张无人驾驶测试牌照，吸引了大量基于机器视觉的无人驾驶企业入驻，全球自动驾驶技术公司 Mobileye 以及国内的百度、小马、滴滴、享道出行、autox、地平线等企业纷纷涌入；扩展现实作为元宇宙的重要领域也成为嘉定发展重点，成立了上海市嘉定元宇宙产业促进会，唯师网络科技、棱镜全息科技等相关企业已经落户。

此外,扩展现实、量子科技、6G等领域均需要海量的传感芯片作支撑,嘉定手握国家智能传感器创新中心这一王牌必将吸引大量传感器芯片企业集聚。

在新型储能领域,氢能无疑是嘉定发展的重点,其所打造的市级特色园区——嘉定氢能港已经具有较高知名度。氢燃料电池首先要依靠汽车示范应用带动产业链发展,而嘉定凭借上海汽车集团的资源和同济大学的技术,引育了一批氢燃料电池知名企业,重塑科技、捷氢科技已经处于全国第一梯队,氢枫能源发布全球首台吨级镁基固态储运氢车,上海市氢燃料电池汽车产业计量测试中心、国家燃料电池汽车和动力系统工程技术研究中心等高能级服务平台相继落户,初步形成覆盖氢燃料电池汽车研发、制造、测试及应用等较为完整的产业链。此外,蔚来在嘉定成立锂电池实验室,中国科学院上海硅酸盐研究所在钠离子电池领域具有较强研发实力,都将在未来储能领域发挥重要作用。

嘉定因"地上跑"的汽车闻名,其实"天上飞"的卫星也历史悠久,这也使其在未来空间领域亦有布局。我国第一颗人造地球卫星"东方红一号"播放设备由位于嘉定的上海科学仪器厂生产,其现已更名为上海航天电子有限公司,是我国最早从事航天产品研制,集研究、设计、试制、生产以及环模试验于一体的航天高新技术企业之一。如今嘉定再度和卫星事业结缘,我国首个低轨通信卫星星座"翔云"的首发星被命名为"嘉定一号",由落户嘉定南翔的欧科微航天科技自主研发。

合成生物、基因和细胞治疗等未来新赛道,是嘉定高性能医疗设备及精准医疗的重要分支领域。嘉定正全力打造上海(南翔)精准医学产业园,拥有国家肝癌科学中心、东方肝胆医院、上海瑞金医院等临床科研机构,君赛生物、植生优谷生物技术、合森生物科技等一批优质企业快速成长。

未来材料正是中国科学院上海硅酸盐研究所、中国科学院上海微系统所等单位的优势所在,在锂电池材料、储氢材料、先进陶瓷材料、碳纳米材料等新型材料研发领域具有较强竞争力。

二、产业走向硬核尖端还需再发力

尽管嘉定区对未来产业的布局已经取得显著成效,具备一定的产业硬核实力和科技创新竞争力,在上海各区中名列前茅,但是在创新方面,与浦东、闵行等区相比,创新资源及其转化还有待加强,创新的活力和氛围还有待完善,产业的尖端硬核实力还需要再提升。

（一）新兴动能的体量规模还需提升

尽管嘉定一直在布局新兴领域、新兴动能，但总体上新兴领域的产业规模还不大，高性能医疗设备及精准医疗、智能制造及机器人产业集群在百亿规模徘徊，外界对嘉定的产业认知依然停留在汽车城的层面，在全市特色产业园区的布局中嘉定占比也相对较小。当然，嘉定肯定不能放弃汽车这一优势领域，但是需继续升级，不断地创新蝶变，引领未来。同时，嘉定区在总体经济实力、制造业规模等方面与周边的昆山还有一定差距，新城的工业园区发展水平也相对弱于昆山经开区。

（二）未来产业培育的软硬环境仍需优化

与新经济和未来产业对区域整体生态和环境的要求相比，嘉定在交通环境、城区形象、生活品质方面还有一定的差距，诸多区域仍然是传统工业区形态，对高端科研人才的吸引力明显不足，高品质生活居住、休闲娱乐服务亟须进一步增加供给，城市形象需要加快提升。未来产业诸多硬核技术瓶颈突破和新思路产生，需要科研人员相互之间进行灵感迸发、火花碰撞，但嘉定缺少科技创新集聚的核爆点，需要为科研人员搭建平台，促进交流。

（三）产业发展空间已经面临天花板

嘉定作为制造业大区，可供开发的增量产业用地已经极为有限，只能向存量求空间。在经济快速发展带动下，嘉定也经历了大量低效开发、蔓延建设的阶段，造成低效用地过度分散、产权关系复杂、业主待价而沽、腾笼换鸟难度大。此外，伴随着汽车产业转型升级，仍将有大量传统零部件企业面临生存问题。如何盘活存量低效用地，为未来产业预留发展空间成为嘉定面临的难题。同时，资金、土地、人才等要素的成本也在上升，与上海周边区域相比，嘉定区处于劣势地位。

三、聚焦四大关键，发力未来产业

嘉定建设上海科技创新中心重要承载区、长三角综合性节点城市的目标愿景已经绘就，基于汽车"新四化"、智能传感器及物联网、高性能医疗设备及精准医疗延伸辐射的产业升级方向也已明确，未来要找准路径、做出特色、树立标杆,向未来能源、未来智能、未来健康领域拓展,塑造未来产业发展优势。

(一) 聚焦优势延伸,布局特色未来产业

优势产业是发展的硬实力,是一个地区在激烈的竞争中占领制高点、赢得发展主动权、掌握行业话语权的关键,嘉定基于三大千亿级产业所发展的未来新产业极符合嘉定特色。下一步要分类施策、精准扶持,如氢能领域,要重点扶持催化剂、质子交换膜等关键材料研发,着力布局氢储运核心技术;未来健康领域,要加大力度支持合成生物等新技术研发,加快形成集聚效应和品牌效应,研发商业化技术产品;未来智能领域,要发挥企业的作用,重点布局视觉识别智能算法以及 XR 相关技术,智能传感器领域可择机布局制造及代工环节。

(二) 增强创新赋能产业发展能力

提升高校院所科技成果转化质效,对嘉定未来产业发展具有重要推动作用。嘉定区可以引入专业 TTO(技术转移办公室)等科技成果转化服务机构,通过专业服务机构搭建企业与科研人员有效沟通的桥梁,帮助企业对技术产品具体需求方向进行凝练、细化和分解,解决企业不能把需求转化为科学问题、科学家也很难从企业中把问题提炼出来的难题。促进区域内科研机构和企业之间的合作,支持大企业牵头组建面向未来产业领域的创新联合体。

(三) 打造未来产业新地标和新场景

结合嘉定新城建设,布局新的产业创新载体,形成有标识度的未来产业承载区域。一方面,可以考虑优势园区向未来产业先导区的方向努力升级;另一方面,也可以在一些细分方向,结合原有的零散工业园区,打造未来产业的孵化加速园,完善适应未来产业的创新生态,布局未来工厂等示范应用场景,成为创新型企业的试验场,推动未来产业加速成长,壮大嘉定新兴动能发展的潜力空间。

(四) 营造人才纷至沓来的氛围

一个宜居宜业的生态环境,对吸引科技人才具有重要作用。相较于中心城区,嘉定需要进一步提升环境品质形象,重点选择低效用地区域,按照嘉定新城规划要求,进行业态调整,高标准建设商业、休闲等功能业态,植入绿地、公园、

共享办公、咖吧书院等开放共享的公共空间，为年轻科研人员搭建交流平台。同时，也要优化软环境生态，提升医疗、教育等公共服务品质，提供低成本、多元化、高品质的居住服务，吸引并留住各类创新创业人才。

作者：李光辉

杨浦区:"双创"热土,如何开出未来产业的绚丽之花

　　要说上海哪个城区最具有创新创业的氛围、最具活力,应该非杨浦区莫属。放眼全国,杨浦区的创新创业也是一个典型案例或重要标本。作为上海中心城区面积最大、人口最多的城区,杨浦区拥有百年工业、百年大学、百年市政"三个百年"的深厚底蕴。多年来,杨浦区充分利用科教资源禀赋优势,持续深化"三区联动、三城融合"的理念,成功实现了从"工业杨浦"到"知识杨浦"再到"创新杨浦"的飞跃,"工业锈带"拂去尘埃,"双创"热浪持久绵长。杨浦区先后成为首批国家创新型试点城区、国家"双创"示范基地、"科创中国"全国首批同时是上海唯一试点城区,在人工智能、大数据、云计算、区块链等方面培育和集聚了一大批瞪羚企业或隐形冠军。接下来,杨浦区创新创业的土壤是否能够开出未来产业的绚丽之花?

一、创新创业基因深厚,城区活力光芒四射

(一) 高校资源禀赋得天独厚,创新源头活水持续涌流

　　高校云集是杨浦独一无二的优势,提供了创新的源头活水。杨浦区汇聚了复旦大学、同济大学等十余所知名高校和百余家科研院所,高校数量超过全市总量的1/3,其中"双一流"高校4所,国家一流学科30个。如今,杨浦已成为高水平人才集聚地,有两院院士70名,约占全市1/3;聚集国家级海外高层次人才、上海领军人才等各类人才近千人。高校培育出众多优秀科研团队,在芯片制造、人工智能、生命医学、材料、物理等领域取得多项科研成果和重大突破。此外,杨浦区充分挖掘高校科教资源,率先在全市形成"大学＋政府＋市场"合作机制,先后建成了复旦大学、同济大学、上海理工大学、上海财经大学等7家国家级大学科技园,占全市总数的一半。杨浦区形成环同济知识经济圈、复旦

创新走廊（延伸到湾谷科技园），同济大学自主智能未来产业科技园入选首批国家未来产业科技园建设试点单位。

（二）"双创"版图持续拓展，"双创"服务持续升级

早在 20 世纪 90 年代末，杨浦就开始探索创新创业体制机制。在制度设计方面，杨浦率先提出"三区联动、三城融合"的核心理念，整合多方资源，为大学生拓展创业就业空间。目前杨浦区已集结 20 家科技园区、60 余家众创空间，形成了一批具有超高显示度和知名度的"双创"载体，如创智天地深耕"双创"20年，已经拓展为大创智园区品牌；再如长阳创谷从荒废的厂房华丽变身为全国"双创"高地，成为新旧动能转换的典范和国内知名的创业地标名片，正着力打造世界级大创谷。在创业服务方面，全国首个在高新技术产业开发区外建立的科技企业孵化器——杨浦科技创业中心，开创了被誉为全国孵化器发展模式之一的"杨浦模式"，即孵化服务链向两端延伸的"创业前—创业苗圃—孵化器—加速器"四级创新服务链和创业孵化模式。同时，杨浦区在多样化开放空间、企业融资、上市辅导、技术转移转化等方面也不断完善创业服务体系，形成了包容的多元生态。

（三）在线新经济群星璀璨，新动能引擎澎湃活跃

数字经济积厚成势，在线新经济成为杨浦经济增长的主力军。2022 年，杨浦区生产总值增长 2.1%，增速居全市之首，在线新经济逆势增长功不可没。2021 年，在线新经济生态园"长阳秀带"正式揭牌，成为上海首批在线新经济生态园；大创智数字创新实践区全力打造服务业数字化的新地标。截至目前，全区已有在线新经济企业超 1000 家，包括以哔哩哔哩、达达集团、优刻得、小红书为代表的本土新生代互联网企业，美团、字节跳动等行业领军企业入户杨浦。此外，杨浦区还集聚了千寻位置、北极星云等时空智能服务企业，涌现了复旦微电子、声网科技、复志科技（3D 打印）、纬景储能（新型储能）等各个新赛道和未来产业领域的代表企业。

（四）各类创新平台集聚赋能，科创生态圈不断完善

为了推动创新创业，促进科技成果的转化，杨浦区建立或引进各类服务平台。在成果转移转化方面，杨浦集聚了国家技术转移东部中心、上海技术交易所等一批国家级技术服务平台和服务机构；在产学研合作方面，杨浦拥有上海

智能产业创新研究院、理微医工交叉产业化创新示范平台、上海太赫兹波谱与影像技术协同创新中心、上海能源电力科技创新中心等平台,类脑芯片与片上智能系统研发与转化功能型平台是上海首个由民营企业牵头发起的研发与转化功能型平台;在开放创新方面,发挥上海杨浦(硅谷)创新中心、北欧创新中心等知名国际机构的平台作用,推进民企对接国际化资源;在关键技术研发方面,杨浦建成上海市大数据创新基地、云计算创新基地、中兵北斗、北斗高精度位置服务平台等一批重点平台;在公共服务方面,杨浦区搭建了中国(上海)创业者公共实训基地、杨浦区风险投资服务园、上海知识产权园等专业平台或载体。

二、创新创业走向前沿尖端,还要再发力

(一)产业的高端化还需进阶

尽管杨浦区在人工智能、位置服务、新能源和智能网联汽车等新兴产业持续发力,但对区域经济增长的支撑作用还有待加强,新兴产业总体仍处于培育阶段。2022 年,杨浦区战略性新兴产业增加值占全区地区生产总值的 8.4%,总体比例不高。杨浦区产业转型发展尚未全面实现新旧动能转换,传统的设计产业等也面临转型压力。

(二)企业的硬核度还需加强

杨浦区孵化培育创新创业企业的成效十分明显,但硬核企业的规模能级还需进一步提升。如在 2023 年上海硬核 100 企业中,杨浦区拥有 4 家,排在全市第七位;在 2023 年独角兽企业排名中,杨浦区上榜企业不多,在全市地位不够突出。此外,区内在线新经济的平台企业尽管是行业巨头,但偏向互联网生活服务平台,流量效应和模式创新的成分更多,科技创新的显示度和竞争力还需要进一步提升,科技型大企业总体比较少。

(三)创新的转化率还需提高

杨浦区高校资源非常丰富,但整体来讲,高校依然面临科技成果转化率低和产业化应用不足等共性问题,削减了复旦大学、同济大学、上海财经大学、上海理工大学等高校对创新产业的辐射带动作用。当然这并不是杨浦区本身的问题,但是杨浦区有责任也有条件做出更好的探索。同时,一些功能型平台的

效果还要进一步评估，如何赋能产业创新能力的提升还需要在体制机制模式上进一步探索、进一步加强。

三、聚焦两大重点，推动创新杨浦，打造科创中国新样本

2003 年，上海市委、市政府做出了建设杨浦知识创新区的重大战略决策，2023 年恰逢 20 周年，在这样一个具有里程碑意义的节点，对未来产业的前瞻布局，是培育杨浦下一个 20 年动能优势的重要一环，将为创新杨浦注入新的内涵和动力。

（一）燃爆滨江"创新热力图"，着力塑造世界级"大创带"

滨江是杨浦发力未来的战略空间。杨浦滨江"长阳秀带"要积极承接大创智、大创谷等功能区在人工智能、云计算、区块链等方面的溢出效应，有针对性地谋划一批战略引领型项目，引育一批技术底座型企业，在科技大企业集聚度和显示度上做文章。加强与在线新经济巨头的联动，促进交叉融合创新和协同创新，支持在线新经济企业在未来智能领域布局，释放更大的带动效应。丰富滨江创新业态，成为厚积薄发、竞逐未来的世界级"大创带"，成为杨浦在大创智、大创谷等"双创"品牌后新的创新地标。

（二）升级闭环生态圈，走出新动能和未来赛道成长爆发的杨浦曲线

区别于一般区域完善创新生态的概念和要求，杨浦的创新创业已经站在相当高的起点上，正在实现升级，生态圈的各类要素和环节都已有所布局，但生态打造没有最优，只有更优。同时杨浦推动创新创业也不仅仅局限于城区或者上海市域，而是如何在现有的基础上不断超越创新、实现引领，不仅要强化国内的标杆地位，还要不断积累新经验，面向国际打造样本，在适应未来科技和产业革命趋势、国际创新创业趋势，把握机遇和节奏方面前瞻部署，不断赋予知识创新区、国家"双创"示范基地、"三区联动、三城融合"新的内涵和使命，赋予大学科技园新的内涵。

杨浦区下一步的主线是，积极探索新赛道和未来产业"创业—创新—爆发增长式"的机制和模式，在更多领域走出持续涌现新动能的杨浦曲线，交出下一个 20 年的完美答卷。其中的关键是要进一步研究新兴产业和未来产业的成长规律，疏通每一步转化进阶的关键节点：让概念验证助力企业跨越创业死亡之

谷，让高校成果的流通转化更顺畅，让企业融资更便宜更便利，让企业技术产业化有更多渠道，让企业安心发展，得到更贴心更专业的服务，让资本、技术、数据、场景融合产生更多的化学反应，让创业精神、宽容失败成为更深层次的文化内核和文化认同，让创业创新企业受到最公平的待遇，让创新的付出和价值得到最大限度的尊重和应有的回报……按照这样的出发点升级杨浦的创新生态，一定会"栽下梧桐树，引得凤凰来"。

作者：丁国杰　王诗悦

长宁区：数字明亮度有余，科创饱和度不足

作为"虹桥"品牌的发源地，上海长宁区是连接长三角和国际的核心节点城区，也是最具互联网基因的城区之一。近年来，长宁紧抓虹桥国际商务区建设与"互联网＋"发展机遇，数字经济、开放经济蓬勃发展。此外，长宁是上海最早迈入全域城市更新的城区，在推进城区更新的同时，长宁也在精心打造小尺度魅力科创街区，吸引了不少科创企业的入驻。面对新一轮科技革命，数字长宁能否再起宏图，面临"当前"与"长远"之问。

一、数字开放"双基因"浓厚

(一) 老牌数字经济强区

作为一个把数字经济镌刻在基因里的上海市中心城区，长宁早在互联网刚刚兴起的 2000 年就打出了"数字长宁"品牌。经过 20 余年积淀，数字经济已在此形成一片沃土。尤其是近年来，以拼多多为代表的一批数字经济头部企业涌现，长宁的数字经济增长迅猛。2022 年，长宁软件信息服务业营收已达 3 189.5 亿元，占全上海市比重超过 1/4，居中心城区首位；全区数字经济企业 6 000 余家，亿元以上交易量的电商平台已达 23 个，交易总额居全市第一，总量占全上海市三成以上。在这片数字经济沃土上，人工智能、元宇宙等数字新赛道快速成长。在人工智能领域，长宁区目前已集聚产业链关联企业 460 家，包括无人驾驶商用车人工智能公司西井科技、人工智能研发独角兽深兰科技、机器视觉服务商扩博智能等细分领域头部企业；在元宇宙领域，长宁已集聚了中国 VR50 强企业诠视科技、国家高新技术企业未高科技等，同时长宁还成立了元宇宙与碳中和研究院(虹桥分院)，推动元宇宙领域的研究与应用。

(二) 创新载体引领科创回归

近年来,长宁区功能平台建设日趋成熟。2020 年底,"虹桥智谷"被批复为国家级"双创"示范基地;2021 年,长宁区入选"科创中国"第二批试点城区,"新微智谷·科创中国"项目正式启动。2022 年,长宁科创载体建设更是按下加速键,5 月,虹桥临空数字经济产业园获批成为上海市第二批 14 个特色产业园区之一;6 月,"虹桥之源"在线新经济生态园发布,成为三个市级在线新经济生态园之一;10 月,上海硅巷科创街区创建正式启动。其中,上海硅巷科创街区是长宁在科技回归都市背景下,对标纽约硅巷打造的新科创地标,街区范围内不仅有两家重磅研发单位——中国科学院上海硅酸盐研究所和中国科学院上海微系统与信息技术研究所,还集聚了新微科技、矽睿科技、西井科技等一批国家级专精特新企业。目前,上海硅巷还在持续向科创企业发招募令,通过提供免费办公空间、专业的导师团队、优质的融资渠道等,吸引新一代信息技术、人工智能、物联网、新材料等新兴产业领域初创企业入驻。

(三) 对外联动推开机遇之门

长宁区是上海联动长三角的重要节点区域,也是虹桥国际开放枢纽的核心承载区,具备鲜明的开放特征。2021 年 2 月,《虹桥国际开放枢纽建设总体方案》正式获批,作为虹桥国际开放枢纽范围内唯一的中心城区、"虹桥"品牌发源地,长宁具有得天独厚的战略优势,加上一直以来长宁营商环境的品牌效应,吸引着源源不断的全球高端产业落地。目前,绿色低碳和智能驾驶两个产业新生态在虹桥国际中央商务区长宁片区内已初具雏形,天合光能上海国际总部、国能—安元新能源项目、赢彻智能驾驶云指挥中心等重大项目陆续落地,临空低碳科技产业园、临空智能驾驶产业园等特色产业园区加速建设。此外,长宁还依托独特的区位优势,着力扩大国际"朋友圈",搭建了大虹桥—中欧企业跨国交流合作平台、大虹桥—中日企业交流发展联盟等一系列国际交流合作平台,通过技术交流、项目孵化、产业合作等,推动长宁在生命科学、新材料、新能源等新兴产业领域与国际接轨。

二、新动能显示度略显不足

(一) 数字经济优势地位受到挑战

目前，由人工智能引领的新一轮数字发展浪潮已经到来，对于以互联网为数字经济主要驱动力的长宁来说，数字经济的优势地位面临着一些挑战。一方面，长宁的数字经济以"互联网＋生活服务业"为主，科技含量相对不高，需要密切关注互联网红利的减弱可能带来的影响。另一方面，长宁在人工智能、元宇宙等新赛道领域目前还是零星的企业集聚，尚未形成城区产业的重要支撑，新赛道品牌还未打响，在全市的地位和名片效应还不够突出。此外，近年来其他中心城区也在抢抓布局数字产业，徐汇人工智能产业、元宇宙多点发力，静安大数据产业迅猛发展，加上部分数字经济龙头企业迁出，数字长宁品牌显示度相对有所削弱。

(二) 创新资源集聚相对不足

长宁不似徐汇有大院大所云集，也不比杨浦有高校林立，创新资源可谓先天不足。客观来讲，这是区域要素禀赋本身的局限性，也是不太容易弥补的短板，长宁需要另辟蹊径来破解。从创新的企业主体来看，长宁区尖端硬核科创企业较少，且科技型中小企业的数量规模在中心城区里也不占优势，截至2022年底，长宁区认定高新技术企业394家，与虹口（459家）、静安（480家）、普陀（625家）等区都存在一定差距。

(三) 新动能培育的环境生态还需完善

目前，长宁区培育新动能的载体土壤、金融活水、政策肥料均有完善空间，涵养新动能的生态还需完善。在载体方面，上海硅巷科创街区打造时间较短，目前处于起步建设阶段，区域内总体上为创新企业提供的载体空间还需要进一步拓展，尤其是专业的孵化服务功能还需要提升完善。在金融支持方面，长宁区由于硬科技类创企较少，股权投资活跃度较低，私募基金规模偏小、风险投资机构偏少，长宁还是上海为数不多的未拥有科创板上市企业的城区。在政策方面，长宁现有科技创新政策支持力度偏弱，如对高新技术企业、专精特新企业的奖励标准与其他城区相比偏低。

三、以最优质营商环境向未来产业发力

由于资源禀赋的差异，长宁区需要结合自身的区位特征、资源禀赋以及目前的产业基础，走出特色化发展道路，着力在营商环境上下功夫，为新动能和未来产业提供培育土壤和成长空间。具体来讲，提出三个方面的建议。

（一）加载产业发展未来动能

在数字经济赛道上，长宁拥有先发优势，可进一步布局未来智能领域，打造更具竞争力、更富科技含量的数字产业集群。一方面，推动人工智能向未来智能升级。发挥数字长宁的基础优势，集聚一批优质企业，加快布局区块链应用、图像识别、语义识别等重点领域，推动人工智能技术迭代升级，布局未来智能计算、未来智能创新平台、智能机器人等。另一方面，推动人工智能融合赋能城区优势产业，努力培育一批新生代"智能＋"新业态新模式。拓展 AI4S（AI for science），如"AI＋材料""AI＋医疗"；再比如促进长宁时尚创意产业与人工智能的结合，发展未来智能可穿戴服饰、生成式 AI 创意设计等。此外，还需着力打造数字经济之外的经济增长新引擎，促进生命健康、绿色低碳等领域加快发展，使其成为区域经济新增长点。

（二）加快创新资源磁场建设

创新资源不足是长宁的短板，但也不是所有的城区都能变成创新资源非常丰富的区域。对长宁而言，一方面要择机引入，另一方面要充分利用现有资源，更好地匹配现有产业升级。建议长宁一方面实施校地共建，共同浇灌科创森林。可着力引进知名高校、科研院所在长宁设立分校分院和研发机构，加强校地合作，积极助力科研端和产业端的对话与合作。另一方面要引育企业，激发市场主体的创新活力。依托虹桥国际商务区桥头堡优势，以项目为载体，加强国际交流合作，引进一批全球龙头科技企业和企业总部、研发、销售和市场中心落户。同时，提升已有科创企业的竞争力，重点对后备上市科技企业给予全方位支持，推动更多创新企业登陆科创板。

（三）加强新赛道和未来产业的生态营造

新赛道和未来产业的发展对环境生态提出了特殊的诉求，对于长宁来讲，

要着力改变政府产业治理方式，形成能够适应新动能和未来产业发展的环境生态。一是做强载体，承载新动能和未来产业，加快建设上海硅巷科创街区，促进街区焕新、城市更新和科创元素深度融合，营造轻量化的开放创新和共享办公场景，吸引一批高技术人才，将研究机构、创业者、投资者等主体有效联系起来，形成整体协同效应。二是做强金融，为新动能和未来产业提供加速剂，围绕企业不同的成长阶段，打造从天使、创投到上市持续助力的科技金融生态体系；做优做强国有创投平台，探索设立新兴产业和未来产业政府引导基金，孵化培育更多的新赛道和未来产业。三是做强治理，以最优质的服务形成城区吸引企业集聚的竞争力，针对新赛道和未来产业领域的潜力企业，设立相应的跟进服务专班，为企业提供全生命周期的优质服务，着力打造服务企业营商环境最优区；探索新赛道和未来产业的准入创新、包容审慎监管、项目落地机制等，推出多维度、强力度的科技型企业扶持综合措施，更好地支持创新企业发展。

作者：唐小于　丁国杰

宝山区:北转型加速起势,未来还需满弓劲发

要说上海哪个区的产业转型最具显示度和标志性,应该非宝山莫属。由原来最"重"的钢铁之城,到现在最"轻"的材料之城;由原来的传统工业基地,到现在生物医药的产业高地;由原来的科创边缘到如今的科创主阵地;科创生态圈大会、全市产业技术创新大会、合成生物峰会⋯⋯各种剑指未来的高层次品牌活动频频出圈,彰显着宝山布局新赛道、发力未来的决心和信心。"动作"如何转化为"动力","大衣料子"如何做成"锦衣华服",科创生态如何孕育种子,宝山区还需积极探索新路,在抢占未来产业的赛道上走出宝山模式,为南北转型、上海科创中心主阵地源源不断地注入新的内涵和动力。

一、钢铁之城加速向创新之城蝶变

(一) 新兴赛道加速起势,前沿材料和生物医药打响品牌

宝山区的转型之路,正是通过培育和支持新兴产业的发展,持续推动新旧动能的转换。目前,机器人及智能装备、先进材料、生物医药、新一代信息技术四大重点产业领域产值占宝山规上工业产值比重已经达到58.4%。其中先进材料和生物医药成为重要的产业新标签,并在全市形成了突出显示度和独特竞争优势。前沿材料地位突出,石墨烯和超导成为两大名片,石墨烯产业技术功能型平台持续推动基础研究到产业化的创新,上海国际超导建成全国首条千米级高温超导电缆示范工程;生物医药加速崛起,近两年产值增速超过70%,2022年产业固定资产投资增幅更是超过了400%,生物医药企业从2020年全区仅百家到目前近400家,呈现每年翻番之势;机器人企业高度集聚,汇聚了发那科、赛赫智能等一批国内外知名机器人企业。同时,宝山区在全市率先布局合成生物,挂牌本市第一家合成生物产业园;高端膜材料方面也在积极布局,

着力打造国际膜材料产业发展高地……这些领域与上海未来产业行动方案中提出的未来产业集群方向高度契合,也是宝山积蓄未来发展动能的重要体现。

宝山区新赛道加速起势,还表现在各类高能级和创新型企业的集聚速度方面,如2022年宝山高新技术企业总数达1 475家,同比增长34.58%,总数排名提升2个位次,位列全市第六;国家专精特新"小巨人"企业新增13家,增速较上年翻两番;市级专精特新企业增至500家,增长率超过90%;新认定民营企业总部数量居全市前列;在2023上海硬核科技企业TOP100榜单中,宝山有7家企业上榜,位列全市第四……这些都显示出宝山在新动能领域的发力成效。

(二)特色园区全市领先,新赛道和未来特征相对集中

在全市特色产业园区布局中,宝山区的地位也比较突出。目前宝山区拥有北上海生物医药产业园、上海机器人产业园、超能新材料科创园、数智南大产业园、宝武(上海)碳中和产业园五大市级特色产业,特色园区数量位列全市第二。其中,超能新材料科创园是国家新型工业化新材料产业示范基地;上海机器人产业园是全市首家机器人主题产业园,2022年入围工信部中小企业特色产业集群。另外,还有一些特色科技园落户宝山,如上海唯一的创新型疫苗科技园在宝山落子;市级"双创"载体达32家,全市排名第三,"双创"载体建设发展情况在2022年上海市科技创新创业活跃度评价考核全市排名第一;北大科技园入选上海市2022年科技创新创业载体培育体系。

(三)科创色彩日渐浓厚,科创边缘逐步走向主阵地

由原来科创相对边缘的城区到科创主阵地,宝山区的科创生态建设动作不断、频频出圈。具体来看,主要做法包括:打好"大学牌",宝山坐拥上海大学,积极打造环上大创新带;毗邻复旦大学、同济大学等优质高校,开展多元深度合作,与悉尼科技大学合作的上海创新研究院、与上海理工大学合作的大学科技园分园、与同济大学合作的同济创园、与北大科技园合作的创业孵化营等,纷纷落地宝山。布好"平台局",高能级功能平台不断集聚,上海石墨烯产业技术功能型平台是上海建设具有全球影响力科创中心的"四梁八柱"之一,2022年入选中国科协"科创中国"成果转化典型案例。下好"生态棋",打造重量级科技成果转化平台、发布创新联合体计划(医疗器械创新联合体成立)、试点先投后股、

凝聚创新合伙人、成立宝山技术转移有限公司、出台支持科技企业政策。协同"长三角",宝山发挥区位优势,深入联动长三角,协同创新持续增强,上海长三角高端医疗器械创新研究与检测中心、上海大学长三角生物医药产业技术研究院、上海大学长三角智能与无人系统产业技术研究院揭牌成立,长三角国家技术创新中心首家专业研究所——数字医疗技术研究所落地宝山。应该说,科创生态圈建设从无到有、从有到优,宝山科创主阵地建设持续迈出坚实步伐。

二、转型半程还需进一步加足马力

宝山区的转型成效有目共睹、实属不易,而面向科创主阵地的定位、面向南北转型的更高要求、面向引领未来的长远目标、面临内循环的激烈竞争,宝山区的转型之路还有诸多需要突破的瓶颈,有三个关键问题值得关注。

(一) 新兴动能的支撑力如何进一步增强

尽管宝山区已经形成了一些新兴领域的集聚特色,但高端产业规模还需扩大,重点产业产值占规上工业比重还有一定的提升空间。如前沿新材料还处在产业化示范应用的推进期,总体规模还需提升;生物医药产业增速明显,但规模尚处于百亿阶段;战略性新兴产业比重尚未达到全市平均水平等。同时,宝山区的硬核企业不多,目前国家级专精特新企业数量较少,胡润研究院发布的2023年全球独角兽榜中,宝山仅有2家企业上榜。另外,全区产业发展的质量效益有待提高,单位土地的产出水平还有较大提升空间,还有一定比例的低效产出用地存在。

(二) 科创生态圈到产业动能的转化如何打通

如前所述,宝山在科创生态圈建设方面可圈可点,推出了诸多创新举措。如今,平台已经搭好、政策已经出台、实体已经成立,下一步如何完善机制、发挥好平台、创新联合体以及政策的作用,还要看具体的推进机制和实施效果,这些方面的探索往往难度更大。同时,宝山在面向未来产业的基础研究平台、高能级的实验室和平台布局方面还要加强,人才方面的竞争优势还不明显,目前宝山高新技术企业从业人员中博士占比和拥有高级专业技术称职的从业人员占比较低,高层次人才相对匮乏,是下一步需要弥补的短板。

（三）"大衣料子"如何做成"锦衣华服"

对于宝山区而言，甚至对于全上海而言，南大智慧城和吴淞创新城都是难得的"大衣料子"，全市五大转型区域，宝山区就占据了两个，资源得天独厚。然而从目前的进展来看，两大区域的转型步伐还不够快。吴淞创新城由于涉及多元主体，相关的体制机制还没有完全理顺，制约了整体的转型步伐；南大智慧城还处于建设阶段，合成生物产业园虽然已经挂牌，但是还无法承载企业集聚，重点区域的园区建设、配套建设还面临着一定的资金压力，项目落地在规划环评方面还面临一些瓶颈。同时，宝山区虽已纳入主城区，但是整体的环境形象还没有得到根本改观，多样化的开放共享空间和文化娱乐体育休闲空间还需提升，对于新兴产业和人才集聚的吸引力还不够。

三、聚焦四大抓手，助力宝山构筑未来竞争优势

结合宝山区已有的产业基础，按照建设科创主阵地和南北转型的要求，面向未来，建议宝山围绕四大抓手发力未来，积极抢占新赛道和未来产业先机，为城区构建面向未来的竞争优势提供重要支撑。

（一）"大项目大平台"引领驱动

项目引领、平台赋能，是产业发展的基本逻辑，也是宝山在推动新赛道和未来产业发展方面需要坚持的重要方向。下一步，需要进一步聚焦生物医药、机器人、合成生物、高端膜材料领域，着力引进在行业具有风向标意义的龙头型企业和旗舰型项目。同时，也要更加注重适应产业发展的研发、检测、测试、验证等各类公共服务平台的建设，更好地赋能产业发展。针对未来产业，在项目准入管理方面实施审慎包容的监管，探索"政府＋科学家＋投资家"的项目投资决策机制，探索"CTO＋CEO"的跨界合作模式，更好地发挥好科学家科学发现、企业家技术创新、投资家助力加速、政府引导支持的多方作用，在市场与政府共同推动未来产业发展方面进行宝山的积极探索。

（二）"大衣料子"做好支撑

上海市政府对吴淞地区的转型提出过这样的要求，那就是"大衣料子"要精心裁剪。的确，在寸土寸金的上海，能有这样可以成片更新的区域实属难得，如

何利用好吴淞创新城和南大智慧城，不仅对宝山，对全市也具有重要意义。对于两大区域而言，要在推进转型开发建设的体制机制方面继续探索，形成市级统筹、市区联动、市场运作、专业推动的机制，在重要规划调整、重大项目布局上，应积极争取市级层面的统筹支持，在与央企、市属国资的联动中，也要发挥市级层面的统筹作用；区级层面应坚持把重点区域转型作为"一把手"工程，协调过程中遇到的问题；在具体的开发建设和运作过程中，应注重引入市场化的机制，采用市场化手段，吸引市场化的专业力量，提高开发建设效率，把吴淞创新城和南大智慧城打造成为新赛道和未来产业的新地标和名片，使宝山成为全国乃至国际有影响力的载体品牌。

(三)"大科创"做好赋能

宝山区在科创生态圈的构建方面已经做了非常好的铺垫，从机制到政策，从载体到平台，从主体到活动，下一步的着力点是把"动作"转化为"动力"，把"效应"转化为"效果"，做更深层次的创新和探索。具体来讲，一是要做好现有平台功能作用的评估，对已有的平台进行深入调研，找到平台功能发挥还面临的堵点，而成果转化、产业化做得好的要及时形成经验，加强宣传推广；二是要做好政策的效果评估，对已经出台的支持科技企业集聚和发展的政策，评估市场认可度和吸引力，进一步对政策进行优化；三是对已成立的创新联合体、创新合伙人等要有相应的考核和跟踪机制，发挥其中的作用；四是在科产融结合方面做更多探索，比如考虑成立未来产业创新的专项保险、专项资金等；五是在人才突破上下功夫，营造更具吸引力的城区环境，更好地满足创新创业人才、科技人才和年轻人才的需求。

(四)"大场景"激活催化

对于新赛道和未来产业，宝山区还有一个优势可以激活发挥作用，那就是独特的场景资源。要考虑活化和利用场景资源，与未来技术、未来产业形成良好的互动与融合。如宝山滨江岸线资源丰富，拥有 20 千米长江岸线、10 千米黄浦江岸线以及 16.5 千米蕴藻浜河岸线，滨江区域如何布局，作为承载新兴产业和未来产业的战略空间，在元宇宙文旅空间、XR 终端应用方面可以做一些谋划和考虑；再比如，枢纽地位的发挥，随着北沿江高铁、沪通铁路建设，宝山连接长三角的枢纽门户地位将得到强化，围绕交通枢纽建设，可以融入一些氢储能应用的示范项目。另外，宝山作为承载我国重工业历史的"钢铁之城"，保留了大量的工业遗存，其中吴淞地区是上海市最大的工业遗存风貌保护区，这些资源如何变成应用和展示未来科技、体现历史与未来结合的试验场和示范地，也是对资源利用价值的挖掘与活化，并带动和催生更多的未来元素加速融合，打造未来空间和未来城市的样板。

作者：丁国杰

松江区:未来智造的核心担当，"源头"到"龙头"还有不足

松江区被誉为"上海之根、沪上之巅、浦江之首、大学之府、制造重镇、科创走廊"，是上海高端制造业主阵地和科创中心重要承载区、长三角 G60 科创走廊的策源地。松江区布局发展未来产业，已占先发之机，具有独特优势。

一、松江的画像:创新、智造、数字、协同

(一) 从外向经济到创新经济

松江是上海郊区中较早布局外向型经济的区域，当时区内一家电子信息代工企业贡献了全区一半的工业产值，而企业自身的研发和销售"两头在外"，加工制造为主的特征比较明显。2008 年，金融危机爆发，松江经济受到重创，加之资源、环境等瓶颈逐渐凸显，工业发展一度低迷。在此背景下，松江痛定思痛，开始加大创新布局。经过多年努力，松江区不断彰显出创新型经济的特征。截至 2022 年，松江区全社会研发经费投入强度上升到 5.38%，跃居全市第三，其中企业投入占比达到 87.8%。高新技术企业总数达 2 595 家，同比增长12.5%。国家级、市级专精特新企业总数达 653 家，保持全市第二，其中国家级专精特新"小巨人"企业 69 家，数量占全市的 13.8%。战略性新兴产业产值占规模以上工业产值比重上升到 66.3%。松江企业对创新毫不吝惜的投入，为未来产业在松江发展提供了珍贵雨露。

(二) 从制造大户到智造翘楚

松江长期坚持发展制造业，但相当长一段时间，松江制造业的产业领域多为高投入、大规模、低价值的加工工业。"十三五"以来，随着潜心引育高科技企

业，制造业的科技成色逐步提升，"6＋X"战略性新兴产业的支柱地位日益强化，表现出良好的发展韧性、抗波动性和成长性。重点产业集群优势明显，2022年，集成电路、生物医药、人工智能三大先导产业产值同比增长15%；新能源电力装备产业集群入选首批国家级中小企业特色产业集群名单。一大批企业实现了自主创新突破，上海超硅建成全球领先的300mm集成电路用硅片全自动智能化生产线超级工厂，大硅片打破国外制造技术垄断，已经获得台积电、英特尔等全球前20大晶圆厂中18家的量产订单；豪威半导体CMOS芯片份额为全球第三，发布世界首款产品级CIS/EVS融合视觉芯片；上海新阳在半导体材料领域填补多项国产空白，拥有完整自主可控知识产权的光刻胶产品与应用；上海昌强独立研发制造的世界首台3.6万吨超大型六向模锻压机打破国际垄断。

（三）从要素投入到数字开路

松江过去的制造业发展普遍处于产业相对中低端环节，因此产业投入更多地依靠土地、劳动力等传统要素投入。以人口为例，松江常住人口总量位居全市第四，但经济总量却排第九位，落后于人口较少的黄浦、静安、嘉定、杨浦、徐汇等区。不过松江已找到转型发展之路，正通过数字蝶变，摆脱高投入低产出窠臼。2021年，松江获批全国首个数字经济领域的国家试点（培育）的创新型产业集群，已集聚数字经济重点企业400多家，形成以工业互联网、人工智能、卫星互联网、信创产业为主导的数字经济产业集群。在工业互联网领域，集聚了卡奥斯、用友精智、徐工汉云、紫光等8家工业互联网平台，汇集上下游产业链相关企业254家，连接设备超过380万台，赋能企业超过30万家。在人工智能领域，腾讯长三角人工智能先进计算中心首批数据中心已交付使用，洞泾人工智能产业基地引进上海华科智谷机器人项目。在卫星互联网领域，目前已发射卫星5颗，2023年度分阶段实施商业组网发射，预计2025年完成组网。在信创产业领域，信创产业园已集聚智巡密码、移远通信、国科中松、三旺通信等信创重点企业近百家，获评全市特色产业园区。

（四）从踽踽独行到G60协同

松江偏居上海西南，外有昆山、吴江、嘉善等百强县（区）群雄环伺，内有浦东、徐汇、闵行等优等生数骑绝尘，能导入的发展资源十分有限。不过随着长三角一体化的号角吹起，松江独辟蹊径地扛起了长三角G60科创走廊的大旗，从留守后卫变成了开路先锋。2020年，国家六部门联合印发《长三角G60科创走廊建设方案》，明确了"中国制造迈向中国创造的先进走廊、科技和制度创新双轮驱动的先试走廊、产城融合发展的先行走廊"的战略定位。目前，长三角G60科创走廊九城市贡献了全国1/15的GDP、1/8的高新技术企业、1/5的科创板上市企业；发起成立产业联盟16个、产业协同创新中心5个、科技成果转移转化示范基地11个；牵头成立G60科技成果转化基金；连续举办4届G60科技成果线上拍卖会，交易金额达75亿元。作为G60科创走廊明珠的科创云廊（临港松江科技城园区）在全市104个产业区块的开发区综合评价中发展速度指数跃居第一，目前集聚高新企业数量超300家，占松江1/7；国家级专精特新企业10家，成为松江高质量发展和上海产业创新的新引擎。

二、松江的弱项：引领功能、创新生态、企业主体还要补短板

（一）引领功能：从"源头"到"龙头"还要再发力

松江虽为G60科创走廊的策源地，但受城区能级及发展阶段的限制，真正扮演G60科创走廊九城市的引领者，还需持续努力。其一，松江经济规模与九城市的头部城市，甚至头部城市的产业强区（县），如昆山市、苏州工业园区、吴江区、余杭区、萧山区等都有差距。其二，重点产业发展优势不明显。松江的生物医药相较于苏州工业园、新能源产业相较于苏州吴江区、人工智能产业相较于杭州余杭区、电子信息产业相较于苏州昆山、电子商务产业相较于金华义乌等都无明显的优势。同时，松江区由于受制于区域权限，在协调G60创新走廊的制度机制创新方面空间也相对较小。

（二）创新生态：从"企业"到"全域"还要再加强

松江企业研发投入十分活跃，超过80%的创新投入由企业贡献，但原始创新、基础创新能力仍需持续提升。首先，相较于浦东、嘉定、徐汇等城区，松江缺乏高能级的科研机构。其次，松江高校和科研机构的优势学科、优势领域与松江未来产业的发力方向不匹配，对未来产业的技术创新供给不足。再次，科技服务机构的数量较少，专业性较差，不足以承担科技成果向产业转化的中介功能。目前，全区国家级孵化器3家，国家级众创空间1家，对新兴产业和未来产业的孵化功能需要进一步增强。最后，大学城人才资源未充分利用，松江大学

城每年有 2 万余名毕业生,但每年有意愿留在松江工作的毕业生不足毕业生总人数的 7%。

(三) 高新企业:从"高原"到"尖峰"还需再跨越

相较于"十二五"末,松江高新技术企业数量增长了 5 倍多,在全市地位非常突出,形成了高新企业的"高原",但拔尖的企业不够多,多而不强的窘境迟迟未得到有效改变。全区共有市商务委认定的跨国公司地区总部 18 家,仅占全市总量的 2.0%,市级民营企业总部 13 家,仅占全市总量的 2.6%,世界 500强、中国 500 强、民营企业 500 强更是无一家企业总部在松江。此外,人工智能、生物医药、集成电路、新一代互联网等新兴领域的高成长型总部、专精特新企业、独角兽企业、瞪羚企业也相对不足。

三、未来的王牌:云廊、新城、数字、科创

(一) 塑造科创云廊为未来产业先发地

G60 科创云廊已然成为松江、上海乃至长三角产业创新的重要地标和名片,被誉为"世界最长城市产业长廊",松江发力新赛道和未来产业,要进一步放大科创云廊的地标和品牌效应,将 G60 科创云廊的增量空间进一步向未来产业领域倾斜,聚焦未来智能、未来健康、未来能源等未来产业核心赛道,积极招引创新型总部企业入驻,加大对企业科技研发、人才引进、场地租赁、市场拓展等支持力度。进一步做大云创空间孵化器,鼓励长三角地区及全市高端科研机构在云创空间孵化以知识产权输出为主的高附加值科技企业,带动全区未来产业加速布局。完善科创云廊的科技服务功能,汇聚技术经纪、知识产权、科技金融等领域专业服务机构,为科创云廊企业创新发展嫁接关键资源。

(二) 打造松江新城为未来产业主战场

立足自身"6 + X"产业体系,加快新城未来产业布局。依托卫星互联网产业基础,积极布局空天利用产业集群;放大脑智产业创新资源优势,鼓励企业拓展脑机接口新领域;立足本区集成电路、人工智能和大数据产业优势,聚焦新一代半导体材料、智能计算、扩展现实等新赛道。加快策划未来产业与新城综合性枢纽节点功能高度契合的应用场景,以场景牵引重点项目落地。持续扩大教

育、医疗等领域优质公共服务资源覆盖面，打造新城为未来产业人才集聚地。选取新城南部河湾之地规划建设低密度、亲自然的未来产业孵化园，构建"科研社区＋孵化平台＋产业园区"的全要素创新载体集群，吸引长三角未来智能、未来能源、未来健康等未来产业领域的科研机构和企业布局产业创新项目，全力打造未来产业机遇之城。

（三）建设未来工厂为引领未来智造新名片

充分发挥松江工业互联网平台和大数据中心算力优势，支持松江企业开展制造单元、产线、车间、工厂的数字化改造和智能化升级，全面提升采购、生产、物流、分销等全过程可控性和智能化，推动优势产业加速拓展关联未来产业。支持电子信息、汽车制造、新能源、生物医药等行业头部企业打造未来工厂，鼓励龙头企业集中力量攻克一批产业数字化关键共性技术，主导制定行业细分领域未来工厂建设地方标准，打造一批在同行业可复制推广的解决方案和优秀场景。

（四）汇集科创资源为未来产业加速器

以信息科学、电子科学、生物科学、材料科学为重点，积极招引高端研发平台，面向未来材料、未来智能、未来健康、未来能源等新赛道产出一批原始性科研成果。支持东华大学、上海工程技术大学、上海分析技术产业研究院等积极布局未来产业领域研发项目，为本区高新企业向未来产业转型提供关键技术支撑。支持重点企业申报建设重点实验室、企业技术中心、企业研究院、院士工作站、博士后工作站等高水平创新机构，为推进未来产业关键技术攻关搭建高端平台。探索建立未来产业概念验证中心，健全未来产业多元背景专家评审库，探索建立非共识、潜力型产业项目评审机制。优化揭榜挂帅组织模式，揭榜不论资历、不设门槛，提升科技型中小企业在科技项目中的决策权和话语权。

作者：任柯柯

虹口区:创新经济先天不足,"北科创"成全区希望

虹口是上海都市经济的重要承载区、上海海派文化的发祥地、先进文化的策源地和文化名人的集聚地。北外滩作为上海提升中心辐射功能的重要引擎之一,正在全力打造新时代都市发展新标杆,并积极布局新的科创引擎,虹口也在着力布局元宇宙、绿色低碳等新赛道和未来健康等未来产业。

一、三大功能区各有侧重,未来产业已有基础

(一) 北外滩加快布局新赛道

近年来,虹口区高标准规划打造城市未来地标。其中北外滩邀请全球顶尖专家和顶级建筑设计事务所参与区域规划和区域开发;白玉兰广场和福士双塔建成投用,成为上海商业商务新旗舰;480米浦西新地标设计方案完成,将成为上海城市会客厅的璀璨明珠。雷士德工学院旧址修复焕新,上实中心剧院、92街坊、海运大楼等项目完成建设,为虹口未来产业落户提供优质承载地。北外滩高起点、大手笔的规划开发,成为全上海最具未来感的中心商务区。

高质量产业集聚,蓄积未来产业新动力。除了传统航运、金融等领域的集聚优势,虹口区积极抢抓产业变革机遇,聚焦"数字"和"绿色"两大新赛道,布局未来产业项目和高端平台。

在数字领域,5G、工业互联网、元宇宙等产业快速发展。全球最具规模的专业游戏引擎公司 Unity 落户白玉兰,全球工业 4.0 灯塔公司西门子智能制造创新体验中心落户 2 号空间,新加坡 IGG 游戏公司落地马登仓库,北外滩光廷沉浸式光影艺术展、1 号空间"光影焕然、创美虹界"元宇宙视觉展相继向社会开放。此外,致景科技、万向区块链、易维视科技、42VERSE、六感科技等一批硬核科技企业纷纷落户虹口;5G 全球创新港、数字北外滩展示馆等功能平台建

设，为未来产业技术研发和场景应用展示提供了新平台。

在绿色领域，"双碳"示范区已形成基本框架，北外滩全力支持全国碳排放权交易市场落户运营，目前正积极开发绿色金融创新产品；引进了绿色金融研究院、绿色技术银行、GF60 绿色金融 60 人论坛等一批高端平台和高峰论坛；全力支持片区内优质金融企业和机构探索研究 ESG 金融行业标准，券商资管、银行理财子公司等陆续推出一批 ESG 主题理财产品。

（二）借鉴硅巷模式打造"北科创"

北中环科创集聚带规划区域沿中环两侧腹地，横贯上海虹口全境。2022年 5 月，虹口区成立北科创集团，以"科技承载、硅巷模式、片区开发"为引领，致力于把北中环科创集聚带打造成为上海科创中心建设的重要承载地，与北外滩形成南北联动、协同发展的重要载体。

区域内及周边集聚了同济大学、复旦大学、上海财经大学等高校及上海材料研究所、中国科学院上海技术物理研究所、上海勘测设计研究院、华东电力设计院等大院大所，为区域经济发展和科技创新发展提供研发、技术支撑和人才保障。北中环科创集聚带汇集了张江虹口园智慧健康医疗产业基地、同济科技园虹口园、明珠创意产业园、1876 老站创意园、新业坊 LAB 等 18 个园区，近 40万平方米产业空间。围绕大数据、大健康、新能源、新材料，积极培育"两大两新"产业集群，目前已引进、培育上百家高成长性的科技型中小企业。

其中，新业坊 LAB·中科技物联创中心由北科创集团联手中国科学院技术物理研究所共同打造，以光电产业为核心的科创载体，重点引育红外光电、人工智能、航空航天、光子芯片等未来产业。张江虹口园智慧健康医疗产业基地则以"互联网＋健康医疗"为特色，大力发展医疗检验检测、医学影像诊断、医疗器械、生物科技、"互联网＋健康类"等行业，已吸引了中科润达、全景影像、复星领智等一批高知名度医疗企业入驻。此外，北中环科创综合体、上海先进材料国际创新中心、上海国际能源创新中心等重点项目加速建设，北部片区创新项目的承载力将进一步提升，未来产业的发展潜力不可限量。

（三）"科技＋文创＋商创"新高地

中部功能区是虹口乃至上海重要的文化腹地，不仅是北外滩的商务精英和北中环的创业达人休闲娱乐、陶冶情操、涵养文化的理想目的地，而且正依托上海音乐谷、虹口足球场、四川北路商圈，为未来科技提供"科技＋文创＋商创"的丰富场景。上海音乐谷目前正聚焦数字音乐、元宇宙等前沿领域,持续塑造以音乐为中心的多元文化未来场景。

其中,迷塔城 1933 利用元宇宙底层科学技术、智慧终端,为老场坊的百年历史建筑赋能,实现虚实结合的互动科普、娱乐、生活方式等多维沉浸式体验。虹口足球场则形成了以足球运动为核心,致力于发展"科技 + 体育 + 健康"的新业态。四川北路商圈则以网红打卡地今潮 8 弄为重点,大力推动文商旅一体化发展,未来将进一步发挥数字技术的赋能价值,在数字商业、数字文创等领域积极开拓产业新赛道。

二、产业能级和创新成色不足,换道超车还需早做谋划

(一) 展示交流项目转化率低

虹口区依托北外滩城市会客厅这个巨型 IP,举办了上海城市推介大会、上海全球投资促进大会、北外滩国际航运论坛、"工赋上海"创新大会等高规格论坛以及元宇宙、智能汽车等领域黑科技的展示展览,但真正因以上活动而引致的未来产业项目落户到虹口的还比较少。

(二) 创新型经济基础较为薄弱

虹口是典型的都市经济,金融、航运、商贸、物流等服务业占据全区产业产值大部分份额,但创新型经济基础较为薄弱。一方面,未来产业领域具有硬核技术实力和高成长性的优质企业较少,截至 2023 年 5 月,全区入选市级专精特新企业仅 132 家,不足全市总量的 3%;另一方面,以市级总部和外资研发中心为代表的高端产业创新平台数量相对不足,截至 2023 年 5 月,全区市级总部和外资研发中心企业仅 49 家,不足全市总量的 4%。

(三) 亮点突破仍待谋划

虹口区较早布局 5G、工业互联网、元宇宙以及新材料产业,但尚未形成在全市范围内有较高显示度的产业集群。5G 产业虽有 200 多家企业集聚,但目前也仅做到百亿规模,与浦东以及深圳南山、龙岗等区有不小差距;工业互联网领域虽有明星企业致景科技,但也是独木支撑,难以形成集群效应;元宇宙产业则仍处于产业培育期,形成规模化发展还有很长的路要走。

三、建议立足区域特色资源推动未来产业

(一) 北外滩功能区：打造未来产业创新先导区

抢抓北外滩开发建设机遇，发挥场景创新在未来产业发展中的引爆作用，面向智慧交通、数字孪生、未来健康、智慧能源、智慧生活等未来城市重点领域设计应用场景，吸引未来产业先进技术在虹口区展示应用。进一步放大国家级会议论坛活动品牌优势，鼓励市场主体在此期间参与举办未来产业领域行业级的研讨会、交流会、新品发布会，进一步提升北外滩在未来产业商务活动中的曝光度。依托高品质商办楼宇，积极吸引一批未来智能、未来健康等领域的行业龙头、独角兽企业、专精特新企业在北外滩设立总部或研发中心，提升区域未来产业能级。

(二) 中部功能区：打造未来科技文娱标杆区

以 5G、VR、AR、全息等技术应用为基础，将最新数字科技与流行音乐、现代足球、剧场演艺等文化活动相结合，积极与国际知名运营主体合作策划"亚洲科技音乐节""海派数字文创活动周"等重量级 IP，打造集聚各类前沿科技的视听盛宴和年轻人最爱、最迷、最流行的上海潮流地标。加大对电子竞技等新兴产业的扶持力度，鼓励游戏制作领域行业龙头和初创公司集聚，推动上下游动漫游戏产业联动发展。鼓励文创领域天使投资、风险投资等金融资本集聚，以"科创＋文创＋金融"模式，助推文创领域新内容加速涌现、新业态发展壮大。

(三) 北部功能区：打造创新孵化未来梦工厂

依托本区重要科研机构和龙头企业，聚焦人工智能、先进材料、元宇宙、大数据、金融科技等领域前瞻打造一批未来技术学院，构建涵盖基础研究、工程试验、产品开发、产业应用一体化的未来产业创新链。探索成立区级科技成果转化公共平台，统筹推进未来产业成果对接转化和专利导航，提升科技成果转移转化效率。完善未来产业"众创空间—孵化器—加速器—产业园"的全生命周期空间载体体系，促成未来科技项目"沿途下蛋"无缝衔接。深化虹口南北协作，鼓励北外滩金融机构、专业服务机构深度参与北部功能区创新孵化活动，全力提升虹口硅巷发展能级。

作者：任柯柯

普陀区:"中华武数"全面发力,城区环境有待提升

作为上海的"西大门",普陀是中心城区不可多得,也是最具发展潜力、最富想象空间的城区之一,它相对中心城区、核心区有空间和成本优势,相对郊区又具有便利的优势。要说上海中心城区中哪个区的产业转型最具显示度,那么普陀区无疑是一个标杆。由原来的房地产、商贸、物流业等产业为主到现在由智能软件、研发智造、科技金融、生命健康等新兴产业引领,普陀的产业发展实现了跨越式蝶变,创新浓度也在不断增加,科创版图逐步清晰,为未来产业发展奠定了基础。

一、从大商贸、大物流到创新发展活力区

(一) 依托"中华武数"科创版图,激发培育产业新动能

"中华武数"这一概念是普陀区在深耕多年后提出的特色科创布局,标志着普陀区科技创新的"四梁八柱"已经初步形成。

"中"即中以(上海)创新园,聚焦国际创新合作孵化,定位为"联合创新研发"与"双向技术转移",充分吸收借鉴 Trendlines、eHealth 等以色列创新中心、孵化器机构的研发经验以及以色列、新加坡等国独有的创新孵化模式,在生命健康、医疗器械、数字医疗、健康科技等领域已集聚了天与养老、海每康、海布思生物科技、ASIA DIRECT 等 100 余家企业和机构,产出有效知识产权超过300 件。

"华"即上海清华国际创新中心,其依托清华大学在科技研发、创新人才与国际合作方面的优势,围绕空天技术、集成电路和人工智能等重点领域进行科学研究和企业孵化培育,现已推动清微智能、砺算科技、Pix Moving 等清华系集成电路企业落地普陀,并建有空天技术研究所、集成电路研究所、增压燃烧与

空天动力实验室、信息安全与汽车电子实验室、集成电路研究平台等研究机构。

"武"即武宁创新发展轴,一条武宁路贯穿普陀东西,串起一批大院大所。目前沿线已集聚同济大学、华东师范大学两家教育部直属高校,工业控制系统安全创新平台、机器人研发与转化平台两大功能型平台,上海电器科学研究所(集团)有限公司、上海化工研究院、华东电力设计院、上海市特种设备监督检验技术研究院、上海市测绘院和工控平台等16家科研院所,以及近百家市级以上科创平台和近千家科技企业,2022年普陀还发起了构建武宁创新共同体,促进多方联动。

"数"即海纳小镇,是普陀区依托真如城市副中心建设打造的城市数字化转型示范区和数字经济集聚区,目前在网络安全、电子商务、智能产品等领域已集聚360、京东、阿里、电科所等十几家数字产业领军企业,打造了智能零售、智慧停车等16个标杆场景。

(二)四大产业持续发力,细分领域特色凸显

经过多年的培育和发展,普陀区已初步构建起智能软件、研发服务、科技金融、生命健康四大重点产业体系。2023年,上述四大重点产业占区级税收的比重为41.04%。

在智能软件方面,集聚了360政企安全集团华东总部、阿里数字工业供应链中心、京东上海中心、波克城市等一批头部企业和功能平台,其中工控平台入选工信部信息服务业平台名录,成为信息服务类上海市唯一入选的单位。

在研发服务方面,截至2024年7月,普陀区共有研发服务业企业7000余家,业务涉及新设计、新材料、新能源、新服务、新业态等多元领域,成功入选上海市第一批科技服务业发展示范区(试点)。

在科技金融方面,沿苏州河两岸汇集上汽金控、收钱吧、德邦证券等金融行业知名企业,以及央行上海票据中心、上海联交所、长三角金融科技研究院等平台机构,目前基本完成科技金融全产业生态布局,正式迈入金融广场+金融会客厅+金融秀带"三位一体"的新发展阶段。

在生命健康方面,纳入上海市生物医药"1+5+X"产业布局,围绕医药及生物技术研发服务、高端医疗器械、数字医疗及健康服务、医药流通与销售四大领域十个细分赛道,区内集聚上药系、华润系、九州通系、复星医疗系等龙头企业,以及同济医学院、上海化工院、上海机器人产业技术研究院等高能级科研院所与研发平台,自布局作为重点产业以来,连续两年保持30%的增长,彰显了

巨大的发展潜力。

与此同时,普陀区积极瞄准智能制造、人工智能算法、氢能车研发、元宇宙、数字孪生等前沿领域,积极筹备首个上海算法产业集聚区——算法谷落地,力争打造"小苗小树"铺天盖地、"参天大树"顶天立地的良好产业生态,形成更多转型发展的新亮点。

(三) 多措并举营造生态,全力拉满产业发展活力值

近年来,普陀区积极举办各类高层次品牌论坛活动,并出台多项支持产业发展的政策措施,持续优化产业生态,形成城区发展新兴产业与转型科创的浓郁氛围。一方面,普陀区积极承办世界人工智能大会分论坛,连续三年举办上海数字创新大会,以及在电子商务、跨境电商、智能制造、生命健康、数字经济等多个产业领域举办高峰论坛和行业大会,树立城区重点产业的旗帜标杆,不断拓展"朋友圈",带动整合行业资源赋能产业发展,并带动城区影响力显著提升。另一方面,普陀区围绕科技创新、四大重点产业发展、人才建设等领域出台了一系列支持政策,包括成立半马苏河科创基金等,以真金白银支持企业和行业发展。

(四) 人靠谱(普)、事办妥(陀),营商环境品牌进入收获期

普陀区持续优化营商口碑,打响"人靠谱(普)、事办妥(陀)"营商环境服务品牌。普陀区在全市首推"一业一证帮办服务一件事"业务,首创楼长制,率先设立新办企业"一窗通"服务专区,受到国务院营商环境督查组肯定并在全国推广。此外,普陀区围绕四大重点产业细分领域成立工作专班、产业联盟,各种创新手段推动产业发展;创新举办政企早餐会,第一时间倾听并解决企业困难;着力打造创业合伙人计划,成立"炬"未来服务联盟、桃浦科创服务联盟等多个产业服务联盟,积极推进生物医药产品注册指导工作站(普陀站)建设等,为区内企业提供创业指导服务、人才招聘服务、生态合作伙伴推广服务等多项企业服务。

普陀区营商环境的改变,对区内企业集聚起到了明显的推动作用。2023年,全区引进13家税收亿元级企业和130家税收千万元级企业,全年新设企业1.61万家,位列中心城区首位,GDP、财政收入等多项指标增速均位居全市前列,彰显出巨大的发展潜力。

二、转型再跨越,还要爬坡过坎

(一) 规模实力短板依然明显

在上海市范围内,普陀区的发展规模和经济实力与其他区域相比仍存在一定差距。2023 年,普陀区地区生产总值为 1 338.32 亿元,在中心城区排名相对靠后,与几个郊区相比也稍显落后。此外,普陀区人均 GDP、经济密度、财税收入以及人均财政收入等指标也尚未达到中心城区和全市平均水平。

(二) 产业显示度、标识度略显不足

一方面,从全区范围来看,智能软件、研发服务、科技金融、生命健康作为区内四大重点培育产业,其产业规模占全区比重有待提高,对经济增长的贡献度还要进一步提升,产业转型还要再提速。另一方面,放眼上海产业发展格局,普陀区四大产业的影响力和知名度均尚显不足,产业规模在全市占比不高,集聚度和显示度还不明显,特色产业载体、行业地标在全市产业空间布局中的特色和品牌还需要进一步提升。同时,普陀区新动能培育还面临产业链与创新链融合不够深入的问题,一方面,区内一些创新平台与产业领域关联性不明显,另一方面,已布局创新平台的成果转化、项目孵化、产业落地效应还需加强。

(三) 区域整体环境品质有待提升

普陀区作为中心城区相对边缘地区,至今仍存在路网密度和轨道交通线网密度不高的问题,均处于中心城区相对落后的位置,沪嘉高速时常造成桃浦地区对外联通和南北沟通不畅等路网断点、堵点问题。同时,区内还分布着大量老公房,与中心城区现代化城区的定位尚不匹配。稍显落后的城区面貌和形象,对吸引青年人才和创新要素形成一定制约,加之区内老龄化问题较为明显,因此亟须进一步优化区域环境,以吸引集聚青年力量,为区域产业发展注入新鲜血液,提升区域活力。

三、以"四招"独门绝技发力引领未来

(一) 发力未来凝练特色优势

着眼未来，普陀还需积极抢抓机遇，提前谋划布局。对应上海未来产业方案提出的五大未来集群16个细分领域，结合普陀创新资源禀赋和产业基础，可着力围绕未来智能、未来健康两大赛道聚焦发力。在未来智能方面，前瞻布局智能计算、隐私计算、超大模型算力算法、机器智能体（人形机器人）等前沿方向；在未来健康方面，可着力向基因和细胞、精准医疗、合成生物等方向延伸布局。

(二) 科创版图引爆创新势能

持续深耕"中华武数"，以激发平台功能，促进创新资源成链联动，做强做深细分赛道为核心抓手，引领引爆全区创新引擎。"中华武数"是全区创新资源最为集中的区域，大量的创新平台为普陀孕育了无限的想象空间，下一步的核心是，优化科创平台的体制机制，加强创新资源整合联动与核心技术协同攻关，促进跨界融合创新，完善科技成果转化、孵化加速、技术验证、市场推广、示范应用等全链条创新生态，让这些创新平台不断孵化孕育出更多未来的种子、转化的成果和落地的项目，真正实现创新链、服务产业链转型升级，积蓄强大的创新势能，提供产业动能的源头活水。

(三) 招强引新实现强筋壮骨

企业是产业发展的主体，培育壮大高精尖企业也是普陀布局未来、引领未来的核心支撑。一方面，存量巨头要发力"第二曲线"，聚焦区内360、京东、华润、九州通等存量龙头企业，支持企业将区域总部、研发总部、结算中心等核心功能集聚普陀，尤其是代表未来方向的前沿技术创新中心（创新总部）、数字业务总部、智能运营中心等新兴总部的增量落户普陀，争取传统企业的"第二曲线"新业务在普陀成长壮大，支持企业拓展新业务、布局新赛道，赋能企业裂变式成长。另一方面，围绕新赛道和未来产业，积极引进增量的科技企业、硬核企业、专精特新企业、隐形冠军、潜力独角兽、独角兽等各类富有广阔发展前景和市场竞争力的企业。

(四) 硬性载体丰富软性服务

硬性的载体是承载产业集聚的基础,但软性的服务才是集聚创新和高端要素的核心。普陀区面向未来的潜力空间载体相对于其他中心城区比较丰富,包括中以创新园、中鑫智谷、智创 TOP 产城综合体、天地软件园、武宁科技园、长风科技园、国际医疗健康产业园等各类载体,下一步要结合载体集聚的主导产业方向,坚持需求导向,完善各类专业化、特色化、定制化和集成化的服务,真正赋能企业成长和产业发展,尤其要研究适应新赛道和未来产业需求的服务,如完善各类专业服务平台、公共研发平台、测试验证平台、概念验证平台、数字孪生平台等,以完备的服务平台增强载体集聚创新要素和产业要素的黏性。

作者:刘梦琳　丁国杰

青浦区:国家战略赋能加持,硬核显示度有待增强

　　要说近几年,上海 16 个区中谁是时代的宠儿,那无疑是青浦。十年前,未来产业、硬核科技、创新经济等词很难与上海最西边的青浦有所关联。但近几年,有了进博会、长三角一体化发展、虹桥国际开放枢纽、新城建设等一系列国家及市级战略的加持,让青浦从昔日的远郊农村一跃成为直接承载国家和上海战略任务的前沿阵地。多重战略叠加下青浦抓住机遇乘势而上,枢纽门户建设所带来的流量经济正逐渐转换成创新经济,为青浦带来了浓郁的科创气息,北斗西虹桥闻名全国,华为青浦研发中心、美的上海总部、网易上海总部等一批创新企业纷纷入驻,复旦大学选址落户,长三角数字干线逐渐孕育。随着上海西向发展轴的快速延伸,青浦正成为上海建设科创中心的战略性区域,未来智能、未来健康、未来能源等领域已现星星之火,形似一只蝴蝶的青浦正在硬核科技创新的天空中翩翩起舞。

一、"一城两翼"协同联动,未来产业现星星之火

(一) 青浦新城:创新城区承接两翼科技转化

　　青浦新城是上海重点建设的五个新城之一,重在集聚产业,为"两翼"提供创新转化空间。特别是青浦工业园区是全区产业发展的主战场,规模产值超千亿元、税收超百亿元,在上海市开发区中综合实力稳居前列,形成了高端装备、新材料、电子信息三个百亿级产业集群,金发科技、普利特均以先进材料入选上海硬核科技 100 强企业名单,为未来产业发展奠定了基础。未来,园区将全力创建国家级经济技术开发区,着力打造生物医药产业区、氢能产业园、人工智能产业园等产业组团,为青浦未来产业科技成果转化提供了足够的空间支撑。

　　生物医药产业园基于上海市级特色园区——青浦生命科学园打造,属于张

江高新区青浦园，已经集聚上药杏灵、绿谷生命园、同济堂药业、中华药业、宝龙药业、赛伦生物、辰光医疗、库克医疗等一批优质企业，复旦青浦全球医学中心亦落户于此，为未来健康的发展提供了可能。

氢能产业园成功引进中石化氢能源、重塑重卡整车等重点项目，率先在落户企业永恒力氢叉车上实现应用场景零的突破，促成了韵达股份第一台18吨氢能源货运车顺利下线，未来将逐步构建从加氢站建设、燃料电池及动力系统到氢能整车的氢能汽车全产业链，为氢能及储能奠定了技术基础。

人工智能产业园正着力打造启迪国际科技城、哈工大人工智能产业园、爱仕达人工智能谷等载体，长三角国家算力网络枢纽节点起步区、UCloud 优刻得青浦云计算中心等算力中心为未来智能的发展提供了重要算力支撑。

（二）东翼：开放枢纽门户吸引创新要素集聚

东翼充分依托大虹桥所带来的人流、物流、商流、信息流汇聚优势，加快集聚创新要素，着力打造产业创新高地。美的集团将建设面向全球的科技研发中心，着力布局智慧家居、工业互联网、智能供应链三大板块业务。漕河泾赵巷科技绿洲片区加快建设，已吸引字节跳动、日本骊住亚太研发中心、商汤科技、术康医疗等众多知名企业入驻。网易将打造网易上海国际文创科技园，中国首个国际化影视级虚拟制片（Virtual Production，VP）影棚——烧糖文化 VP 影棚落地，为扩展现实提供了场景应用。而区域内市西软件园、北斗西虹桥基地也为硬核科技提供了空间支撑。

上海市西软件园是上海市软件信息产业布局中的重要一环，重点发展物联网、人工智能、工业软件、位置服务、智慧健康、智慧物流等产业，落户上海精测研发总部、网易国际文创科技园等项目。

北斗西虹桥基地是全国唯一一个以北斗导航为特色产业的国家火炬特色产业基地，已集聚百余家北斗导航与定位相关企业，拥有华测、联适、威固、海积、普适、川土微、道枢等一批"北斗＋""＋北斗"跨界融合的知名企业，形成了完整的北斗产业链。依托产业链布局，北斗西虹桥基地进一步打造全方位企业跨界合作服务平台，挖掘企业潜力，集中优势资源，为企业提供市场机遇，服务北斗产业拓展与全球化。

此外，虹桥国际中央商务区青浦片区作为中国进博会的永久举办地、上海现代物流规划的三大快递物流基地之一，以及发达的商贸商业，也为未来产业及技术落地应用提供了大量示范场景。

（三）西翼：好风景引来新经济

西翼是长三角生态绿色一体化发展示范区先行启动区,淀山湖区域生态优势正转化为创新优势,青浦正以建设世界级湖区打造创新绿核。华为研发中心落户必将吸引上下游产业链在周边布局,围绕华为所打造的青浦西岑科创中心,将构建芯片设计、人工智能和物联网产业体系,未来智能正在孕育蓄势。此外,良好的生态环境也为绿色低碳、新型储能等未来科技的应用提供了特色场景,有望探索引领可持续未来城市的新路径。

二、创新能力尚薄弱,硬核科技需加强

借助国家战略东风,青浦区的科技创新实现了跨越式发展,但是未来产业这种以基础创新、颠覆创新为特色的前沿性产业对科技创新提出了更高的要求,而青浦区还存在诸多不足。

（一）高能级科研院校平台缺少,创新支撑能力待加强

青浦是上海除崇明之外唯一没有研究型大学的区域,虽然复旦大学第五校区拟选址落户青浦,但开工建设到创新效应溢出还需很长时间。此外,青浦近年来虽引进了长三角可持续发展研究院等平台机构,但主要以战略研究、功能服务为主,硬核技术研发相对偏弱,创新支撑能力不足。

（二）新赛道处于布局阶段,新兴产业还未成气候

青浦区位处郊区,受环保、水源保护等影响,产业形态以大会展、大物流、大商贸等现代服务业为主,三次产业结构比为 0.6∶31.5∶67.9,是崇明之外唯一第三产业占比超过第二产业的郊区。制造业以消费品、汽车零部件、通用装备等传统制造业为主,AI、芯片、生物技术等新赛道硬核科技领域均处于布局阶段,还未形成燎原之势。此外,青浦区高新技术企业数量在郊区中仅多于崇明;独角兽企业 2 家,仅强于奉贤和虹口,且威马汽车所处的新能源汽车赛道内卷加剧,壹米滴答属于供应链物流服务企业;瞪羚企业 4 家,AI 视觉芯片爱芯元智注册地址迁移,其余 3 家均属于物流服务企业,可以看出硬核科技企业储备相对不足。

（三）未来产业特色不明显，旗帜标杆需确立

尽管在新赛道和未来产业领域，青浦区均有所涉及，但与其他区相比，青浦区在特色新赛道培育方面品牌彰显力还不明显，所打造的"3＋5＋X"战略性新兴产业和先导产业体系，覆盖范围比较广，但均不够突出，尤其 X 个先导产业涉及 6G、下一代芯片、新一代卫星导航、精准医疗、量子信息等领域，亟须寻找1～2 个突破点，聚焦发力，打造出产业特色品牌。

三、把握国家战略，借势借力发展未来产业

未来，青浦要把握国家战略深入落实牌，打好青浦新城建设牌，擦亮长三角数字干线牌，抓好数字绿色协同牌，塑造有青浦特色的未来产业竞争优势。

（一）抓新城建设，打造未来产业发展引擎

推进五个新城建设是上海面向未来的重大战略选择，"高颜值、最江南、创新核、温暖家"是青浦新城建设的目标愿景。未来，青浦新城要发挥服务资源、产业资源、城市功能资源和综合环境配套资源优势，加快集聚硬核科技企业，汇聚创新创业人才，搭建并引进各类科技创新平台，吸引新型研发机构、创新研究院、企业创新中心等各类创新组织，推进青浦工业园区打造适配未来产业的载体空间，营造宜居宜业的生态环境，孕育更多未来的种子，使之成为青浦未来产业发展的动力引擎，成为青浦创新浓度最高、产业链创新链融合最紧密、产业生态最完善的高端硬核产业集聚区。

（二）抓长三角数字干线，打造世界级数智经济产业带

2022 年，长三角区域合作办公室把"长三角数字干线"正式确立为长三角一体化发展"三年行动计划"的重点工作，将串联虹桥国际中央商务区、上海市西软件园、西岑科创中心及水乡客厅，并辐射长三角区域，形成一条万亿级规模的数字经济带。青浦区要进一步提升"长三角数字干线"影响力，争取升级长三角多个城市参与的国家战略，协同联动，共同打响以未来智能为主的数字经济硬核品牌。在青浦区内，要进一步明确所串联数字节点的未来产业发展方向，如市西软件园以智能计算软件平台为主、网易上海国际文创科技园以扩展现实（XR）为主和北斗产业园以未来空间为主等，真正让"长三角数字干线"长出新

企业、形成新节点、凸显新动能,打造成为充满脉动活力、彰显国际竞争力的世界级数智经济产业带。

(三) 抓一体化示范区,以标杆场景引领未来城市样本

"十四五"是长三角一体化国家战略深入实施期,长三角生态绿色一体化发展示范区先行启动区作为先手棋,将着力建设世界级湖区,推动水乡客厅、西岑科创中心等重大项目建设。青浦区要落实好一体化示范区国土空间规划和产业发展规划,一方面要不断利用"好风景"引来"新经济",进一步集聚一批硬核科技创新企业和科研院所,增强科技创新策源功能;另一方面要发挥绿色生态优势,借重大项目建设机遇,引入一批引领未来能源变革、绿色低碳变革和城市可持续发展理念的未来技术,包括未来能源、未来智能乃至未来农业、未来水资源利用、未来生物科技等,要打开无限的想象空间,结合数字干线概念,打造一批绿色经济与数字经济融合的标杆性示范应用场景,成为全市数字化与绿色化有机融合、高效协同的未来城市样本。

作者:李光辉

奉贤区:如何让"美丽"成为"实力"

提到奉贤,人们必会想到东方美谷。除了独树一帜的东方美谷,近年来奉贤还在持续擦亮其他产业名片。依托特色产业园区、活力中小企业群,奉贤智能网联汽车、数智新经济、化学新材料等新兴产业正在加速崛起。作为新片区西部门户、南上海城市中心、长三角活力新城,奉贤在上海新一轮高质量发展格局中,区位优势明显,发展空间广阔。但从"美"到"强",从"新兴涌动"到"引领未来",还要长远谋划、前瞻布局。

一、"特色载体+活力主体"助推新兴产业发展

(一)东方美谷+生命蓝湾,做强美丽大健康

奉贤东方美谷、临港新片区生命蓝湾,是上海市级生物医药产业特色园区,在上海七个生物医药特色园区中占据两席,其中东方美谷是奉贤自 2015 年起重点打造的产业品牌。近年来,东方美谷快速崛起,品牌影响力持续提升,目前东方美谷集聚美丽健康品牌 3 000 多个,化妆品企业占全上海的 30%,化妆品销售额占全上海的 40%,东方美谷品牌价值已达到近 300 亿美元。东方美谷不断向生物医药领域拓展,目前集聚生物医药企业 200 多家,产值超亿元企业40 家,药明生物、睿智医药、君实生物等知名企业相继落户。在 2022 中国生物医药产业价值榜上,东方美谷核心区——生物科技园获评最具成长性生物医药产业园区。生命蓝湾是临港新片区生物医药产业的承载基地,自新片区揭牌以来,生命蓝湾累计引进 100 多个项目,涵盖分子合成、免疫药物、细胞治疗、重点疫苗、CDMO、3D 打印等生物医药产业的前沿领域,总投资 400 多亿元,引入项目数量占到全上海新增项目的 40%。

(二) 未来空间孕育新能源汽配

继提出东方美谷战略后,在特斯拉落户临港这一历史性重大发展机遇面前,2019 年奉贤又提出打造智能网联汽车产业品牌"未来空间"。作为未来空间技术创新承载区,临港南桥科技城(临港南桥智行生态谷)已提档升级为上海市特色产业园区。目前,临港南桥科技城已建成长三角唯一的无人驾驶汽车地下封闭测试场景,诞生了一批与汽车智能网联相关的国家级实验室,吸引了交大智能网联、昆易电子、广通远驰等一大批智能网联产业相关的上下游企业入驻。奉贤这块投资热土,而今已成为特斯拉超级工厂邻居的代名词。

(三) 数字江海壮大数智新经济

作为继东方美谷、未来空间后打造的第三张城市品牌,数字江海是奉贤抢抓上海五个新城建设机遇,实现以"数字蝶变"促进"城市蝶变"而推出的一项重要举措。数字江海以数字经济产业为主导,结合数字化顶层设计,布局数字产业制造、数字产业服务、数字技术应用、数字要素驱动和数字化效率提升等产业领域,在为当地居民打造自然环境的同时,吸引高新科技企业入驻。2021 年 5 月,网易上海奉贤联合创新中心等一批数字化项目及企业签约入驻上海奉贤,加快数字江海新地标打造步伐。目前,奉贤正在着力提升数字江海产业向心力,推动数字经济总部和创新载体不断落地,向着"推进数字江海产业集群规模突破 1000 亿元"的目标全力迈进。

(四) 新材料园孵化化工新材料

奉贤化工新材料产业园区是上海市 26 个特色产业园区之一,是全市唯一的化工新材料园区,具有化工产业优势。园区重点发展以高、新、先为特征的化工新材料产业,包括高端电子化学品、高分子复合材料、高性能水性材料、高端胶黏剂、高性能膜材料、新型显示材料等产业。目前,园区已集聚以确信乐思、藤仓化成、佩特涂料、大日精化等为代表的精细化学品企业,以大韩道恩、森佩理特、森佩福莱、万溯化学、晨光科慕为代表的知名新材料企业,已成为上海化工新材料产业新高地。

(五) 中小企业注入创新强活力

中小企业在奉贤区的经济社会发展中具有举足轻重的作用,中小企业纳税占全区税收的比重超过 90％,吸纳了超过 95％的劳动力就业。目前全区注册企业已超 56 万家,其中 95％以上是中小企业,日均注册企业 500 多家,占全上海近 1/5,占全国 1％,是名副其实的创业宝地。2022 年 1 月,北京大学光华管理学院发布的《中国区域创新创业指数(1990—2021)》报告显示,上海奉贤区域创新指数人均得分 100,排名全国第一;数字创新指数人均得分 99.4536,排名全国第三。中小企业的集聚孕育了奉贤新兴动能和未来赛道的种子,也增强了城区的发展活力。

二、由"美"到"强"还有势能落差

(一) 美丽有余而强大不足

奉贤城区的品牌特征主打"美",提出的目标是"奉贤美""奉贤强",以引领城区发展。从实际来看,"美"在很大程度上形成了很好的品牌,无论是东方美谷,还是乡村振兴,奉贤的城区建设品质不断提升。然而,"强"这个方面还有较大提升空间。比如,东方美谷的品牌比较响,特色非常突出,但实际的产出规模还有待提升。据统计,2021 年东方美谷核心区实现工业总产值 81.3 亿元,还未跨越百亿元台阶;同时,大量美妆企业的技术含量还需提升,掌握引领性核心技术、占据较大市场份额和高价值地位的品牌还比较少,高利润、高税收贡献的龙头企业还不多。数字江海、智能网联汽配等赛道还缺少龙头型、标杆性的企业和项目支撑。

(二) 活力有余而实力不足

奉贤作为上海的中小企业科创活力区,年增企业数量一直位居全市前列,形成了非常强劲的动力和经济活跃度,然而只有活力还不够,要能够实现活力之上的成长,在万千苗圃中长出大树才有竞争力。然而目前来看,就奉贤区的高新技术企业、上市企业、科技"小巨人"企业等展示企业竞争力的代表性标签而言,企业实力还相对较弱,与浦东、闵行、嘉定等制造强区相比差距明显,如奉贤的高新技术企业有 1795 家,而上海的制造业强区一般在 2000 家或 3000 家以上;奉贤的科技"小巨人"企业有 138 家,上海的制造业强区一般在近 300 家的水平。同时,奉贤区经济规模体量较小,GDP 在全市排名相对靠后,总体实力不足。

（三）门户地位有余而枢纽功能不足

奉贤区是上海的西部门户，定位为南上海城市中心、长三角活力新城。然而从现实的功能来看，奉贤区的这些定位还主要停留在地理空间维度和区位特征层面，还没有真正体现出城市功能，也就是说门户辐射的功能还未形成，南上海城市中心的要素集聚和服务辐射功能还不够，难以匹配南上海城市中心的定位。从长三角更大的区域范围来讲，奉贤还不能有效带动其他城市的发展，在能级上也与南岸的杭州湾宁波产业带有一定的差距。

三、以"四谋"引领，打开奉贤未来想象空间

（一）谋新动能赛道，走出面向未来的第二曲线

经过多年发展，奉贤的新赛道逐步清晰，这些领域也有向未来产业延伸的基础和优势，下一步可主要在未来健康、未来智能、未来能源、未来材料等方向前瞻谋划。

未来健康方向，重点勾勒东方美谷第二曲线。东方美谷是一个非常好的产业方向和品牌，既可以和上海的生物医药产业、生命健康产业相结合，又可以和时尚消费品产业相结合，既是产业端的资源，又是消费端的资源，与上海国际消费中心城市建设紧密关联，因此可以做的文章很大、很多。下一步要持续升级，在多元深度融合中走向"高、新、全"，走出高端产业引领的第二曲线。"高"就是企业要走向高科技、品牌要往高端走；"新"就是往首发、新品方向走，不断有新的品牌涌现出来；"全"就是要不断延伸产业链、价值链、服务链和生态圈，持续向美妆、现代中药、合成生物（高端食品、保健品）、健康诊疗、智能诊断、医美等环节拓展和延伸。

未来智能方向，依托数字江海和智能网联汽车优势的叠加，着重探索第三代半导体芯片、智能网联汽车数据服务，打造全市专业领域的数据要素集聚区。

未来能源方向，可依托新能源汽车配件的发展基础，与特斯拉储能项目落户临港新片区相结合，拓展新型储能等新的产业方向，布局新型储能应用场景。

未来材料方向，可依托与化工区的叠加基础，拓展高端膜材料、第三代半导体芯片材料等领域，构筑奉贤未来材料的竞争优势。

（二）谋新城建设，打造杭州湾的科创明珠

新城建设是奉贤发展的重要抓手，也是上海市布局的战略要求。建议下一步新城建设要围绕新赛道和未来产业强化布局，加快引进高端要素、总部企业、人才资源，按照独立性综合城市节点的要求，丰富城市功能、提升城市品质，强化高价值生产性服务业和高品质生活性服务业，吸引各类人才加速集聚，在奉贤整体处于交通区位末梢的城市功能洼地格局中打造一个城市功能的高峰高原，成为支撑奉贤产业发展的人才蓄水池。同时，南桥新城要眼睛向外，瞄准杭州湾更大的区域范围谋求发展，丰富创新要素、强化创新功能，利用浦东交通枢纽机遇，打通到杭州湾进沪一小时城市的通道，凸显在杭州湾产业带发展格局中的独特作用，努力成为杭州湾大湾区的一颗闪亮的科创明珠。

（三）谋联动发展，三向发力汇资源拓空间

奉贤的区位特征以及已经形成的合作积淀，决定了联动发展应成为奉贤非常重要的战略和发展思路。联动临港，奉贤很大一块区域属于新片区，在产业延伸上具备承接临港资源溢出的先天优势。此前特斯拉整车项目带动了新能源汽车、智能网联汽车产业链在奉贤的集聚，下一步要围绕特斯拉超级储能项目，承接储能相关产业链的集聚，为特斯拉储能项目做好准备。联动张江，奉贤园也是张江1区22园的重要组成部分，在此前的发展过程中，已经充分接受张江的政策辐射，奉贤的发展一定要进一步深入联动张江，承接的产业资源溢出，其实是生物医药产业的联动以及集成电路芯片领域的联动发展，实现"张江研发、奉贤制造"。联动闵行，奉贤的发展也可以把与闵行区的联动作为策略之一，两区在三水交汇处区域是连绵布局的，这里也是全市正在谋划的战略空间，奉贤也可以及早谋划，打造成为新的滨水创新经济增长极。

（四）谋中小企业科创活力区，打造"小巨人之城"

中小企业活力区已经成为奉贤的一张名片和重要标签，目前正努力打造国家级中小企业科创活力区。中小企业尽管规模小，但往往创新活跃、发展动力充足，非常匹配未来产业的发展特征。当然，中小企业也有天然的不足，如抗风险能力较弱，研发投入、创新资源的布局、高端人才的集聚与较大企业有一定距离，因此非常需要政府的引导和支持。一方面，建议奉贤区建立潜力企业动态培育库，进一步完善中小企业的服务环境，创新与中小企业的沟通联络与服务

机制，及时了解并解决中小企业发展遇到的问题，打造全市中小企业投资高地、创业孵化高地，努力塑造"小巨人之城"品牌；另一方面，要搭建各类公共服务平台、资源嫁接渠道，举办供应链对接大会等供需对接品牌活动，助力中小企业提升研发创新能力，嵌入大企业供应链体系，打开广阔的市场渠道。

作者：丁国杰　唐小于

金山区：科创湾区崭露头角，转型步伐还需加快

金山曾是上海传统化工的重镇，如今是南北转型战略的重要区域之一。依托上海化工区和上海石化两大化工基地、两个市级产业基地、市区两级的特色产业园以及服务业承载空间，金山全力推动产业转型升级，正从化工老区向上海湾区大步迈进。聚焦存量"焕新"、增量"换乘"，化工产业向精细化、绿色化、高端化方向发展，碳谷绿湾产业园成为上海产业园区"二转二"整体转型的重点园区；新材料、智能装备、生命健康和信息技术等新兴产业集群蓬勃发展。未来，金山仍需持续塑造南转型的核心名片，加快培育未来产业新优势。

一、新兴动能领域加快塑造特色名片

（一）材料优势特色突出

金山区是全国七大化工产业基地之一，拥有较为完整的化工产业链，涵盖炼油、基础化工和精细化工等领域，总产值突破千亿元。近年来，金山大力推进绿色高端化工产业发展，积极培育新材料产业，与上海化工区和上海石化两大化工基地共同推动碳谷绿湾产业园绿色升级。新材料产业发展初具规模，金山区纤维材料产业集群成功入围工信部 2022 年度中小企业特色产业集群。碳谷绿湾产业园是上海市 26 个特色产业园区之一，重点发展碳纤维材料、功能性膜材料、先进半导体材料、高分子材料、航空航天材料等领域。目前，园区内集聚了巴斯夫、亨斯迈、科莱恩等全球领先的化工企业，以联乐化工、新旺科技、库贝化学为代表的新材料企业数量占比超 80％。产业创新能力加快提升，复旦大学碳纤维研究院已具备复合材料工艺研发、零件试制和性能测试等服务能力，并与东华大学、上海石化等组成创新研发联合体。中天科盛突破了脂肪族聚氨酯弹性体原材料"卡脖子"的问题。

（二）生物医药高质量发展

金山生物医药产业规模持续扩大,2022 年全区实现生物医药产业规上工业总产值 150 亿元,位列郊区第二。湾区生物医药港作为五个市级生物医药产业特色园区之一,聚焦生物制剂、细胞产业、精准医学等细分领域,建设了金创园、金准园、金工园。目前,金山汇集了以科济生物、恒润达生等企业为代表的 CAR－T 细胞企业,其中科济生物在全国 CAR－T 细胞企业中排名第一,拥有中国首个获得药品生产许可证的 CAR－T 细胞商业化生产基地;依托市公共卫生临床中心,引入了青赛生物、复星凯茂、东富龙等疫苗产业上下游的领军企业。深化研发在张江、制造在金山合作机制,湾区生物医药港与张江科学城紧密联动,合作设立了张江金山生物医药园。在公共服务平台方面,引进了南模生物、上海实验动物中心、西普尔必凯等一系列模式动物试验平台。在校企合作方面,与复旦大学药学院、华东理工大学等多所院校建立长效引才机制,并在上海中侨职业技术大学开设生物制药技术专业。

（三）无人机产业蓄势起飞

依托华东无人机基地,金山已初步构建了"一基地七中心"的无人机产业生态,涵盖研发制造、适航检测、飞行服务、展示交易等一系列环节,金山无人机产业擦亮"上海制造"这张闪亮名片。如今,华东无人机基地已累计引进各类研发制造型、应用服务型、研发测试型无人机企业 40 余家,代表性企业有峰飞航空、中信海直、如意航空、翰动浩翔等。作为全市唯一的无人机特色产业园区、全国首批民用无人驾驶航空试验区,华东无人机基地积极推进适航审定技术研究与海岛间低空物流运输商业化探索,创下多个国内"首次",如完成我国首次使用 eVTOL 无人驾驶飞行器进行超长距离海岛场景物流运输的实践。同时,金山区加大政策扶持力度,出台无人机产业发展"十八条"政策,设立无人机产业专项资金。

（四）科创湾区崭露头角

金山以上海湾区科创中心为核心,集聚创新要素,搭建科创平台,激活区域发展新动能。产业集聚度不断显现,上海湾区科创中心是上海湾区城市品牌的策源地,围绕发展生命健康、数字经济等重点产业,成功创建市级软件和信息服务产业基地,阿里云、中经云、红星云等一批优质项目相继落户,2022 年基地的软件信息业收入占比高达 70％。科创主体集聚度不断提升,作为市级科技企业孵化器，上海湾区科创中心拥有近3 000家企业，其中科技型企业近百家，吸引了汇马医疗、天徵聚合等一批高科技企业入驻。创新平台加快联动，上海湾区科创中心与多所知名高校深度合作，搭建了中国科技开发院上海湾区创新基地、浙江清华长三角研究院湾区科创产业园、清华大学天津高端装备研究院上海湾区联合研究与转化中心等平台。

二、南转型还需提速，显示度有待增强

作为全市南北转型的重镇，金山区承载着重要的使命，当然也面临着一定的压力。从转型进度来看，整体的显示度还不够明显，尚未完全颠覆大家对金山"化工城"的总体印象和定位，面向未来的转型仍需加速和提升显示度。

（一）化工优势的延伸、裂变和升级不够

化工是金山的传统优势，具有深厚的积淀，而化工本身的产业链延伸和升级应用也非常广泛。对金山本身来讲，在针对化工产业是否应占据主导地位的战略方面也一直相对纠结，针对化工产业向新材料方向升级的推动相对缓慢。近年来，金山高度重视在材料创新方面的引领，引进复旦大学碳纤维研究院等创新平台，但向前沿高端材料的延伸和转化还不明显，对创新的布局相对较晚。材料优势赋能其他产业发展还有待深化，比如碳纤维材料在无人机领域也有相关应用，但目前来讲，不同行业领域产业之间的联动存在不足。

（二）新兴动能规模体量不足

无人机、生物医药、软件信息等新兴动能在金山加快培育，其中生物医药产业在上海的格局中已经具有一定显示度，但总体的体量规模还比较小；在无人机领域，龙头企业集聚还不明显，与国内深圳等地的无人机基地还有一定差距，无人机的产业链尚未形成，应用场景以及相应的制度政策优势也不够突出，当然这与上海整体对低空经济放开的力度不足有一定关联。软件信息服务业还处于起步阶段，有赖于科创湾区整体生态的打造和完善，以吸引更多年轻人才的加入。

（三）"桥头堡"地位尚未破局，城区辐射功能有待提升

从理论上来讲，在长三角一体化上升为国家战略之后，金山的区位优势得

到一定的凸显,金山也因此将"长三角高质量一体化发展的桥头堡"作为城区定位,以谋求在更广阔空间格局中的地位提升。但从实际的成效来讲,金山"桥头堡"的功能和效应都还有待进一步提升。金山区在上海的地位相对处于交通区位末梢,高端资源集聚不足,彰显高品质的城市功能元素还不明显,对长三角周边资源和产业的集聚与吸引力有所欠缺,因此,较难发挥服务和辐射功能。

三、构筑未来新引擎,引领南转型加速

(一) 围绕上海湾区,塑造南转型的核心名片

上海湾区是金山南转型的核心承载和希望所在,有望成为代表金山新兴动能和创新发展的全新名片,也是金山努力塑造的全新城区品牌。当前,湾区的空间框架已经比较清晰,就是构筑"一谷、一城、一区、一带、一中心"的发展格局。从引领未来新赛道和未来动能的角度,"一谷、一城、一中心"是未来的战略重心。"一谷"即上海碳谷绿湾产业园,聚焦碳纤维复合材料,强化碳纤维创新资源功能,力争成为全市工业园区"二转二"整体转型发展的示范区,打造成为国内绿色节能、安全和谐的示范园区。"一城"即湾区健康医学城,"一中心"即湾区科创中心,重点是强化各类创新要素的布局,引进创新平台、搭建研发转化、孵化加速、成果转化等各类服务平台,打造专业品牌标杆孵化器,引进各类科技专业服务机构,打造成为引领园区创新活力的核心引擎。"一区"即滨海国家级旅游度假区,"一带"即金山大道经济走廊,可以与未来技术的展示、应用及服务生态构建相结合,并成为营造区域发展环境和城市服务功能的承载区,共同提升城区品质,赋能新兴产业发展。

(二) 面向"四化"升级,打造未来材料创新高地

材料产业是金山重要的产业名片,未来材料也是上海未来产业的重点领域之一,具有广阔的应用场景和市场前景,并且与其他产业的发展高度融合,是很多产业领域突破"卡脖子"技术环节的关键,金山区材料产业在全市占据着十分重要的战略地位。下一步要坚持走高端化、智能化、生物化、融合化路线。高端化,就是要围绕落实膜都、维都三年行动计划,依托上海碳纤维复合材料创新研究院这一平台,攻克纤维领域的核心技术,强化金山未来材料的创新策源功能,并探索成果转化和产业化路径,加快打造碳纤维产业高地。智能化,就是推动

"AI+新材料研发"，积极推进材料创新数据库建设，注重实验技术、计算技术和数据库之间的协作和共享，缩短新材料研发周期和降低研发成本。生物化，就是向生物医药纤维、合成生物材料方向延伸，发展代表前沿方向的领域。融合化，就是促进行业融合发展，以政府为主搭建各类行业对接平台，为区内的材料企业和无人机、生物医药等领域的应用融合提供更多的渠道和平台，促进产业融合发展。

(三) 聚焦"生物经济+低空经济"，催化新动能赛道

生物医药努力凸显极化地位。重点依托金山工业区、金山二工区、湾区科创中心、公卫中心以及医疗器械产业园等载体，形成基因和细胞、绿色生物医用材料、临床应用与成果转化、医药器械等相对完备的产业链，努力打造上海生物医药产业发展的重要一极，打造长三角高端、大规模制药装备和医疗器械制造基地。发力低空经济，占据未来空中交通前沿。低空经济是金山的又一张产业名片，低空经济具有广阔的发展前景，伴随着市场需求的爆发、技术的成熟以及政策的放开，有望打开未来的潜力空间。下一步，金山区要制定针对性的支持政策，吸引无人机领域的企业集聚，开辟无人机的应用场景，成为全市低空经济的先行区。

(四) 加强多元联动，增强转化承载和辐射服务功能

依托自身产业资源和创新资源，积极融入杭州湾发展格局，加强与张江以及长三角毗邻地区的产业分工与协作，积极拓展国际合作交流，提升产业对外合作发展水平。加强与张江地区的联动发展，积极承接张江创新研发成果转化，探索通过财力分配、产值分摊、股权纽带等共享共赢的投入机制和产出分享机制，形成"张江研发、金山制造"的联动分工格局。加强与长三角区域协同发展，加强湾区健康医学城与长三角生物医药及卫生资源合作，加强无人机产业链配套等方面的合作，优化城区发展品质和环境，打造城市功能的集聚中心，着力增强长三角南部门户城市功能要素配置，提升城市服务辐射功能能级。

作者：丁国杰　王诗悦

崇明区:生态岛引领绿色转型,
距世界级仍有不小差距

　　崇明是世界上最大的河口冲积岛和中国第三大岛,承载了上海最为珍贵、不可替代、面向未来的生态战略空间。崇明定位为建成世界级生态岛,在硬核产业方面并不具备优势,似乎也与未来产业的发展相去甚远,然而在数字化和绿色化引领下,崇明有望结合自身资源走出一条引领未来变革的创新之路,以未来技术赋能引领现代农业蝶变、绿色低碳转型和船舶海工升级,筑牢生态底盘,转化生态优势,打造世界级生态岛的创新增量和特色品牌。

一、独特的区位、空间和生态优势绘就特色优势产业

　　地处长江入海口的崇明历经 20 多年的努力,生态建设已颇具成效。近年来,崇明持续加大科创赋能产业发展的力度,在细分产业赛道形成了自身的优势特色,总体表现在以下三个方面。

(一) 海洋装备产业高度集聚

　　位于崇明的长兴岛是我国规模最大、设施最先进、最具国际竞争力的造船基地之一,2018 年入选首批国家海洋经济发展示范区,集聚了江南造船、中远海运、振华重工、沪东中华四大央企,在世界最大的标准集装箱船、"雪龙 2"号极地科考船、LNG 液化天然气船、全球最大的龙门吊、3600 车汽车运输船等世界高端船舶制造和港口机械制造等领域领跑世界。在平台载体方面,崇明区长兴产业园区入选上海市第二批 14 个特色产业园区,引进了上海船舶运输科学研究所国家重点实验室、中国船舶重工集团公司第七〇四研究所、上海交通大学海洋实验室等一批知名海洋科研机构和基地,复旦大学、哈尔滨工业大学等知名院校将在园区建立创新平台,临港长兴科技园、长兴海洋科技港二期等平台建设正稳步推进。

（二）现代都市农业处于领先地位

崇明是上海最大的绿色农业发展空间。近年来，崇明先后获评国家现代农业示范区、国家农产品质量安全县、全国首批农业绿色发展先行区，农业绿色发展指数连续两年位列全国第一。崇明区不断推进农业科创岛建设，组建了崇明生态农业科创中心理事会、中荷农业食品研究院、中以现代农业研究院，落地建设中国农业绿色发展研究会崇明实验站、全国农业科技成果转移服务中心崇明分中心、国家种业科技成果产权交易中心崇明分中心等平台，携手上海市农业科学院、上海海洋大学、上海交通大学共同成立了崇明农业科创联盟，崇明农业科创硅谷揭牌成立。积极培育打造新型农业经营主体，累计培育国家级示范合作社 34 家、国家级龙头企业 1 家、市级龙头企业 5 家、家庭农场 474 家、博士农场 20 家。农业全球招商成果显著，引进了正大崇明 300 万羽蛋鸡场、由由崇明中荷现代农业创新园、兰桂骐现代农业基地等一批重大农业产业项目。

（三）绿色低碳率先示范、先发引领

一直以来，崇明都处于绿色低碳的领先地位，在各个方面做出了积极探索。2022 年，崇明区率先发布全国首个碳中和示范区建设实施方案，明确崇明岛建设碳中和岛、长兴岛建设低碳岛、横沙岛建设零碳岛，勾勒了未来的发展格局。在创新载体建设方面，崇明与同济大学合作成立碳中和学院、同济崇明碳中和研究院，引入上海碳中和技术创新联盟，设立上海长兴碳中和创新产业园等。在示范项目方面，2023 年长兴岛电厂 10 万吨级燃煤燃机全周期二氧化碳捕集与利用创新示范项目成功投入试运，该项目是国内首套 10 万吨级燃机低浓度二氧化碳捕集装置，填补了国内空白。崇明首个长江口碳中和实验室在横沙岛先行先试，为碳汇农业提供数据支撑。第十届中国花卉博览会园区被评为全国首个碳中和园区。在应用场景方面，在上海率先实现新能源公交车和新能源出租车区域全覆盖，国内首艘超级电容新能源车客渡船"新生态"号投入运营，可再生能源装机量和发电量均居上海市前列。这些方面均显现崇明在绿色低碳道路上又开始了全新的探索。

二、生态岛建设距离世界级仍有不小差距

尽管崇明在生态岛建设方面持续布局、积极创新探索，但对标世界级生态

岛建设的目标要求,还有不小差距。崇明区整体的产业基础相对薄弱,在世界级和生态岛两大方面都还需要继续发力,具有世界级影响力和标识度的产业、项目以及标杆性、引领性的制度创新探索还比较少,生态岛的品牌效应还不够突出。

(一) 高技术船舶研制能力亟待提升

近年来,四大央企已成功研制多种高端海工装备,但在高技术高附加值船工研制方面还有很大提升空间。高技术船舶和海洋工程装备在设计、建造等环节的关键技术还存在"卡脖子"现象,如在设计方面,半潜式平台、浮式液化天然气生产储卸装置(FLNG)等浮式生产装备的设计能力没有真正得到国际市场认可,能够装船的系统设备也不多,一些国产化钻井系统由于测试周期较长,真正进入应用的仍然较少。在建造方面,江南造船建造的"雪龙2"号仅为抗冰型破冰船,对核动力级别重型极地破冰船的研制仍需加快突破;相比韩国、新加坡的主要海工装备建造企业,中远海运等央企在高附加值的工程项目总包能力方面还有差距。

(二) 现代农业的科技含金量还不高

近年来,崇明大力推进农业数字化转型,农业科技现代化水平得到显著提升,但仍然存在很多短板。高能级农业科创主体集聚度不够,代表未来新型农业发展方向的国家级龙头农业企业和市级龙头农业企业较少。现代农业产业链亟待强化,目前全区在育种生产、农机装备、现代化养殖、加工储存、品牌营销等环节存在一定的短板,种业、智慧、装备、低碳等农业关键核心技术有待进一步突破。农业专业人才相对较少,截至2022年底,崇明区累计认定5 514名新型职业农民,约占全市的23%。与全球知名的现代农业强国荷兰相比,在有影响力的特色农业品牌、规模农业发展、现代化农场建设以及整体的农业生态环境方面都相去甚远,总体还缺乏具有世界影响力的农业标杆项目。

(三) 绿色低碳前瞻引领度还不够

尽管崇明在绿色低碳的示范应用方面走在上海前列,但与打造世界级生态岛碳中和示范区的高标准高要求还有较大差距。目前,碳捕获、利用与封存技术与国际先进水平还存在一定差距,应用领域、范围场景和效果效应都还不够,低碳社区、低碳发展实践区、近零示范区建设进度需要加快,在绿色低碳国际标准的参与、制定实力和话语权等方面整体偏弱，引领性和示范性不足，也制约了崇明生态岛的影响力。在新能源应用方面，深远海风电开发建设也亟须提速。此外，目前全区工业节能降耗任重道远，能源消耗量巨大的船舶制造企业给全区完成能耗"双控"目标带来较大压力。

三、以未来技术打开世界级生态岛无限想象空间

崇明区的产业发展既面临新的世界级生态岛的长远发展目标，也肩负着国家海洋产业的发展使命。新时期崇明区高端制造业能级还需进一步提升，生态优势转化为经济社会发展优势的步伐需加快。

（一）聚焦农业科创岛，打造国际一流未来农业

崇明作为农业大区，发展未来农业是提升全区农业现代化水平的必由之路。下一步可强化数字赋能设施农业，支持大数据、虚拟现实、深度学习、物联网、北斗、5G 等前沿技术在无人驾驶拖拉机、农业机器人、无人机等智慧农机终端的融合应用，推动智慧设施全面赋能作物种植、水产养殖、产销等环节。加快建设一批全年生产、立体种植、智能调控的智慧温室和植物工厂等高端生产设施，推进工厂化繁育和养殖车间等基础设施提升，集成各种智能化精准作业装备，搭建物联网系统。支持农业领域重点企业与上海市农业科学院等开展广泛合作，提升上海设施农业的国际竞争力。崇明区在白山羊、沙乌头猪、清水蟹等特色种源开发方面已经取得一定成绩，下一步要加快发展基因编辑育种和合成生物种育等颠覆性技术，前瞻布局一批具有国际一流水平、多学科交叉集成、提供服务支撑的生物育种科技创新平台。做优做强特色种源产业，支持光明集团等龙头种企积极参与全球合作和竞争，围绕关键核心技术开展联合攻关，探索打造国家级现代种业创新区。依托农业科创硅谷，借助国家农业现代化示范区、国家现代农业产业园等建设契机，下一步还应加大力度，招引更多国际国内农业龙头企业和高素质复合型人才，培育更多高技能人才。

（二）聚焦高端、"卡脖子"技术，打造国际一流船海装备高地

海工装备产业已经成为崇明区的一张重要的产业名片，也是上海建设具有全球影响力的科技创新中心和国际航运中心的重要支撑。下一步应支持四大央企加快布局智能化制造模式，推动船舶与海工装备设计、制造、运维服务技术

向智能化升级,联合上海船舶运输科学研究所国家重点实验室、中国船舶重工集团公司第七〇四研究所等科研机构以及中小科创企业面向船舶智能系统、智能航行、无人驾驶、岸基远程驾控、探测控制元器件、智能软件研发等领域开展关键技术联合攻关。目前我国在极地运输船用钢、高强度止裂钢等领域已经打破国外垄断,下一步应支持海工装备龙头企业联合建设海洋材料数据库和共享平台,探索制定高端海洋材料的国内和国际标准。支持船企加强与宝物特钢等材料企业、科研机构、船级社和协会开展深度合作,加快突破高端树脂和复合材料、深海钻探材料、深海高强不锈钢、水下电力连接材料以及高性能传感器用材料等关键材料及部件,支持中低端船用新材料产品提升材料综合性能。在未来空间产业方面,支持龙头企业提升深海探采水平,加快布局深海智能采矿装备、海底铺缆装备、跨海重型清淤装备、深水和超深水大型浮式生产储卸油装置、深水半潜式生产平台、大型液化天然气浮式生产储卸装置、极地浮式矿产开发船、极地油气钻井平台、重型极地破冰船、LNG 动力破冰船等新型船海装备。

(三)聚焦"双碳"目标,打造国际一流绿色低碳前瞻引领区

崇明已经建设了一批国家级、市级绿色低碳重点示范项目,为抢抓发展新动能,下一步可以依托碳中和研究院、碳中和技术创新联盟等平台载体,加强与国家林业和草原局、中国科学院、同济大学等机构的交流合作,超前部署低成本低能耗的二代捕集、海底封存、直接空气碳捕集、生物质碳捕集和贝类固碳技术等前沿技术,加快扩大这些技术的应用场景。开展近零碳排放区示范工程,率先建设一批绿色低碳智慧园区、零碳园区、零碳工厂、零碳数据中心等标杆项目。围绕高端海工装备、现代农业,探索打造市级绿色低碳特色产业园区。支持碳监测、减碳、固碳、碳利用等较为成熟的低碳技术在绿色交通、绿色建筑、绿色农业、公共机构等领域更广泛地开展示范和应用。

作者:许倩茹

第三部分

未来产业潜力之城

GDP 前 25 城的未来产业潜力评价

当下,未来产业的发展正受到各方广泛关注,从国家层面到地方层面,均在积极前瞻布局,谋划未来产业发展。2023 年 9 月,习近平总书记在黑龙江主持召开新时代推动东北全面振兴座谈会时强调,积极培育未来产业,加快形成新质生产力,增强发展新动能,进一步引起各地对未来产业的高度关注。为客观评价各地未来产业的发展潜力,上海中创产业创新研究院编制并发布了《未来产业潜力指数报告——未来潜力 TOP25 城》,该报告是国内首份全国层面的未来产业研究报告。

该报告通过构建创新策源能力、产业硬核能力、企业成长潜力、孵化加速能力、综合环境生态 5 个维度 19 个指标的评价体系,对全国 GDP 排名前 25 城未来产业的潜力进行了综合评价,并形成了 25 城的具体画像,为相关城市未来产业发展提供参考和启示。本文为系列文章第一篇,重点介绍报告的总体框架、评估方法以及综合结论。

一、构建未来产业潜力指数"1＋5"评价体系

未来产业发展潜力指数由 1 个综合指数、5 个分指数和 19 个二级指标构成。1 个综合指数是未来产业潜力综合指数,5 个分指数分别为创新策源能力指数、产业硬核能力指数、企业成长潜力指数、孵化加速能力指数、综合环境生态指数。19 个二级指标主要包括官方统计指标(城市发明专利授权量、国家级企业技术中心数量等)、权威机构各类榜单指标(如潜在独角兽企业数量、营商环境、算力供给度等)以及与专业数据机构合作进行大数据挖掘后梳理汇总的若干新型指标(如行业专利数、获得风险投资金额、城市未来产业关注度等)三大类。

创新策源能力指数主要评价一个城市对原始创新、研发投入、创新人才和原创科技成果的支撑能力。其中,原始创新主要通过与未来产业相关的优势学

科总数、重大科技基础设施两个指标来衡量;研发投入采用研发经费占 GDP 的比重这一常规指标进行评价;创新人才通过研发人员数量、两院院士数量、科技创新领军人才等人才规模进行综合反映;原创科技成果通过城市近三年发明专利授权总数进行衡量。

产业硬核能力指数主要评价与未来产业相关的主要领域发展基础和潜力。考虑到未来产业很多是现有战略性新兴产业的延伸和升级,采用各城市国家级战略性新兴产业集群数、战略性新兴产业产值占规上工业总产值的比重两个指标反映未来产业的发展基础;科创板基本属于智能、健康等硬核产业领域,科创板上市企业也是衡量产业硬核能力和潜力的一个重要指标;此外,产业硬核能力还反映在新兴领域的创新能力上,重点通过国家级企业技术中心数以及未来产业相关行业发明专利数进行反映。

企业成长潜力指数主要评价一个城市拥有创新成长型企业的数量和发展情况。考虑到未来产业市场主体以具有较大发展潜力的初创企业为主,重点通过城市潜在独角兽企业数量、融资排行榜前列的初创企业数量、初创企业发明专利申请量三个指标进行衡量。

孵化加速能力指数主要评价一个城市孵化、培育新兴产业和未来产业的能力。其中,通过国家级孵化器数量反映孵化培育未来产业的空间、能级和专业服务水平,通过获得风险投资的企业数量、获得风险投资金额两个指标反映风险投资的活跃度和对未来产业的资金支持。

综合环境生态指数重点衡量一个城市的产业生态环境与未来产业发展的匹配度,选取的指标除了各城市综合营商环境排名外,还结合未来产业的特点引入未来产业关注度这一指标,重点体现一个城市对未来产业的重视程度、顶层设计能力和布局推动力度等。同时,考虑到未来产业各个领域对芯片、算力等方面的基础性需求,引入新型算力供给度这一指标来反映数字新基建等方面对未来产业发展的基础支撑。

根据德尔菲专家打分法,对 5 个一级指标和 19 个二级指标赋予相应的权重,指标数据经标准化处理后,采用国际通用的综合指数评价法进行指数合成,计算出各城市 5 个分指数和总指数,并进行评价分析。

二、25 城未来产业潜力:京沪深位于第一方阵,总体梯度格局明显

根据指数结果,北京、上海、深圳 3 个城市的未来产业潜力指数排在前三

位(见图 1),其中北京以 96.0 分排在首位,上海次之,得分为 89.5 分,两者
遥遥领先,深圳得分接近 80 分。广州、杭州、苏州、南京、武汉、成都、合肥七
座城市属于第二梯队,指数得分均高于 60 分,反映在未来产业发展方面具有
较大的潜力。剩余 15 个城市属于第三梯队,指数得分均在 60 分以下,与北
京、上海等一线城市相比潜力差距较为明显,本身也存在较大程度的分化。
分区域来看,指数得分居于前 10 的城市中,长三角城市占据五席,说明长三
角地区未来产业发展潜力领先。城市未来产业发展潜力与城市综合实力相
关度总体较高,但也有部分城市指数排名与 GDP 位次背离,其中合肥、西安
两城指数排名分别为第 10、11 位,均比 GDP 排名高出 11 位,未来产业潜力
可期。

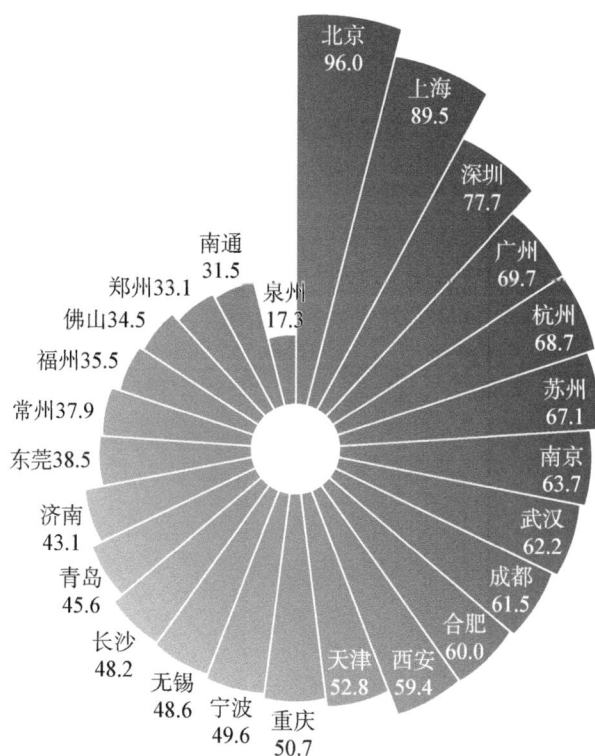

图 1 25 城未来产业潜力综合指数得分情况

三、分指数：一线城市与强省会城市总体占优，
传统制造业强市亟须提升创新驱动能力

（一）创新策源能力指数：各城市基础研究能力差距明显

25 座城市中有 10 座城市的创新策源指数分数超过 60 分，占比达到 40%（见图 2）。其中，北京在创新策源方面处于全国标杆地位，得分最高；上海、深圳和西安处于第二梯队，作为综合性国家科学中心，创新策源能力得分均达到 70 分以上；第三梯队为武汉、南京、杭州、广州、合肥、成都六座城市，作为省会城市，与同省的其他城市相比，创新资源相对集聚，得分为 60～70 分。

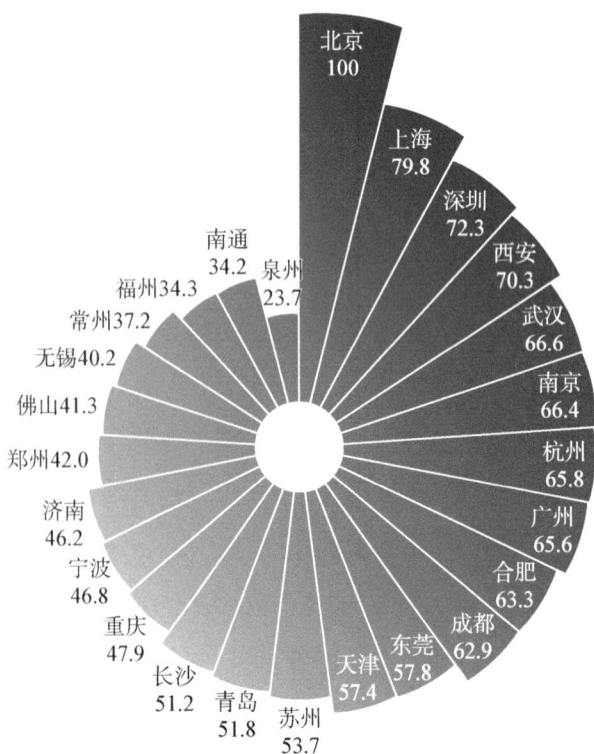

图 2　25 城创新策源能力指数得分情况

（二）产业硬核能力指数：产业集群和创新企业是产业硬核能力的关键

上海、北京超一线城市凭借各类要素资源优势，产业硬核能力位居前两名（见图 3），得分均超过 90 分，远超其他城市。深圳、合肥、苏州位居第二梯队，尤其是合肥，以 72.9 分位居第四名，这得益于合肥近年来量子科技、新能源汽车、智能语音、新型显示等硬核产业的快速发展。杭州、武汉、成都、广州、西安五座省会城市分别位居第 6～10 名，处于第三梯队，其中成都、西安是唯二的位居 TOP10 的西部城市。一些传统制造强市得分并不理想，如宁波、常州、东莞、佛山等，未来产业潜力偏弱，得分与其他城市差距较大。

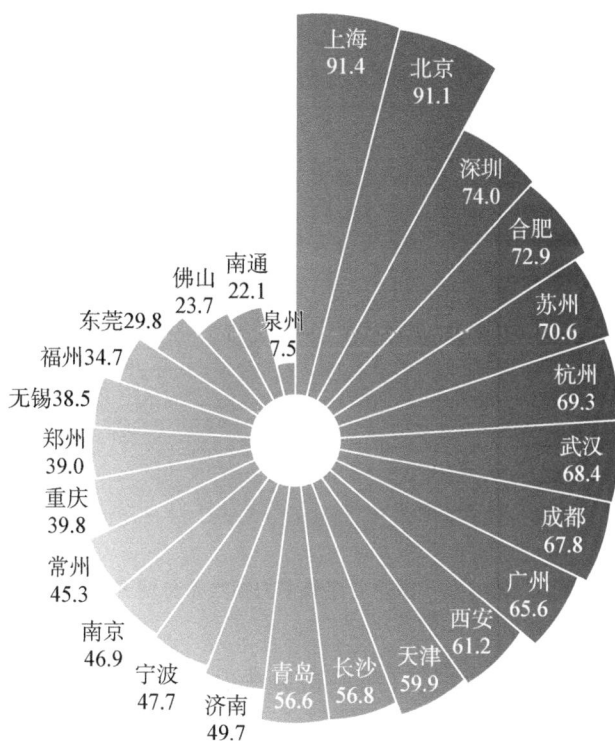

图 3 25 城产业硬核能力指数得分情况

（三）企业成长潜力指数：各城市分化明显，集聚潜力种子是重要路径

GDP 前 25 城分化较为明显，最高分与最低分相差较大。其中，北京、上

海、深圳的企业成长潜力保持领先,得分均在 80 分以上(见图 4)。除京沪深外,在得分 60 分以上的七座城市中,五座均来自长三角地区,其中江苏占三席且排名整体较为靠前,浙江占两席,另外合肥也表现突出。下一步,这些城市如何充分结合本地产业优势特色,集聚更具成长空间的优质企业,为当地产业发展培育"领头羊",注入"新活水",显得尤为重要。

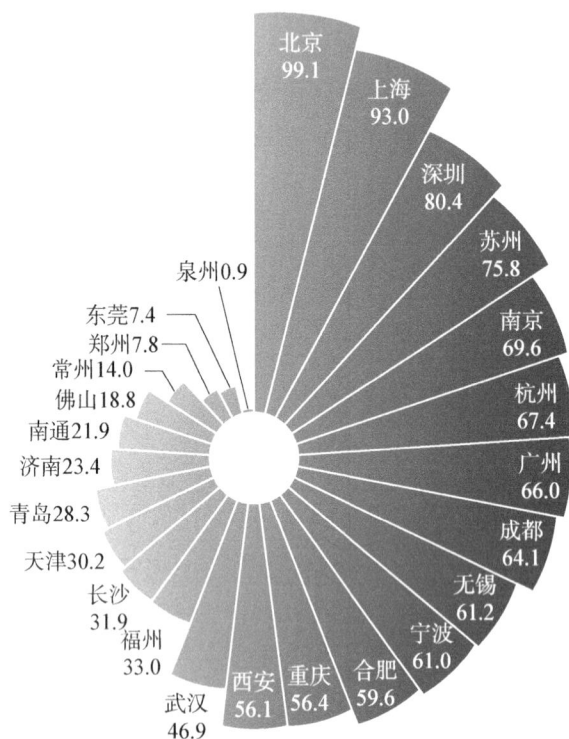

图 4　25 城企业成长潜力指数得分情况

(四)孵化加速能力指数:长三角城市领先,标杆孵化器打造和资本助力是重要因素

从城市来看,北京、上海、深圳为孵化加速能力指数第一梯队(见图 5)。杭州、广州、南京、武汉、苏州等城市指标得分均高于 70 分,位列第二梯队。西安、合肥、长沙、重庆、常州、天津、无锡、成都处于第三梯队。其余九座城市处于第四梯队,在未来产业孵化加速能力潜力方面差距较大。从区域来看,排名前八位的城市中,半数来自长三角区域,长三角未来产业孵化加速能力领先优势明

显。粤港澳地区次之,环渤海区域相对较弱,除北京排名第一位以外,其他城市排名靠后。

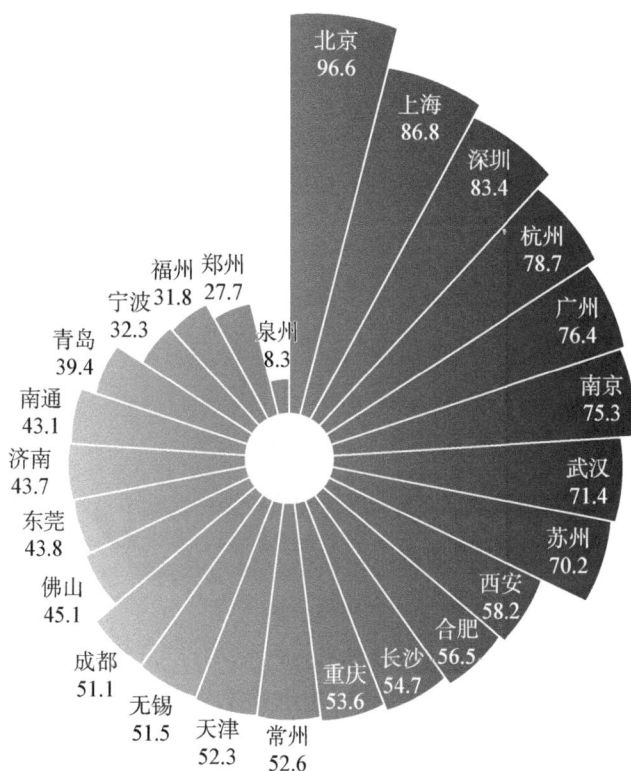

图 5 25 城孵化加速能力指数得分情况

(五) 综合环境生态指数:头部城市与 GDP 排名较为一致,营造宽松环境是未来产业发展关键

综合环境生态指数得分在五大分指数中整体偏高,平均得分为 57.80 分,反映出在经济总量达到一定规模后,营造更加公平公正、便捷高效、更具竞争力的产业发展生态环境已成为各城市实现高质量发展的共识。得分排名前 10 的城市,其 GDP 规模也基本排在前 10 位,仅重庆、武汉掉出前 10 位。得分高于平均分的 10 座城市大部分位于沿海地区(见图 6),如长三角地区占五城,广东占两城。而得分较低的城市多来自内陆及北部,与综合经济实力以及对营商环境的认知保持一致。

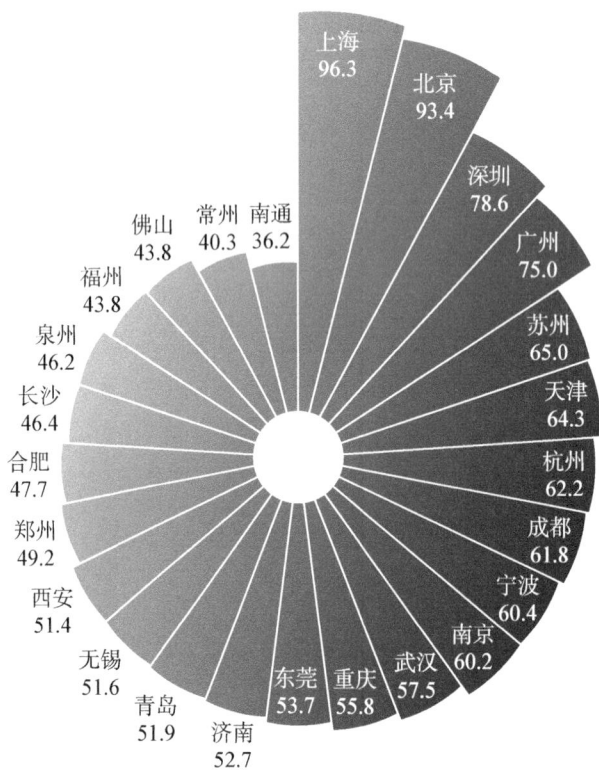

图6　25城综合环境生态指数得分情况

作者:唐丽珠

北上广深，谁是未来产业潜力 No.1

北上广深，作为国内顶尖的四大城市，在城市综合实力和国际竞争力方面，无疑是国内翘楚，也是我国参与国际竞争、能够在全球城市架构体系中占据一席之地的引领性城市，各方面的发展优势均十分明显。那么，四大城市在未来产业发展方面潜力如何，在面向未来、引领未来的前沿产业布局方面，四大城市又有哪些可圈可点之处，面临哪些不足和短板，这无疑也是四大城市在未来产业这一赛道上必须思考的命题。

一、北京：创新策源的首善之区，未来产业潜力综合优势突出

总体来看，北京在未来产业发展潜力指数方面总体领先，位列城市排行榜的第一位，综合指数达到 96.0 分（见图 1）。北京在创新策源能力、企业成长潜力、孵化加速能力三个分指数方面排在各城市的首位，同时在产业硬核能力、综合环境生态方面与排在第一位的上海差距非常小，显示出未来产业发展总体领先的综合竞争优势。

创新策源能力方面，北京呈现出绝对的领先优势，优势学科、行业发明专利数、研发投入强度、人才规模和重大科技基础设施布局 5 个分指标均位列各城市首位，显示出北京在基础研究领域强大的积淀优势。而未来产业发展尤其依赖基础研究的创新突破，北京丰富的高校和科研院所资源、高层次人才资源，以及国家级大科学装置布局的优势，使其在未来产业的创新策源方面形成了其他城市无可比拟的优势，如北京拥有全国数量最多的一流高校，仅北京大学和清华大学与未来产业相关的一流学科就分别有 18 个和 17 个，二者其中任何一个的优势学科数已经超越了除上海和南京的全部城市。此外，北京的研发经费投入强度达到 6.53%，全国居首。

北京的产业硬核能力弱于上海，在未来产业重点领域的发明专利、国家级

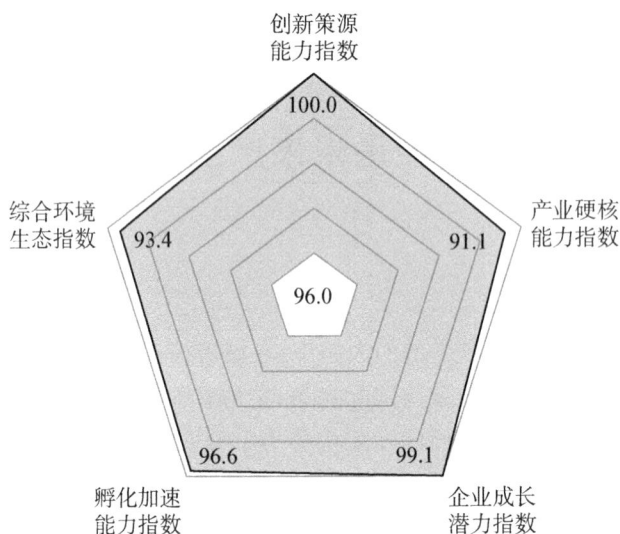

图 1 北京未来产业潜力指数得分

企业技术中心方面居于首位,科创板上市企业数量位居第二,仅次于上海;战略性新兴产业占比相对落后,排在 25 城中的第 13 位,拉低了北京在产业硬核能力方面的分数。

北京在企业成长潜力方面居于国内城市首位,其中,潜在独角兽和成立三年内获得融资的初创企业数量均位居国内城市第一,成立三年内初创企业发明专利申请量位居第二,显示出北京在未来产业领域的企业具有较强的成长潜力。

孵化加速能力总体领先,北京国家级孵化器、获得风险投资企业数量两项指标均位列国内城市首位,获得风险投资金额位列第二,与深圳有一定差距,显示出在未来产业赛道的融资环境方面活跃度还要加强。总体上,北京在未来产业的孵化加速方面具有较强的领先优势。

北京在综合环境生态方面略逊于上海,在未来产业发展非常依赖的城市算力基础设施方面领先于国内其他城市;对未来产业的谋划略滞后于上海。北京发布了《北京市促进未来产业创新发展实施方案》,着手布局未来信息、未来健康、未来制造、未来能源、未来材料、未来空间六大领域 20 个细分赛道,开始在未来产业领域发力;北京在城市综合营商环境方面与上海也有一定差距。综合来看,整体的未来产业发展环境略逊于上海。

二、上海:硬核产业的创新高地,企业成长潜力和孵化加速能力有待增强

总体来看,上海表现不俗,位列综合指数榜单的第二,综合指数为 89.5 分(见图 2),并且产业硬核能力和综合环境生态两个分指数位列各城市首位,显示出上海在未来产业发展的衍生基础方面具有较强的竞争优势,具备发展未来产业的良好环境,总体呈现出较强的综合竞争力。

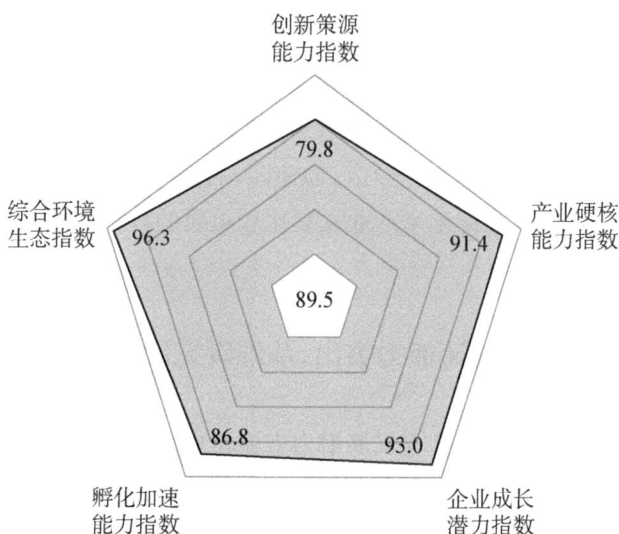

图 2　上海未来产业潜力指数得分

从具体分指数来看,上海在创新策源能力方面与北京有一定差距,位列第二,但是与北京相比差距比较明显(相差近 20 分),尤其在优势学科、发明专利、国家科学技术进步奖的人才集聚方面处于劣势地位。而大科学装置方面,北京是 15 个,上海是 14 个,比北京略逊一筹;研发经费投入强度为 4.21%,位列各城市第四,低于北京、深圳、西安。

产业硬核能力方面,上海以微弱优势领先北京,处于榜单的第一位,拥有 4个国家战略性新兴产业集群,科创板上市企业达到 79 家,位于全国第一。在战略性新兴产业集群占比方面领先北京,而在国家企业技术中心数量、未来产业代表领域的发明专利方面与北京有一定差距,说明上海在未来产业细分领域的

创新能力还有待加强。

企业成长潜力与京深相比各有千秋,上海潜在独角兽企业数量、成立三年获得融资的初创企业数量少于北京,但成立三年内初创企业发明专利申请量处于第一位,说明上海前沿新兴产业领域的初创企业具有较强的创新能力,但潜在独角兽企业方面还需进一步努力。

孵化加速能力与京深略有差距,上海国家级孵化器数量、获得风险投资企业数量都位列全国第二,但企业获得风险投资金额排在第三位,显示出上海在未来产业细分领域的融资环境方面还有不足,活跃度要进一步提升。总体上,上海未来潜力企业的孵化加速能力还有待提升。当前,上海正在加大标杆孵化器的打造力度,着力弥补在孵化加速环境方面的短板。

综合环境生态领先优势明显,上海占据各城市首位,营商环境优势非常明显,对各领域的企业形成了较强的吸引力;对未来产业的提前谋划能力总体较强,已经先行布局了未来产业先导区、加速园,启动未来之星大赛,实质性地推动未来产业布局,但在支撑未来产业发展比较重要的算力供给能力方面与北京有一定差距。

三、深圳:孵化加速能力突出,基础研究创新策源有待提升

总体来看,深圳在未来产业发展潜力方面位居前列,仅次于北京和上海,位列城市排行榜第三,综合指数达到 77.7 分(见图 3)。在创新策源能力、产业硬核能力、企业成长潜力、孵化加速能力、综合环境生态五个分指数方面均排在 25 个城市中的第三位,均与其 GDP 排名相当,总体反映出深圳的未来产业潜力与综合实力高度匹配。

从具体分指数来看,在 19 个二级指标中,深圳有 14 个指标进入前四名。反映出在这些维度深圳具有极强的竞争优势。其中,创新策源能力赢在企业、输在基础研究能力,深圳的发明专利授权量、研发经费投入强度均位居第二,人才规模排在第四位;但是在优势学科、重大科技基础设施方面与京沪差距明显,甚至弱于很多省会城市,均排在第 10 位以外,显示出深圳的基础研究策源能力并不具备竞争优势,仍需重视并加强在基础研究领域的布局,在教育、人才方面需要提供更加强有力的支撑。

产业硬核能力居于前列,未来智能和未来健康潜力突出,深圳拥有 3 个国家级战略性新兴产业集群,新兴产业发展基础较好,具有较强的竞争优势;拥有

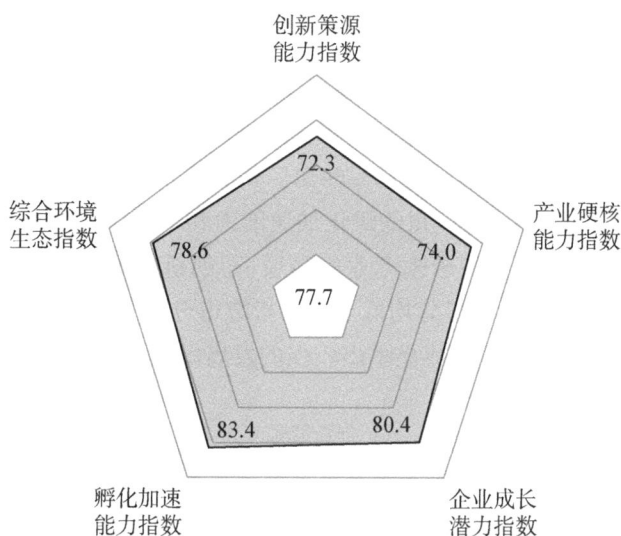

图 3　深圳未来产业潜力指数得分

未来产业细分领域行业发明专利数排名第三,尤其是未来智能发明专利仅次于北京,优势比较明显;拥有 39 家科创板上市企业,位居第四,但国家级企业技术中心数量排在第 13 位,优势并不突出。基于强大的战略性新兴产业集群基础和龙头企业优势,总体上深圳在未来智能、未来通信、未来健康领域具有明显的潜力优势。

企业成长潜力在 5 个分指数中优势最为明显,深圳的所有二级指标均排名前四,潜在独角兽企业数量达到 59 家;成立三年内的初创企业发明专利申请量达到 638 个,位居第三,表现出较强的企业成长潜力。

孵化加速能力表现突出,深圳获得风险投资金额位居榜首,获得风险投资的企业数量位居第三,反映出深圳在推动初创企业的孵化加速能力方面表现突出,为企业提供了良好的融资环境和孵化加速环境。

深圳在综合环境生态方面,城市营商环境排名第二,仅次于上海;算力供给度得分排名第四;对未来产业的布局也相对较早,2022 年出台《深圳市培育发展未来产业行动计划(2022—2025 年)》,明确了未来将要重点发力合成生物、区块链、细胞与基因、空天技术、脑科学与类脑智能、深地深海、可见光通信与光计算、量子信息八大产业。

四、广州:各方面能力相对均衡,总体地位与GDP实力相当

总体来看,广州未来产业潜力综合指数得分为 69.7 分(见图 4),位列第四,比 GDP 排位(第 5 位)低一位,反映出广州的未来产业发展潜力与城市综合实力相当。5 个分指数中,广州的孵化加速能力和综合环境生态指数分别排名第五和第四,这是广州发展未来产业的强项;而创新策源能力、产业硬核能力、企业成长潜力三个分指数得分均低于综合指数得分,排名也低于 GDP 排位,但是所有指数均位居前 10,总体显示出较强的发展潜力。

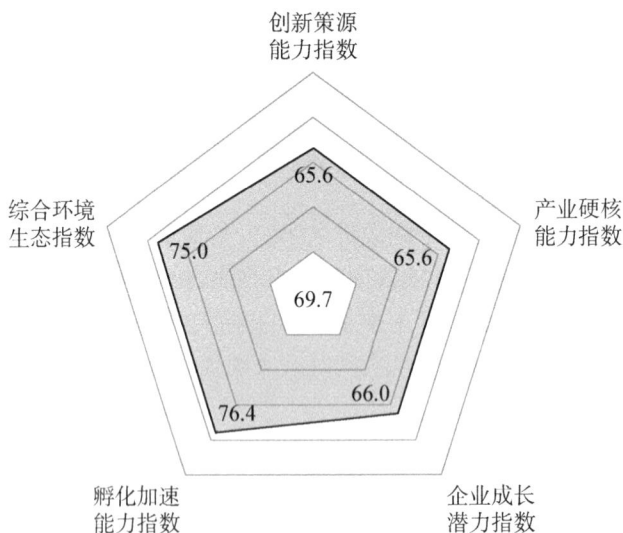

图 4　广州未来产业潜力指数得分

从具体分指数来看,在 19 个二级指标中,广州有 9 个指标进入前五位,反映出广州在这些维度具有较强发展潜力。具体来看,在创新策源方面,研发投入力度需加大,广州凭借省会城市高校院所集聚的优势,拥有 15 个优势学科、7 个重大科技基础设施;人才规模位居第三,发明专利授权量位居第五,为未来产业的创新策源奠定了扎实的基础,但研发经费投入强度仅为 3.12%,位居第 15,远低于其他一线城市,拉低了创新策源能力的整体得分。

产业硬核能力领先,在未来健康和未来能源方面有一定优势,广州行业发明专利数位居第五,在未来健康、未来能源领域具有一定优势,尤其在新型储能

领域优势突出；拥有生物医药、智能制造两个国家级战略性新兴产业集群，10家国家级企业技术中心，排名第十；但其战略性新兴产业占比居第14位，排名较为靠后。

企业成长潜力中初创企业创新能力有待加强，潜在独角兽企业数量、成立三年内且获得过融资的初创企业数量排名优于企业成长潜力指数排名，但成立三年内的初创企业发明专利申请量排名第十，明显落后，需进一步提升研发产出水平。

孵化加速能力在5个分指数中表现最为突出，广州拥有54家国家级孵化器，排名第五；获得风险投资金额、获得风险投资企业数分别居第六、第七位，与孵化加速能力指数排名相当。

在综合环境生态指数中，广州所有分指标均排名前五位，算力供给度、城市营商环境、未来产业关注度分别排在第三、第四和第五位，反映出广州的综合环境生态支撑力度较强，指数得分与深圳相差不大，但与北京、上海相差较大。

总体来看，四大城市在未来产业发展方面均具备不同的潜力和突出亮点，在全国居于引领地位，但也有需要提升的短板和不足。具体来看，北京需要进一步提升产业硬核能力，改善未来产业的环境；上海需要着力提升创新策源能力、企业成长潜力、孵化加速能力，尤其要发挥大科学装置和基础研究特区的作用，加快培育高增长企业，并着力打造标杆孵化器，提升企业孵化加速能力；深圳需要着力提升基础研究的策源能力，补好创新资源短板；广州则需要在各个维度持续发力，重点加大研发经费投入强度，加快发展战略性新兴产业，加快国家级企业技术中心的培育，提升初创企业的创新能力，努力缩小与其他城市的差距。

作者：丁国杰

长三角万亿俱乐部未来产业潜力大比拼

　　长三角是我国经济发展最活跃、开放程度最高、创新能力最强的区域之一。自长三角区域一体化发展上升为国家战略以来，苏浙皖各扬所长，实现高质量一体化发展。未来产业是建设现代化产业体系、抢占未来竞争制高点的关键布局，正受到各方广泛关注。国际国内市场竞争同步加剧时期，全国GDP排名前25城中除上海以外的长三角八大城市在面向未来新质生产力的布局比拼中谁是未来的潜力之星？如何充分发挥各地优势，抢占未来产业发展新赛道是长三角八大城市面临的新课题。图1展示了长三角八大城市未来产业潜力综合指数得分与GDP总值。

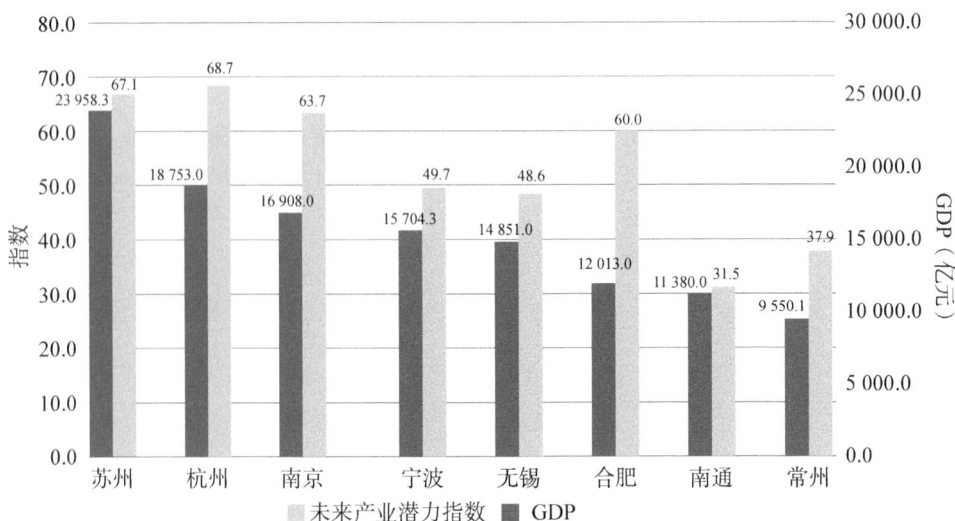

图1　长三角八大城市未来产业潜力综合指数得分与GDP总值

一、杭州：各方面能力相对均衡，总体地位优于 GDP 实力

总体来看，杭州未来产业潜力综合指数得分为 68.7 分（见图 2），在长三角八大城市中排名首位，在 25 城中排名第五，比 GDP 排名（第九位）高出四位，体现了杭州作为新一线领头羊城市在未来产业发展中的潜力。从指数结果来看，杭州孵化加速能力、创新策源能力、综合环境生态分别位居长三角八大城市第一、第二、第二，产业硬核能力和企业成长潜力均排长三角八大城市第三位，显示出杭州在未来产业竞争力各方面发展比较均衡。

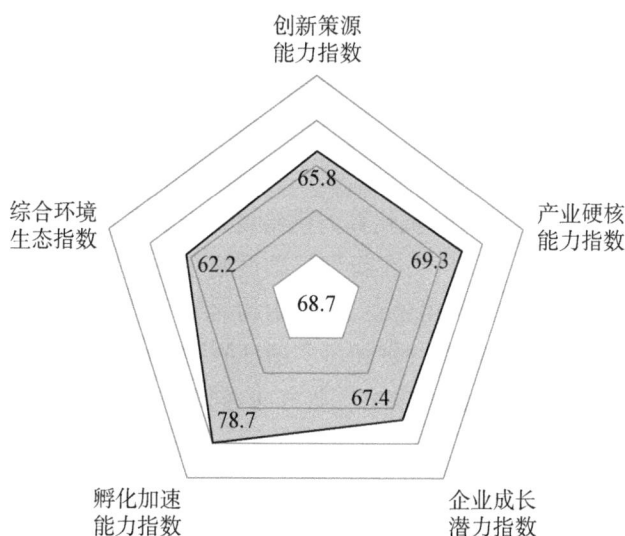

图 2　杭州未来产业潜力指数得分

创新策源能力略逊于南京，杭州发明专利授权量居长三角八大城市之首，研发经费投入强度达到 3.7%，略低于苏州（3.9%），创新人才规模及优势学科数（4 个）在长三角八大城市中均排名第二，但优势学科数远少于南京（23 个）；拥有 2 个重大科技基础设施（分别是超重力离心模拟与实验装置、超高灵敏极弱磁场和惯性测量装置），排名相对较为靠后，在长三角八大城市中排第四位，反映出杭州在基础研究方面略逊于南京。

产业硬核能力不及合肥、苏州，杭州在国家战略性新兴产业集群（2 个，分别是生物医药和信息技术服务）、未来产业重点领域发明专利、科创板上市企业

数量(27家)、国家级企业技术中心方面均居长三角八大城市第二位；战略性新兴产业占比(45.10%)相对落后，在长三角八大城市中排第四位，进一步拉低了杭州在产业硬核能力方面的分数。

企业成长潜力不及苏州、南京，杭州潜在独角兽企业数量(43家)、成立三年内初创企业发明专利申请量、成立三年内获得融资的初创企业数量分别居长三角八大城市第二、第三、第四位，企业成长潜力落后于苏州和南京；2023年，苏州阿特斯阳光、艾博生物、天瞳威视等10家企业上榜全球独角兽名单，涵盖新能源、生物科技、人工智能等领域；南京芯驰半导体、蓬勃生物、世和基因等8家企业也榜上有名。

孵化加速能力在长三角八大城市中总体领先，杭州拥有84家获得风险投资企业和57家国家孵化器，分别在长三角八大城市排名第一、第二，反映出杭州企业孵化加速具有明显的载体空间优势和专业服务优势；获得风险投资金额居长三角八大城市第二位，但位于25城第九位，说明长三角城市在企业平均估值方面低于其他城市。

综合环境生态不及苏州，杭州算力供给度基础良好，位居长三角八大城市之首，说明杭州依托阿里等巨头在新型基础设施布局方面表现突出；但城市未来产业关注度以及营商环境得分在25城中均居第十位以后，表明杭州亟须对标其他一线城市补齐短板，充分贯彻落实浙江省《关于培育发展未来产业的指导意见》，找到符合自身特色的未来产业方向，同时，要在优化营商环境方面下功夫，为未来产业发展提供土壤。

二、苏州：企业成长潜力和综合生态环境总体领先，创新策源能力有待增强

总体来看，苏州未来产业潜力综合指数得分为67.1分(见图3)，在25城中排名第六，与其GDP排名(第六)相当，总体反映出苏州的未来产业潜力与城市综合经济实力较为匹配。从分指数来看，企业成长潜力、产业硬核能力、孵化加速能力、综合环境生态表现较好，分别位居长三角八大城市第一、第二、第三、第一。相对而言，苏州创新策源指数排在25城第13位，长三角八大城市第四位，远低于其GDP排名，表明苏州产业发展方面实力较强，但原始创新策源方面还有待加强。

创新策源能力在长三角八大城市中相对领先，研发经费投入强度为

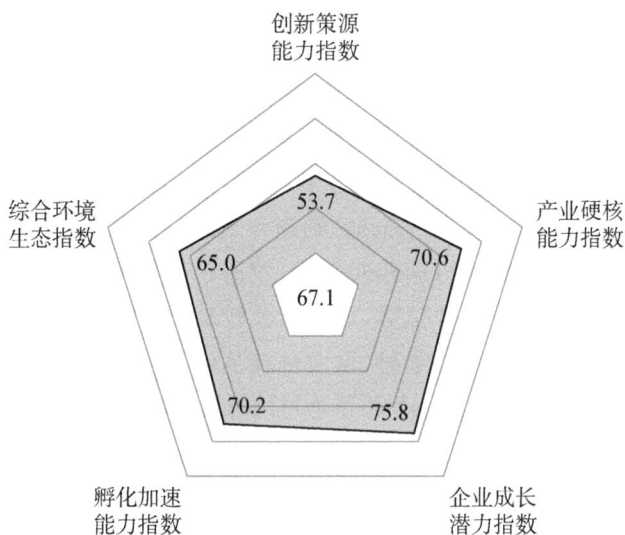

图 3 苏州未来产业潜力指数得分

3.9%,位居长三角八大城市之首,重大科技基础设施、专利授权量、创新人才规模、优势学科在长三角八大城市中排名第二、第三、第三、第四,落后于南京、杭州、合肥等省会城市,并且这些指标除研发经费投入强度之外均居 25 城第十位及以后,表明苏州整体创新策源基础还有较大提升空间。

产业硬核能力有一定优势,苏州战略性新兴产业产值占规上工业总产值的比重达到 55.7%,在 25 城中排名第一,同时科创板上市企业数位居 25 城第三,优势较为明显。苏州不仅在工业规模上实力突出,超过 2 万亿元,在发展质量上也极为卓越,新材料、高端装备制造、新型平板显示、生物医药等产值均超过 2 000 亿元,说明苏州在新兴制造业领域保持较强竞争力,但苏州具有竞争力的产业较为单一,仅有生物医药是国家级战略性新兴产业集群,国家级企业技术中心 32 家,在长三角八大城市中排名第四,与 GDP 排在其后的合肥存在较大差距,行业发明专利低于总体排名。

企业成长潜力位于长三角八大城市之首,苏州潜在独角兽企业数量达到60 家,在 25 城中排第三位,成立三年内且获得过融资的初创企业和成立三年内的初创企业发明专利申请量分别位居 25 城中第三和第六,显示出苏州企业成长潜力巨大,也说明苏州在未来产业企业潜力方面具备一定优势。

孵化加速能力不及杭州、南京,苏州拥有 61 家国家级孵化器,位居 25 城第三位,长三角八大城市首位;但获得风险投资企业数和获得风险投资金额分别居于长三角八大城市的第四和第六位,表明苏州创新创业载体空间充足,但创新创业企业数量不足,孵化加速能力不及杭州和南京。

综合环境生态总体领先,城市营商环境在长三角八大城市中排名第一。苏州出台了《关于加快培育未来产业的工作意见》,重点发展前沿新材料、光子芯片与光器件、元宇宙、氢能、数字金融、细胞和基因诊疗、空天开发、量子技术等细分领域,但在算力供给度方面相对落后,位居长三角八大城市第五。值得注意的是,苏州凭借新兴制造业优势,总体指数较高,但作为一般地级市,在科技创新方面显得先天不足,优势学科、重大科技基础设施以及国家级企业技术中心均排名靠后,需要借助上海、南京等地的科研资源赋能自身发展。

三、南京:部分指标潜力突出,产业硬核能力有待加强

总体来看,南京未来产业潜力综合指数得分为 63.7 分(见图 4),在长三角八大城市中排名第三,在 25 城中排名第七,比 GDP 排名(第十)高出三位,反映出南京未来产业发展具有较好的潜力优势。5 个分指数中,创新策源能力、企业成长潜力和孵化加速能力指数表现较好,在长三角八大城市中排位分别为第一、第二和第二,均高于综合指数位次。相对而言,产业硬核能力排在长三角

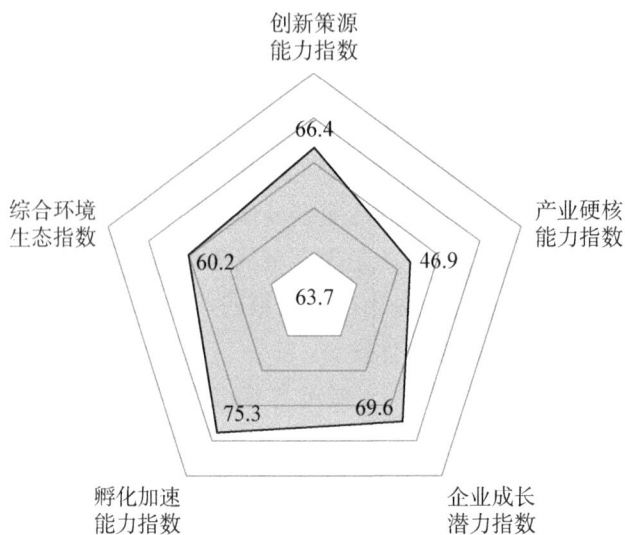

图 4　南京未来产业潜力指数得分

八大城市第五位、25 城第 16 位,反映出南京部分指标潜力优势较为突出,但产业硬核能力有待提升。

创新策源能力突出,南京堪称"国内高教第三城",共有"双一流"高校 13 所,其中与未来产业相关的优势学科有 23 个,排在 25 城第三位,仅次于北京和上海。创新人才规模也具有较强优势,排在 25 城的第五位。不过,南京重大科技基础设施目前仅 1 个,排在长三角八大城市第三位,这方面的布局还有待加强,总体来说南京创新策源能力较为突出。

产业硬核能力较弱,南京拥有 2.7 万项与未来产业相关的行业发明专利,位列 25 城第四,长三角八大城市第一,显示出未来产业相关领域创新布局能力较强。南京国家级战略性新兴产业集群数量、国家级企业技术中心数量两个指标排名分别在 25 城第 20 和第 18,长三角八大城市的第六和第五,显示出南京产业硬核能力较弱,有待进一步提升。

企业成长潜力和孵化加速能力均仅次于苏州,成立三年内且获得过融资的初创企业数量、成立三年内的初创企业发明专利申请量、获得风险投资企业数量、投资金额均排在 25 城第五位,高于综合指数位次,反映出南京未来产业领域一些创新创业企业吸引了风投的关注,企业拥有较高的成长潜力。

综合环境生态有待完善,南京综合环境生态排在长三角八大城市第四位,低于综合指数位次,城市未来产业关注度、算力供给度分别排在长三角八大城市第一位、第三位,表现尚可,但营商环境排在长三角八大城市第五位,拉低了综合环境生态指数得分。

四、合肥:产业硬核能力突出,综合生态环境有待完善

总体来看,合肥未来产业潜力综合指数得分为 60.6 分(见图 5),在长三角八大城市中排名第四,在 25 城中排名第十,比 GDP 排名(第 21)高出 11 位,与经济实力相比,合肥未来产业发展具有非常突出的潜力优势。5 个分指数中,产业硬核能力指数在 25 城中排第四位,在长三角八大城市中居首位,遥遥领先于其他 4 个分指数。创新策源能力、孵化加速能力、企业成长潜力分指数表现也较好,在 25 城中排名分别为第 10、第 10、第 11,在长三角八大城市中排名分别为第三、第四、第六。相对而言,综合环境生态分指数排在 25 城中第 19 位、长三角八大城市中第六位,在 5 个分指数中最低,主要受到城市未来产业关注度不高和营商环境的综合影响,表明合肥需进一步提升对未来产业的关注度,

完善适应未来产业发展的生态环境。

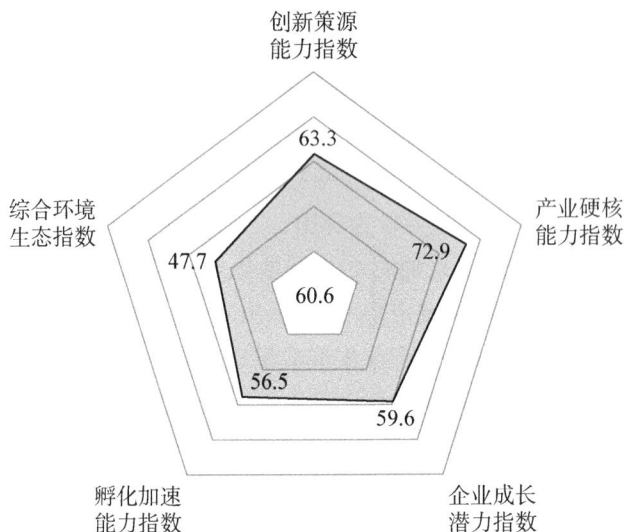

图5 合肥未来产业潜力指数得分

创新策源能力赢在基础研究,作为我国四大综合性国家科学中心之一,合肥建设了全超导托卡马克、同步辐射光源等10个重大科技基础设施,排名仅次于北京和上海,原始创新能力具有显著的领先优势。另外,合肥集聚了中国科学技术大学等一批高校院所,拥有10个与未来产业相关的优势学科,在25城中排名第八,长三角八大城中排名第三,显示出合肥基础研究的策源能力在长三角城市中具备竞争优势。下一步要加大研发经费投入强度(在长三角八大城市中排第四位,与排名首位的苏州仍有差距),更好地发挥创新策源功能。

产业硬核能力位于前列,未来智能潜力突出。合肥拥有新型显示、集成电路、人工智能3个国家级战略性新兴产业集群,和北京、深圳并列25城第三位。近年来,合肥量子科技、新能源汽车、智能语音、半导体、新型显示等硬核产业快速发展,尤其量子科技领域全球城市排名仅次于纽约,位居第二;战略性新兴产业占比超过50%,仅次于苏州,为发展未来产业提供了坚实支撑。科创板上市企业数量、国家级企业技术中心数量分别排在25城第六、第五位,在长三角八大城市中处于第三、第一位,优势较为明显。

潜在独角兽优势突出,但融资和专利反映的企业总体成长潜力不及无锡、宁波,合肥潜在独角兽企业数量达到17家,与南京相当,在长三角八大城市中居第一位。但成立三年内且获得过融资的初创企业数量及成立三年内初创企业发明专利申请量均排在长三角八大城市的第六位,企业成长潜力不及无锡、宁波。

孵化加速能力中孵化器能级有待提升,合肥近年来的新兴产业和企业的发展吸引了大量风投的关注,获得风险投资企业数量和投资金额排位均较靠前(分别排在 25 城第六、第 11 位,均排在长三角八大城市第三位)。相对而言,孵化器的孵化和服务能力略显薄弱,国家级孵化器数量不足 20 家,排在 25 城第 20 位,孵化器能级有待提升。

综合环境生态有待完善,合肥量子科技发展优势明显,量子算力位于全国前列,支撑其算力供给度排在 25 城第八位,在长三角八大城市中仅次于杭州。但合肥乃至安徽省尚未出台未来产业相关的规划或行动计划,未来产业关注度和城市营商环境分别排在 25 城第 22 和第 17 位,排在长三角八大城市第五和第七位,排名相对靠后,具有较大的改善空间。

五、宁波:综合环境生态较好,孵化加速能力有待提升

总体来看,宁波未来产业潜力综合指数得分为 49.6 分(见图 6),在长三角八大城市中排名第五,位列 25 城第 14,比 GDP 排位(第 12)低,反映出宁波未来产业发展潜力略低于城市综合实力。5 个分指数中,宁波的产业硬核能力和综合环境生态在长三角八大城市中分别排名第四和第三,是宁波发展未来产业的强项,创新策源能力和企业成长潜力在长三角八大城市中均排名第五,与综合指数在长三角八大城市中的位次持平,但孵化加速能力排在 25 城第 22 位,排在长三角八大城市最末,显示出宁波新兴产业和企业的孵化加速能力有待提升。

创新策源能力中研发经费投入明显不足,宁波拥有 1 个重大科技基础设施,排在 25 城第 10 位。但宁波缺少与未来产业相关的优势学科,同时研发经费投入强度排在长三角八大城市中最末,反映出宁波基础研究创新能力欠缺,研发经费投入不足。

产业硬核能力较好,未来材料与未来能源潜力突出,宁波集聚了 39 家国家级企业技术中心,主要集中在新材料、新能源汽车等领域,在长三角八大城市中仅次于合肥、杭州。战略性新兴产业占比在长三角八大城市中排第八位,科创板上市企业数仅 5 家,与 GDP 排在其后的无锡(12 家)存在明显的差距,表明

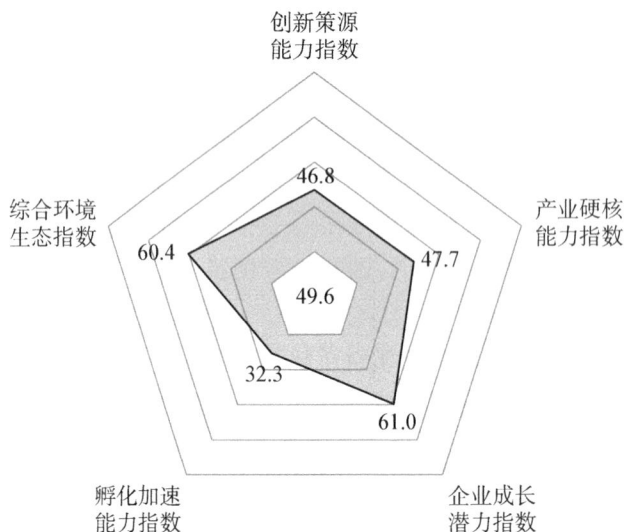

图6 宁波未来产业潜力指数得分

宁波新兴产业基础相对薄弱,创新型企业的引育能力有待提升。

企业成长潜力方面初创企业融资能力较强,宁波未来产业中成立三年内且获得过融资的初创企业数量排在25城第五位,在长三角八大城市中仅次于苏州、南京,显示出宁波未来产业初创企业具有较大的成长潜力。

孵化加速能力有待提升,宁波国家级孵化器数量为13家,排在25城第23位,长三角八大城市第八位,获得风险投资企业数量和风险投资金额排位均在25城第20、长三角八大城市第七,远低于GDP排名,成为宁波发展未来产业明显的薄弱环节,显示出宁波在专业的孵化能力方面还需要进一步加强。

宁波综合环境生态较好,未来产业关注度、营商环境和算力供给度均排在长三角八大城市第四位,显示出宁波综合生态环境对发展未来产业提供了较好的支撑。

六、无锡:企业成长潜力较大,创新策源能力和产业硬核能力有待提升

总体来看,无锡未来产业潜力综合指数得分为48.6分(见图7),在长三角八大城市中排名第六,位列25城第15,比GDP排位(第14)低一位,未来产业发展潜力与城市综合实力较为匹配。5个分指数中,企业成长潜力得分最高,

排在 25 城第九位、长三角八大城市第四位,企业成长潜力较大。综合环境生态、孵化加速能力表现尚可,分别在长三角八大城市中排第六、第五位。创新策源能力和产业硬核能力得分相对较低,排在 25 城第 20 位及以后。

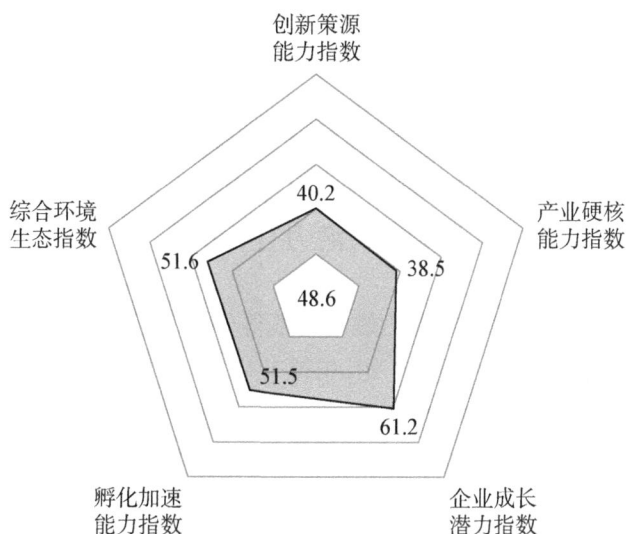

图7 无锡未来产业潜力指数得分

创新策源能力有待提升,5 个二级指标在长三角八大城市中均排第六位,其中研发经费投入强度达到 3.2%,在 25 城中排第 13 位,表现尚可,但优势学科和重大科技基础设施均处于空白状态,制约了无锡的原始创新能力,创新策源能力有待提升。

产业硬核能力方面,未来产业细分领域创新能力有待加强。无锡科创板上市企业有 12 家(排 25 城第 10 位),主要集中在集成电路、高端装备等领域,战略性新兴产业产值占比近 40%(排 25 城第 12 位),排名相对靠前,但在未来产业相关领域的发明专利、国家级企业技术中心数量上不占优势,表明无锡未来产业细分领域的创新能力有待加强。

企业成长潜力较大,潜在独角兽企业数量、成立三年内且获得过融资的初创企业数量分别排在 25 城第 10、第 11 位,均排在长三角八大城市第五位,分别优于 GDP 排在其前面的宁波、合肥,反映出无锡企业成长潜力较好。

孵化加速能力方面,融资环境有待优化,国家孵化器数量、获得风险投资企业数量排在前 15 位,但获得风险投资金额排在第 21 位,显示出无锡为企业提供的融资环境有待优化,孵化加速能力有待提升。

综合环境生态方面,需进一步加大对未来产业的关注和布局,无锡营商环境排在 25 城第七位,在长三角八大城市中仅次于苏州,远超出其 GDP 排名,在吸引要素集聚方面具备一定的竞争力。但未来产业关注度仅排在 25 城第 23 位,与无锡的综合实力和产业地位不太相符,未来需加大政策关注度,及早对未来产业进行布局,明确发展方向。

七、常州:产业硬核和孵化加速方面有一定优势, 企业成长潜力有待提升

总体来看,常州未来产业潜力综合指数得分为 37.9 分(见图 8),在长三角八大城中排第七位,位列 25 城第 20,相较于 GDP 排名最末(2022 年常州 GDP 总量为 9 550.1 亿元,略少于万亿元,但跻身全国前 25,具有较强的代表性,因此也将其纳入研究范围),常州未来产业发展潜力表现尚可。5 个分指数中,孵化加速能力得分最高,排在 25 城第 13 位、长三角八大城市第五位;产业硬核能力排在 25 城第 17 位、长三角八大城市第六位,优于综合排名;创新策源指数、企业成长潜力、综合环境生态指数排在 25 城的第 20 位之后,拉低了综合指数得分。

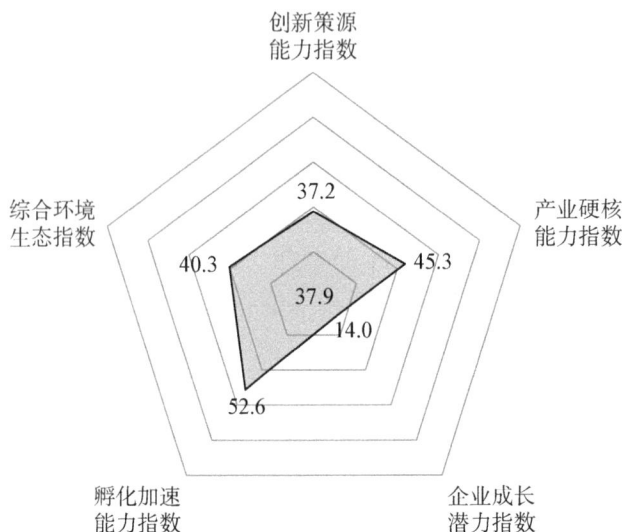

图 8 常州未来产业潜力指数得分

创新策源能力方面,创新产出成效亟须提升,常州研发经费投入强度为3.3%,在长三角八大城市中排名第五,但人才规模、发明专利授权量分别位居25城第23、第24,排名相对靠后,说明常州的科技创新的要素支撑和产出成效亟须提升。

企业成长潜力相对不足,潜在独角兽企业数量、成立三年内且获得过融资的初创企业数量均排在25城最末,显示出常州未来产业初创企业成长潜力不足,未来需要加大创新型企业的关注和培育力度。

产业硬核能力中未来能源与未来材料潜力突出,常州拥有1个国家级战略性新兴产业集群,集聚了14家国家级企业技术中心;战略性新兴产业产值占比高达46.5%,其中新能源汽车整车制造、动力电池、光伏行业产值对规上工业产值增长贡献率超九成;未来产业相关的行业发明专利排在25城第15位,尤其在未来材料方面较为突出。这主要因为常州近年来在碳纤维、新能源等领域快速发展,已经形成了城市硬核产业的名片,为未来前沿材料和未来能源的布局奠定了良好基础。

孵化加速能力有一定优势,常州拥有国家级孵化器30家,在25城中排名第10,在长三角八大城市中排名第四;获得风险投资企业数量、获得风险投资金额两项指标均进入25城前20位,说明常州在创新创业方面具有一定的优势。

综合环境生态方面有待优化,常州城市营商环境排在25城第15位,高于其GDP排位,但未来产业关注度、算力供给度均排在25城第24位,拉低了综合环境生态得分,说明常州亟须提升城市品牌影响度、扩大算力供给度,加强对未来产业的研究、关注和布局。

八、南通:综合环境生态薄弱,总体与城市综合实力相当

总体来看,南通未来产业潜力综合指数得分为31.5分(见图9),位列25城第24,比其GDP排名(第23)低1位。5个分指数中,南通在企业成长潜力指数、孵化加速能力指数均位居25城第20,高于综合指数排名;创新策源指数、产业硬核能力指数排名第24,综合环境生态指数排名第25,相对较为薄弱,总体与城市综合实力相当。

创新策源能力有待提升,南通研发经费投入强度达到2.62%,在25城中排名第19,发明专利授权量、人才规模排名相对靠后,分别排在25城第22、第

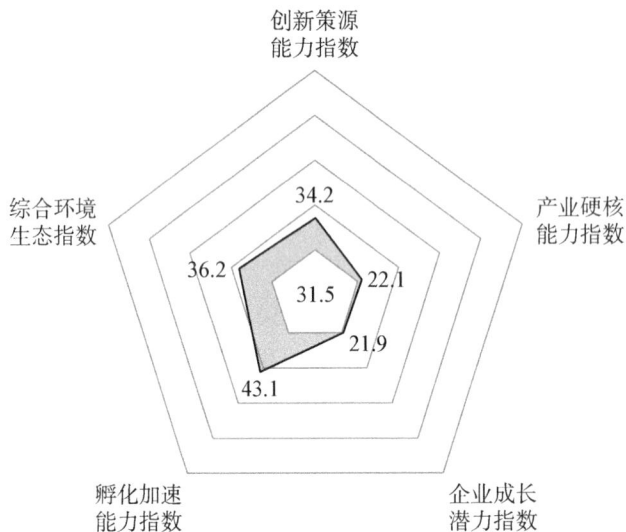

图 9 南通未来产业潜力指数得分

24 位,表明南通在创新策源能力各维度均具有较大提升空间。

企业成长潜力优于城市综合实力,南通拥有潜在独角兽企业 2 家,潜在独角兽企业数量和成立三年内且获得过融资的初创企业数量均超过常州,成立三年内的初创企业发明专利申请量位居全国第 20,也优于综合指数排名。

孵化加速能力中创新孵化产出有待加强,南通拥有 19 家国家孵化器,在25 城中排名第 19,在长三角八大城市中排名第六,获得风险投资金额超过85.8 亿元,排在 25 城第 12 位、长三角八大城市第四位,但获得风险投资企业数量排名 25 城第 21,说明南通的城市创新孵化产出有待加强。

产业硬核能力与城市综合实力相当,未来材料、未来能源具有一定的潜力,南通战略性新兴产业占比为 40.00%,拥有 4 家科创板上市企业、13 家国家级企业技术中心,在长三角八大城市中分别排在第七、第八、第八位,基本与其城市综合实力相当。在未来产业方面,南通成功加入了国家燃料电池汽车示范应用上海城市群,覆盖制氢、储运、加氢站成套设备、燃料电池系统等 13 个产业链细分领域,集聚了一批重点企业,新能源产业基础良好。另外,新材料是南通聚力打造的重点产业集群之一,2022 年产值超过 1 600 亿元,显示出南通在未来材料、未来能源方面具有一定的潜力。

综合环境生态较为薄弱,南通作为二线城市,在城市营商环境方面排名相对靠前,排在第 18 位,但城市未来产业关注度和算力供给度都排在 25 城最末位,反映出南通在未来产业的品牌影响力和新型基础设施建设方面需要进一步提升。

总体来看,长三角万亿俱乐部八大城市在未来产业发展方面均具备不同的潜力和亮点,但也有需要提升的短板和不足。具体来看,杭州需要进一步提升创新策源能力、产业硬核能力,并提升未来产业的综合环境生态;苏州需要加大研发经费投入,着力提升创新策源能力,同时充分发挥国家级孵化器的载体作用,加快培育高增长企业,提升企业孵化加速能力;南京需要着力提升产业硬核能力,加快发展战略性新兴产业,加强培育国家级企业技术中心,促进创新成果转移转化;合肥需要着力提升孵化加速能力,并加快提升未来产业的环境;宁波需要聚焦打造高能级孵化器,提升企业孵化加速能力,培育高增长企业;无锡需要着力提升创新策源能力和产业硬核能力,补好创新资源不足的短板;常州、南通则需要在引育未来科技人才、营造良好融资环境、加大未来产业品牌宣传和基础设施建设力度等各个维度持续发力,找到自身具有比较优势的未来产业发展方向。

作者:揭永琴

成渝西部科学城，如何演绎未来产业"双城记"

成渝西部科学城是国家推动成渝地区双城经济圈建设、打造高质量发展重要增长极的重大决策部署，承担着推进科技创新和科技成果转化、打造西部地区创新高地的新时代使命。作为国家中心城市和成渝地区双城经济圈极核城市，成都和重庆在推动新兴产业加速发展、未来产业突破发展方面也在不断行动。其中，成都重点围绕前沿生物、先进能源、未来交通、数字智能、泛在网络等产业领域，攻关突破基因治疗、空天动力、类脑智能、6G 等前沿技术，重庆则提出培育人工智能、卫星互联网、绿色低碳等未来产业集群。那么，成渝双城在未来产业发展方面潜力如何？在打造具有全国影响力的科技创新中心和推动新兴产业、未来产业发展方面，与京津冀、长三角以及粤港澳等其他城市圈相比，还需要在哪些方面继续赶超？

一、成都：未来产业潜力指数与 GDP 排名相当，孵化加速能力短板明显

总体来看，成都未来产业潜力综合指数得分为 61.5 分（见图 1），在 25 城中排名第九，比其 GDP 排名（第七）略低 2 位，总体反映出成都的未来产业潜力与综合实力较为匹配。5 个分指数中，产业硬核能力指数、企业成长潜力、综合环境生态指数等分指数表现较好，在 25 城中均位列第八，创新策源指数位居第九。相对而言，成都的孵化加速能力指数排在第 19 位，指数得分仅为 51.1 分，与其他 4 个分指数相比较为靠后。

具体来看，在 19 个二级指标中，成都有 6 个指标进入前 7 名。其中，创新资源丰富，研发投入强度有待提高，成都拥有高海拔宇宙线观测站、电磁驱动聚变大科学装置、跨尺度矢量光场时空调控验证装置三个重大科技基础设施，排名第五，另有三个省级重大科技基础设施、宇宙线物理研究与探测技术研究平

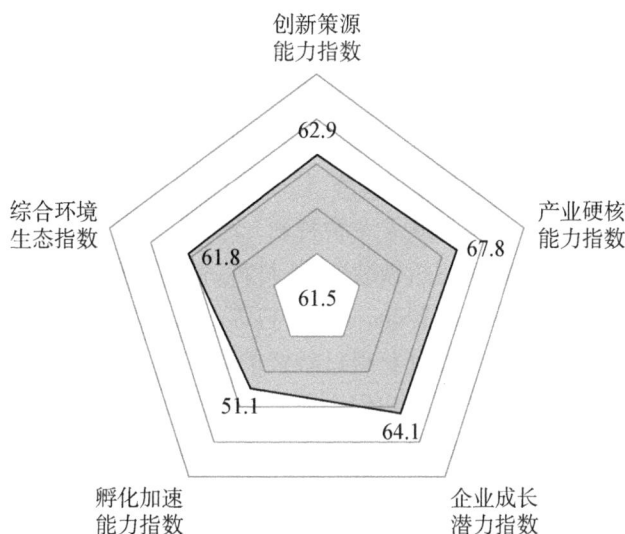

图 1　成都未来产业潜力指数得分

台等 7 个国家科教基础设施。此外,西部(成都)科学城已构建形成"国家实验室 + 省级实验室 + 重点实验室"的高水平实验室体系,国家实验室揭牌运行,聚焦电子信息、生命科学、生态环境三大优势领域的 4 家天府实验室也相继挂牌成立。同时,成都在科研院所建设和人才培养方面也具备一定优势,中国科学院大学成都学院新校区于 2023 年 8 月正式投入使用,并集聚了中国科学院成都生物研究所、国家高端航空装备技术创新中心、国家精准医学产业创新中心等 145 个"国家队"科技创新平台,四川大学、西南交通大学、电子科技大学等成都一流高校拥有 10 个与未来健康、未来能源等产业相关的优势学科,发明专利授权量、人才规模等指标均排名第八。相比之下,成都研发经费投入强度仅为 3.17%,在 25 城中位于中下游(第 14 位),且远低于 GDP 排名第一到第八城市的平均水平(4.01%)。

产业硬核能力在 5 个分指数中表现最为突出,成都拥有 2 个国家级战略性新兴产业集群(分属于生物医药、轨道交通装备两大产业领域),无人机、北斗卫星等 12 个集群入选了省级战略性新兴产业集群,同时重点围绕前沿生物、先进能源、未来交通、数字智能、泛在网络等未来产业领域加快布局,反映出成都正在全力构建支柱产业、新兴产业、未来产业梯度发展的现代化产业体系。此外,成都在未来产业领域有 16 家科创板上市企业,截至 2023 年 6 月底共有 62 家国家级企业技术中心,在 25 城中分别排在第七位和第四位,为未来产业硬核创新提供了较强支撑。

企业成长潜力有待进一步释放,成都潜在独角兽企业仅有 7 家(大多集中在未来健康相关领域),仅占 25 城总量的 1.29%,居第 11 位,但其专精特新"小巨人"企业库则保持快速扩充态势,优于重庆、天津等同级城市(截至 2023 年 7 月底,成都已累计培育 288 家专精特新"小巨人"企业,位居全国第九),主要分布在集成电路、先进工程机械装备、新材料、智能测控装备和电子元器件五大产业链,显示出成都在未来智能、未来材料等领域企业创新较为活跃。但是,与未来产业相关、成立三年内且获得过融资的初创企业仅有 1 家,相关企业成长速度有待提高;成立三年内的初创企业发明专利申请量排名第七,优于企业成长潜力指数排名,反映出成都科技初创企业研发产出水平优于各城市平均水平。

孵化加速能力短板最为明显,成都在未来产业领域获得风险投资企业数量相较另外两个指标表现尚可,在各城市中排名第 10,但国家级孵化器、获得风险投资金额两个指标分别排在第 17、第 19 位,排名较为靠后,显示出成都在新兴产业和前沿产业领域创业孵化和资本"吸金力"仍面临一定挑战。目前,成都创新创业孵化相关工作仍在不断推进,最新一期国家级科技企业孵化器评价中,成都孵化器考核优秀率为 52%,优秀率较上一年翻了一倍有余,西部(成都)科学城全球首个"独角兽岛"项目建设稳步推进,成都未来科技城、成都高新南区、天府国际生物城等一批重点科技载体园区加速崛起,将有力弥补成都企业孵化短板。

综合环境生态指数整体居于中流,但算力供给度表现亮眼,成都城市未来产业关注度和营商环境得分分别排在第九位和第 13 位,与其国家中心城市的功能定位稍显不符,但随着成都国家未来轨道交通未来产业科技园获批建设试点,未来成都将有望逐步形成服务国家战略大后方的未来产业新前沿。从算力供给等新型基础设施支撑来看,成都算力供给度得分排在第七位,且大有加速起跑弯道超车之势。一方面,成都是全国投运超算和智算双中心的城市之一,国家超算成都中心最高运算速度可达 10 亿亿次/秒,已成为超算国家队的西部力量;另一方面,成都于 2023 年 1 月出台《成都市围绕超算智算加快算力产业发展的政策措施》,成为首个出台算力政策的城市,率先在城市算力产业竞速中起跑。

二、重庆:创新策源需加强,与综合实力相比, 未来产业发展潜力差距明显

总体来看,重庆未来产业潜力综合指数得分为 50.7 分(见图 2),位列第 13,比 GDP 排位(第四)低 9 位,与综合实力相比,重庆未来产业发展潜力有待提升,也是 25 城未来产业潜力与 GDP 实力背离相对明显的城市。5 个分指数中,创新策源能力和产业硬核能力两个分指数得分均低于 50 分,分别排在第 16 位和第 18 位,与 GDP 反映的综合实力差距较大,拉低了总指数排名;而企业成长潜力、孵化加速能力、综合环境生态均排在第 12 位,虽略高于总指数排名,但都低于 GDP 排名。

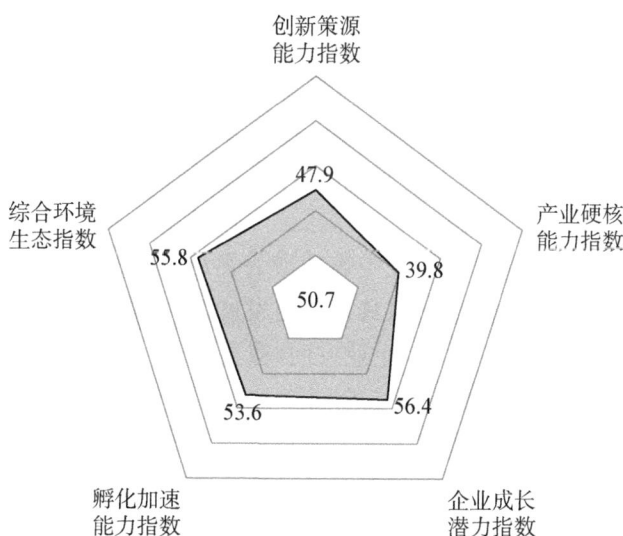

图 2　重庆未来产业潜力指数得分

具体来看,在 19 个二级指标中,重庆有 5 个指标进入前 10 名,反映出重庆在这些维度的未来产业发展潜力具有一定的竞争优势。

其中,创新策源基础较为薄弱,2021 年重庆研发经费投入强度仅为 2.16%,在 25 城中仅高于泉州,低于 25 城的平均水平(3.37%);与未来产业相关的优势学科、发明专利授权量、重大科技基础设施以及人才规模分别排在第 12、第 13、第 15 和第 16 位,远低于其他一线和新一线城市,拉低了创新策源能

力的整体得分。横向对比来看，重庆科技创新基础确实稍显薄弱，全市仅有 2 所"双一流"高校和 4 家中央在渝科研院所，国家实验室、国家重大科技基础设施尚未实现零的突破，在渝两院院士、顶尖科学家、国家级科技人才等高端人才资源较少。但重庆强化科技创新能力的脚步从未停下，随着西部（重庆）科学城、两江协同创新区等重大科创载体建设不断推进，超瞬态实验装置、北大（重庆）大数据研究院、重庆医科大学国际体外诊断研究院以及全国规模最大的中国自然人群生物资源库等科研平台在重庆加速落地。其中，两江协同创新区新引进科研院所 10 家，集聚院士团队 14 个，反映出重庆在培育科技创新力量、提升创新策源水平方面已取得显著成效。

产业走向硬核尖端还需继续发力，重庆国家级企业技术中心数达到 44 家，在 25 城中排名第八，但仅拥有 1 个国家战略性新兴产业集群（巴南区生物医药产业集群），战略性新兴产业占规上工业总产值比重排名第 16 位，在未来健康、智能、能源、空间、材料等未来产业代表领域的发明专利、科创板上市企业数量方面也都不占优势，分别排在第 18 和第 23 位（后一个指标排名仅高于郑州和泉州）。当前，重庆正在围绕集成电路、新型显示、工业互联网、卫星互联网、5G、先进材料等领域推动创建一批国家级产业集群，力争进一步推动新兴产业的发展，提升产业竞争实力。

企业成长潜力在 5 个分指数中表现最为突出，重庆有 4 家潜在独角兽企业，在未来能源、未来空间等领域具备一定发展潜力，在各城市排名第 13。此外，在国家级专精特新"小巨人"企业方面，截至 2023 年 7 月，重庆已有 312 家企业入选，企业数量位列西部第一、全国第七。重庆与未来产业相关、成立三年内且获得过融资的初创企业数量仅次于北京、上海、苏州和深圳，排在第五位，但相关企业发明专利申请量排在第 19 位，显示出重庆的企业创新成果产出水平有待加强。

孵化加速能力与北上广深等一线城市差距明显，企业获得风险投资金额、国家级孵化器数量以及获得风险投资企业数量分别位居第 10、第 11 和第 18，均没有进入前 5 名，反映出重庆在未来产业领域创新孵化活跃度不高，企业融资环境还有待优化。近年来，重庆在高质量孵化载体打造建设方面奋起直追，西部（重庆）科学城围绕金凤生物医药及检验检测等五大产业全力推动孵化集群建设，先后引进清数 D-LAB、中关村智酷、育成加速器、重医 square one 等多家优质孵化器落地运营，重庆市政府亦出台《重庆市高质量孵化载体建设实施方案（2021—2025 年）》，力争打造规模化、专业化、高质量孵化载体，加速培育优质市场主体，全市孵化加速能力将得到明显提升。

综合环境生态仍需优化，营商环境是制约短板，重庆的未来产业关注度和算力供给度分别排在第四和第五位，但相较之下，其营商环境得分在25城中排在末位，成为制约未来产业发展的明显短板。

三、结　语

总体来看，成都、重庆的未来产业发展潜力逊色于其经济水平，二者虽是西部科学城建设的核心城市，拥有丰富的产业门类和科技资源，但似乎在未来产业领域发力不足。下一步建议充分结合自身的区位特征、资源禀赋以及优势产业基础，走出成渝西部未来产业特色化发展道路。

一是深化创新驱动强基筑底，提升未来产业硬核成色。集中布局重大科技基础设施集群，加快启动成都跨尺度矢量光场时空调控验证装置等国家重大科技基础设施以及多态耦合轨道交通动模试验平台等省级重大科技基础设施建设，全力构建多层次、宽领域的重大科技基础设施体系，加快培育超瞬态实验装置储备项目，推动重庆实现零的突破。依托四川大学、重庆大学、西南大学等区域优势高校和优势学科，加强数学、材料科学与工程、基础医学等学科基础研究和原始创新能力。加快启动建设中国科学院重庆科学中心，着力引进一批国家科研机构、中央企业在西部科学城设立分院、研发总部或新型研发机构。

二是做强园区载体，承载未来产业新动能。加快建设西部（成都）科学城、重庆两江协同创新区、西部（重庆）科学城等重大空间载体，做强成都未来轨道交通未来产业科技园，聚焦成都生命科学创新区、成都未来科技城、重庆高新区，推动申报一批未来产业先导区，面向人工智能、先进计算及数据服务、量子互联网、6G、脑科学、深空探索等未来产业细分领域，遴选若干特色产业园区前瞻布局，建设未来产业加速园。

三是优化未来产业发展环境，营造良好创新生态。依托四川大学等高校和中国科学院驻成渝地区院所，建立未来产业概念验证中心，提供早期科技成果评估、技术可行性评价等概念验证服务，加速未来产业从0到1的创新突破。完善未来产业科技成果转化体系，在西部科学城推动布局一批海外技术转移转化网络节点、国际技术转移和创新合作中心，加快建设国家技术转移成渝中心，打造国家科技成果转移转化枢纽平台。率先在西部地区探索设立市场化主导的未来产业引导基金,举办未来产业大赛、未来之星选拔赛、全球创新创业大赛等,搭建未来产业合作交流平台。

作者:刘梦琳

武汉、西安、长沙、郑州，
谁是中西部强省会的"未来之星"

中西部地区腹地广阔，蓄积着巨大的发展潜能，也是我国重要的制造业基地。当前，中西部城市崛起的势头正劲，尤其是在国家中心城市、区域中心城市、国家自主创新示范区等国家战略加持下，部分集中全省资源优势的省会城市发展迅猛，如中部的武汉、长沙、郑州这3座城市规上工业总产值均已突破万亿元大关，与郑州相邻的西安2023年规上工业总产值也即将破万亿元，4座城市GDP分别排在25城中的第8、第15、第16、第22位。在新一轮产业革命到来之际，4座强省会城市谁能抓住机遇，乘势而上，成为中西部区域的"未来之星"呢？

一、武汉:孵化加速能力突出,企业成长潜力有待提升

总体来看，武汉未来产业潜力综合指数较高，得分为62.2分(见图1)，在4座省会城市中位居第一，在25城中位列第八，与其GDP排名(第八)相同，总体反映出未来产业潜力与综合实力较为匹配。5个分指数中，武汉的产业硬核能力指数、孵化加速能力指数、综合环境生态指数在中部城市中均位居第一;创新策源能力指数虽位于西安之后，但在25城中也居于前五;而企业成长潜力指数相对较为薄弱，在25城中位列第14。

创新策源能力不及西安，但总体较强。武汉的科教资源丰富，拥有武汉大学、华中科技大学、武汉理工大学等83所高校，高校数量位居全国第三，优势学科数量、创新人才规模、重大科技基础设施数量等在4座省会城市中位居第一，在25城中分别位居第四、第四、第六。研发经费投入强度偏低(3.51%)，在25城中排名第11，与排名第三的西安(5.18%)差距明显，需引起关注。

产业硬核能力位于前列，未来智能、未来空间等领域优势突出。作为我国历史悠久的工业重镇，武汉积淀着制造之城的厚重底色，并在近年来一直积极

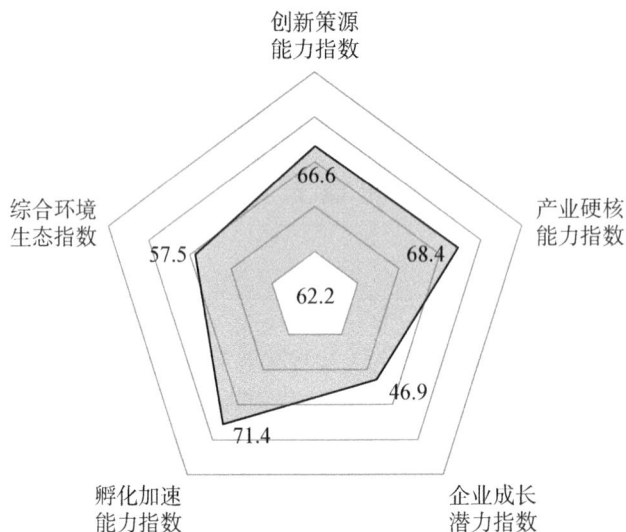

图 1　武汉未来产业潜力指数得分

推动产业结构转型升级,产业向高质量发展迈进,产业硬核能力在 25 城中位居第七。在 2019 年公布的第一批国家战略性新兴产业集群中,武汉入选了集成电路、新型显示器件、下一代信息网络、生物医药四个集群,与北京、上海组成第一梯队,在数量上领跑全国。目前,武汉的光芯屏端网产业集群已迈入万亿元规模,为未来智能的发展打下了良好的产业基础。此外,武汉也是我国重要的军工制造基地之一,坐落着多家重要的军工央企,如中国兵器工业集团、中国航天科工集团等在火箭、船舶等领域具有领先地位的企业。目前,武汉正在培育壮大商业航天及北斗应用两个省级战略性新兴产业集群,为未来空间的发展提供了良好的基础。

企业成长潜力较为薄弱,初创企业融资能力有待提升。武汉成立三年内且获得过融资的初创企业数量较少,拉低了分指数均分;成立三年内的初创企业发明专利主要分布在光电子信息、先进基础材料等领域,申请量在 25 城中排名第八,位居西安之后;拥有 17 家潜在独角兽企业,主要分布在集成电路、创新药、创新医疗器械等赛道,指标排名相对较优,在 4 座省会城市中位居第一,25城中位居第七。

孵化加速能力突出,获得风险投资金额较高。武汉获得风险投资的初创企业数量虽不多,但获得风险投资金额总体较高,仅次于北上深,在 25 城中位列第四,说明单家企业获得的风险投资金额较大,硬科技初创企业吸金能力较强。

综合环境生态还需增强,城市营商环境有待优化。武汉发展未来产业的综合环境生态虽在 4 座省会城市中位居第一,但在 25 城中居第 11 位,排名较总指数低 3 位,表明综合环境生态还有提升空间。其中,营商环境指标是武汉亟须改善优化的,指标得分在 25 城中位列第 19,拉低了综合环境生态指数整体得分。此外,武汉布局未来产业较早,在 2020 年底发布的"十四五"规划中就提出布局电磁能、量子科技、超级计算、脑科学和类脑科学、深地深海深空等未来产业,但对未来产业后续的关注和推进力度还不足,未来产业增量在 25 城中居第 13 位。

二、西安:创新策源能力突出,综合环境生态有待加强

总体来看,西安未来产业潜力综合指数得分为 59.4 分(见图 2),在中部四城中位居武汉之后,在 25 城中排名第 11,比 GDP 排名(第 22)高出 11 位,相较于综合实力而言,西安未来产业发展显现出较大的潜力。5 个分指数中,西安的创新策源能力优势突出,在 25 城中位列第四,仅次于北上深;企业成长潜力位居 4 座省会城市之首;产业硬核能力、孵化加速能力在 25 城中也位居前 10;综合环境生态较弱,与武汉有较大差距,在 25 城中排名靠后。

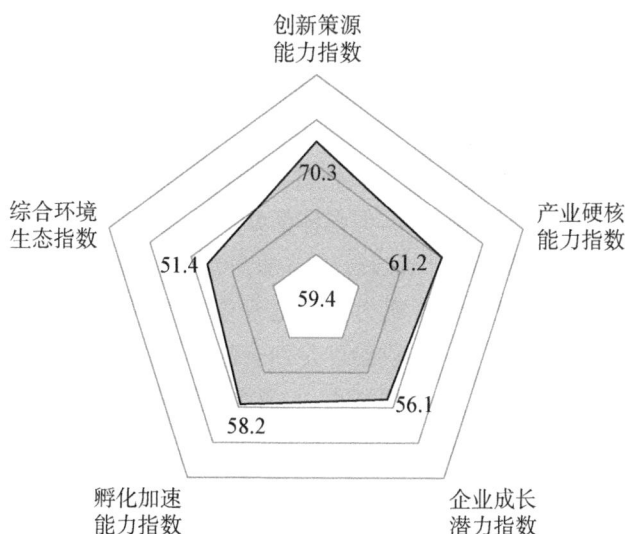

图 2 西安未来产业潜力指数得分

创新策源能力领先，研发经费投入强度位于第一梯队。西安的研发经费投入强度为5.18%，在25城中仅位于北京和深圳之后，远超武汉、长沙等省会城市，拉高了创新策源能力整体得分。此外，西安也是西北地区的高校集聚地，拥有63所高校，高校数量位居全国第七，优势学科数量、创新人才规模虽不及武汉，但在25城中的排名均位于前10（均为第七），显示出较强的创新底蕴和竞争优势。

产业硬核能力与城市综合实力相当，战略性新兴产业占比较高。近年来，西安着力推动战略性新兴产业集群发展，规模以上战略性新兴产业产值占比接近50%，在25城中位居第四，在航空航天、集成电路、先进制造等多个领域培育出有影响力的产业集群，如航空集群入选全国首批国家级先进制造业优胜集群，集成电路产业集群入选第一批国家战略性新兴产业集群发展工程。

企业成长潜力相对较优，初创企业发明专利较多。西安企业成长潜力在25城中居第13位，在4座省会城市中居于首位。其中，成立三年内的初创企业发明专利申请量较为突出，排名第四，仅次于上海、北京、深圳，远超长沙、郑州等省会城市。但潜在独角兽企业数量较少，只有2家企业上榜，在25城中居于第16位，不及武汉、长沙，反映出西安在产业发展的新锐力量有待增强。

孵化加速能力不及武汉，获得风险投资金额较高。西安拥有中关村e谷核芯空间、西电科技孵化器、陕西省能源化工专业孵化器等25家国家级孵化器，孵化出重组胶原蛋白第一股巨子生物、研发出国内首个脑机康复机器人的臻泰智能等行业领头企业。但西安在企业孵化方面整体不如武汉，拥有的国家级孵化器数量、获得风险投资企业数量、获得风险投资金额等指标排名均位于武汉之后，在25城中分别居第13、第15、第8位。在风险投资方面，西安出现与武汉类似的情况，即获得风险投资金额相对于获得风险投资的企业数量更优，反映出西安单笔风险投资金额较高，但总体活跃度较低。

综合环境生态较弱，新型基础设施需加力建设。西安的综合环境生态在25城中居第17位，较城市综合实力排名低6位，反映出西安未来产业发展的综合环境生态较弱。其中，算力供给度是西安的薄弱项，在25城中居第22位，仅高于南通、东莞、常州等二、三线城市，与省会城市地位不符，表明西安在新型基础设施建设方面有待加强。西安对未来产业的关注度尚可，提出前瞻布局生命健康、脑科学、氢能与储能等未来产业，聚力打造全国氢能科创之都，但产业规模化发展仍有提升空间。

三、长沙:孵化加速方面有一定优势,企业成长潜力有待提升

总体来看,长沙未来产业潜力综合指数得分为 48.2 分(见图 3),排名第 16,比 GDP 排名(第 15)低一位,未来产业发展潜力与综合实力基本相当。5 个分指数中,产业硬核能力、孵化加速能力、创新策源能力得分均在 50 分以上,排名在前 15 位,而综合环境生态、企业成长潜力得分较低,排名相对靠后。

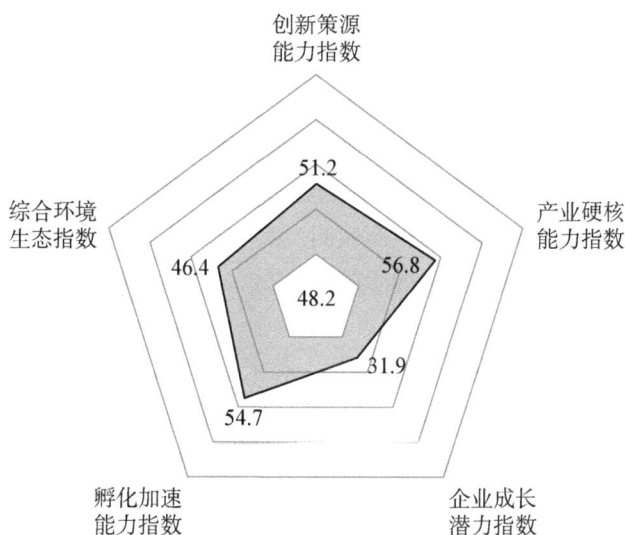

图 3　长沙未来产业潜力指数得分

创新策源潜力尚可,但不及武汉、西安。长沙高校资源丰富,拥有湖南大学、国防科技大学等 57 所高等院校。近年来,长沙还积极深化与高水平院校、科研院所的合作,夯实自身的科创力量,如与北京大学合作共建计算与数字经济研究院,建设香港城市大学长沙创新研究院等,加速创新资源聚集。目前,长沙优势学科数量和创新人才规模在 25 城中居于第 8 和第 11 位,高于综合指数排名,但与武汉、西安相比还有一定差距。2023 年,长沙提出打造全球研发中心城市,计划到 2030 年建成各类创新平台 3 000 家以上,研发企业(中心)500家以上,但就目前而言,长沙在创新能级提升、创新载体建设、创新生态营造等方面都还需持续突破。

产业硬核实力较优,科创板上市企业较多。作为工程机械之都,长沙先进制造业实力雄厚,拥有工程机械、电子信息等五大千亿级制造业产业集群,制造

业单项冠军、国家级专精特新"小巨人"企业数量等多项指标居全国前列;国家级企业技术中心共有 29 个,在 4 座省会城市中居第二位,高于西安;拥有帝尔激光、蓝盾光电等 9 家科创板上市企业,科创板上市企业数量与武汉、西安等城市相同,反映出长沙硬科技企业实力较强。

孵化加速能力突出,受风投资金青睐。近年来,长沙加大投资促进力度,连续两年获评"投资热点城市",风险投资金额在 25 城中居第七位,获得风险投资企业数量在 25 城中居第八位。但从资金投向领域看,新消费行业是资金主要流入地,未来产业领域的投资仍需加强。长沙国家级孵化器数量在 25 城中居第 21 位,在 4 座省会城市中居于末位,反映出长沙在孵化载体和专业孵化能力及生态方面有待加强。

综合环境生态较弱,城市营商环境提升空间大。长沙综合环境生态得分在 25 城中居第 20 位,较总指数排名低 4 位,在 4 座省会城市中居于末位,反映出长沙未来产业发展的综合环境生态较弱。其中,城市营商环境是长沙亟待优化的方面,该指标得分在 25 城中居于第 24 位。

四、郑州:多项指标排名靠后,未来产业发展潜力总体较弱

总体来看,郑州未来产业潜力综合指数得分为 33.1 分(见图 4),在 25 城中排名第 23,比其 GDP 排名(第 16)低 7 位,其未来产业发展潜力与城市经济实力、省会城市地位不符。5 个分指数中,综合环境生态指数、创新策源指数、产业硬核能力指数均在第 20 位左右,分别排在第 18、第 19、第 20 位;企业成长潜力指数、孵化加速能力指数排名靠后,分别居第 23、第 24 位,拉低了综合指数排名。

创新策源能力相对较优,郑州创新策源分指数在 25 城中居第 19 位,较总指数排名高 4 位,反映出郑州创新策源能力相对较优,特别是优势学科数量较多以及创新人才规模较大。郑州作为河南省会,是河南高校资源最集中的地区,拥有 76 所高校,人才总量超过 240 万人,在材料学、临床医学等领域有多个国家重点学科,丰富的学科资源和人才资源为郑州开展科技创新打下了一定基础。

产业硬核能力有一定优势,郑州产业硬核能力分指数排名在 25 城中虽总体不高,但个别指标表现突出,如国家战略性新兴产业集群数在 25 城中居第六位、战略性新兴产业占比在 25 城中居第三位。但有实力的硬科技企业较为缺

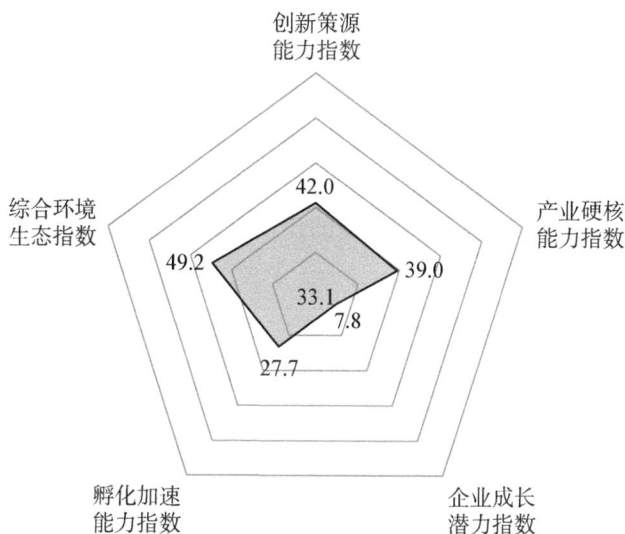

图4 郑州未来产业潜力指数得分

乏,郑州是4座省会城市里唯一一座还没有科创板上市企业的城市。郑州有国家级企业技术中心23家,仅为武汉(46家)的一半。

企业成长潜力较弱,郑州独角兽企业数量、成立二年内且获得过融资的初创企业数量都较少,反映出郑州初创企业竞争力较低、新赛道发展活跃度不足。郑州初创企业发明专利申请量也较少,在25城居于倒数第二。

孵化加速能力有待提升,郑州孵化加速能力在25城中居于第24位,虽有足够的孵化载体(国家级孵化器数量在25城中居第15位,高出总指数排名8位),但孵化产出还有提升空间,风投企业数量及获得的风险投资额都较低,在25城中居于靠后位置。

综合环境生态优于长沙,郑州综合环境生态营造得较为成功,其明确将发力氢能与储能、量子信息、类脑智能、未来网络、虚拟现实、区块链6个未来产业,城市未来产业关注度、营商环境、算力供给度均位列前20,优于总指数排名。

总体来看,省会城市通常是科教资源聚集地,高校数量较多,优势学科数量、人才规模占优,使得创新策源潜力突出,尤其是西安和武汉。同时,中西部地区历来是我国重要的制造业产业基地,近年来承接产业转移,加之一直致力于转型升级,部分战略性新兴产业已经形成集群,产业硬核能力有一定优势。

企业成长潜力是4座省会城市的薄弱项，潜在独角兽企业数量、初创企业融资能力与东部省会城市有较大差距。在孵化加速方面，获得风投资金总额虽较高，但总体不够活跃，反映出资本在助力有潜力的科技企业成长方面还需加大力度。在综合环境生态方面，4座省会城市在布局未来产业方面有一定前瞻性，但培育力度不足，未来产业品牌影响力还不够。同时，4座省会城市在未来产业发展的营商环境和新型基础设施的建设方面都还有待加强。

作者：唐小于

环渤海城市群未来产业潜力之争,谁更胜一筹

　　环渤海城市群属于东北、西北、华北的接合部,是我国北方经济最活跃的地区,拥有丰富的自然资源、密集的骨干城市群、发达便捷的交通系统、雄厚的制造业基础、优质的科技教育资源。全国仅有五个计划单列市,环渤海城市群拥有大连、青岛两个;全国城市 GDP 前 30 强中,环渤海城市占七席,天津、青岛、济南均进入 GDP 万亿元俱乐部,分别居全国第 11、第 13、第 20 位,2023 年烟台也成为山东省内继青岛、济南后第三座万亿级城市。全国经济前十城市中,北方仅有北京一座城市,天津、青岛、济南、大连等城市本应在北方经济发展中承担更大责任,但近几年由于过于依赖传统制造业,产业转型升级滞后,新动能培育不足,经济发展明显落后,大连甚至未能进入 GDP 前 25。伴随着京津冀协同发展、山东新旧动能转换综合试验区建设、东北振兴等国家重大战略推进以及新一轮科技产业革命的到来,天津、青岛、济南、烟台、大连五大城市能否摆脱逐渐掉队的态势,在未来产业发展的新机遇中抢占先机,实现弯道超车、跨越发展?

一、天津:综合生态环境优异,企业成长潜力存短板

　　总体来看,天津未来产业潜力综合指数得分为 52.8 分(见图 1),在 25 城中排名第 12,比其 GDP 排名低 1 位,总体反映出天津的未来产业潜力与综合实力较为匹配。5 个分指数中,综合环境生态、产业硬核能力和创新策源能力指数得分分别为 64.3 分、59.9 分和 57.4 分,均高于综合指数得分,在 25 城中分别排在第 6、第 11 和第 12 位。而孵化加速能力和企业成长潜力排名为第 14 和 17,相对较为薄弱。

　　创新策源能力总体较强,创新人才短板明显。天津研发经费投入强度达到 3.7%,拥有 1 个重大科技基础设施,分别排在 25 城中第八和第十位;拥有"双

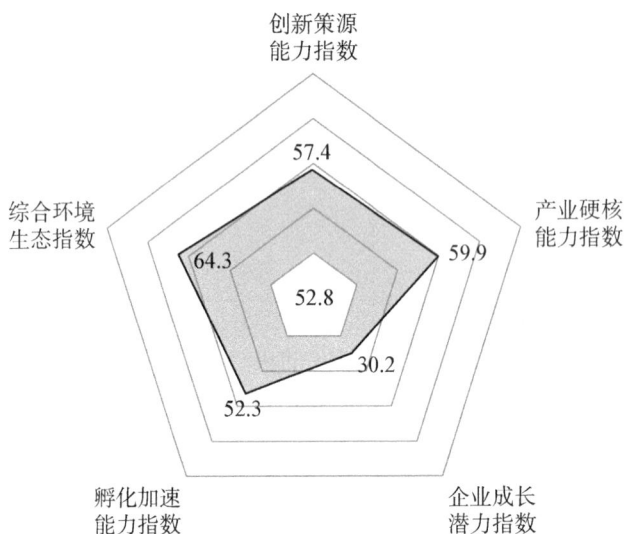

图 1　天津未来产业潜力指数得分

一流"大学 5 所,其中包括 3 所"211"大学,南开大学和天津大学是"985"高校,优势学科 9 个,居第 11 位,反映出天津的创新策源能力较有优势。创新人才规模排在第 12 位,发明专利授权量排在第 19 位,拉低了创新策源能力分指数得分。

产业硬核能力表现突出,新兴产业培育不足。天津产业基础雄厚,集聚了77 家国家级企业技术中心,拥有生物医药、网络信息安全和产品服务两个国家级战略性新兴产业集群,在 25 城中分别排在第三和第六位,还拥有 7 个国家级中小企业特色产业集群,高端膜材料、空天利用、新型储能、合成生物、先进核能等领域发明专利较多,为未来产业硬核创新提供了较强支撑。天津战略性新兴产业产值占规上工业总产值的比重不到 30%,在 25 城中仅排在第 21 位,与其他城市相比,在新兴产业培育发展方面差距明显,亟须推动产业转型升级。

孵化加速能力有优势,企业成长潜力亟待强化。天津拥有 36 家国家孵化器,排名第九,反映出天津的企业孵化加速具有一定的载体空间优势。成立三年内的初创企业发明专利申请量排在第 22 位,获得风险投资企业数量排在第23 位,25 城中仅强于郑州、泉州等城市,反映出天津的企业成长潜力和资本市场支持力度有待加强。

综合环境生态优势明显,新型基础设施加快布局。天津作为直辖市,在未来产业关注度和城市营商环境方面排名均靠前，分别为第三和第九位。以天津人工智能计算中心为代表的算力基础设施加快布局，其算力发展指数位居全国第九，在北方城市中仅次于北京、廊坊。

二、青岛：产业硬核能力较突出，创新创业待强化

总体来看，青岛未来产业潜力综合指数得分为 45.6 分（见图 2），在 25 城中排名第 17，比 GDP 排名（第 13）落后 4 位。5 个分指数中，青岛的产业硬核能力得分最高，达到 56.6 分，居第 13 位，创新策源能力和综合环境生态也都高于 50 分，分别居第 14、第 15 位，与 GDP 排名相当。而企业成长潜力、孵化加速能力得分较低，排名靠后，分别居第 18、第 21 位，拉低了综合指数得分和排名。

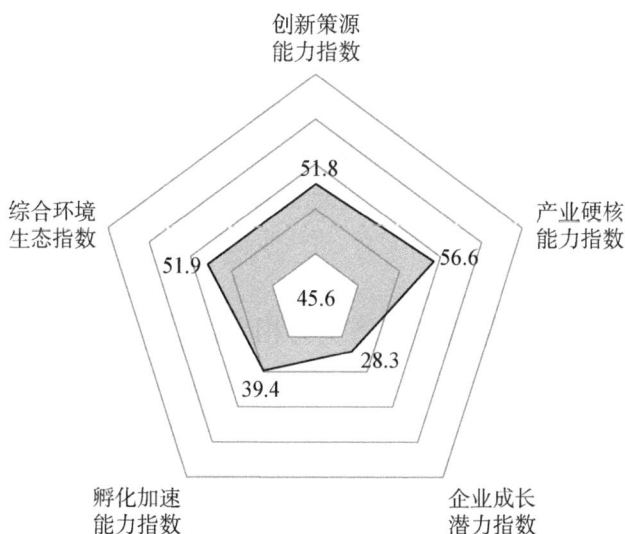

图 2　青岛未来产业潜力指数得分

创新策源能力方面，原始创新较强，资金投入待提高。青岛拥有 2 个重大科技基础设施，相对而言是原始创新方面最突出的优势。青岛拥有青岛市国际海洋科研教育中心，驻有山东大学（青岛校区）、北京航空航天大学青岛校区、中国海洋大学等 26 所高校，引进清华大学、北京大学等 29 所高校，但全国一流学科较少，创新人才规模也仅排在全国第 17 位。此外，研发经费投入强度仅为 2.4%，在 25 城中仅高于福州、重庆和泉州，表明青岛亟须加强科技创新资金等

方面的支持,加快提升创新策源能力水平。

产业硬核能力较强,战略性新兴产业具备优势。青岛制造业发展与天津较为相似,排名不相上下。青岛拥有节能环保、轨道交通装备两个国家级战略性新兴产业集群,有国家级企业技术中心 46 个,落后于天津,两个指标在 25 城中均排在第六位。扩展现实、通用 AI、深海探采、高性能材料等领域积累了大量发明专利,具备明显优势,行业发明专利数量排在第 13 位。工业战略性新兴产业增加值占规模以上工业的比重达到 29.5%,高于天津。总体来看,青岛产业创新基础较为扎实。

企业成长潜力和孵化加速能力均需加强。青岛 6 个指标均不具备优势,排名均在 15 名及之后,这表明青岛在创新创业方面短板明显。在企业成长潜力方面,青岛有潜在独角兽企业 2 家,远少于天津,成立三年内的初创企业发明专利申请量居全国第 15 位,高于天津。在孵化加速能力方面,青岛拥有 22 家国家级孵化器,少于天津的 36 家,居全国第 17 位,获得风险投资金额更是远落后于天津,居全国第 18 位。

综合环境生态较好,城市品牌宣传需加强。青岛城市营商环境排在第八位,高于其 GDP 排名。青岛算力发展水平居全国第 30 位,落后于天津、济南,还需进一步提升。青岛未来产业关注度排在第 21 位,拉低了综合环境生态得分,表明青岛亟须加强城市品牌宣传,进一步提升城市知名度和影响力。

三、济南:总体与经济实力相当,环境生态有短板

总体来看,济南未来产业潜力综合指数得分为 43.1 分(见图 3),在 25 城中排名第 18,与 GDP 排名(第 20)大致相当,总体反映出济南未来产业发展实力,但与山东省省会城市、环渤海地区中心城市的地位不符。5 个分指数中,济南产业硬核能力、综合环境生态均排在第 14 位,优于未来产业潜力综合指数排名;企业成长潜力、孵化加速能力指数排名均居 19 位,拉低了总指数排名。

创新策源能力未能体现省会城市科教资源优势。济南是山东省的科教中心,拥有各类高等院校 44 所,其中本科院校 26 所,优势学科 3 个,但未能充分利用优质的科教资源,发明专利授权量低于青岛,研发经费投入强度、创新人才规模分别居全国第 20、第 21 位。

硬核产业发明专利突出,战略性新兴产业发展短板明显。近年来,济南着力打造数字经济发展新优势,数字经济核心产业增加值占 GDP 比重达到

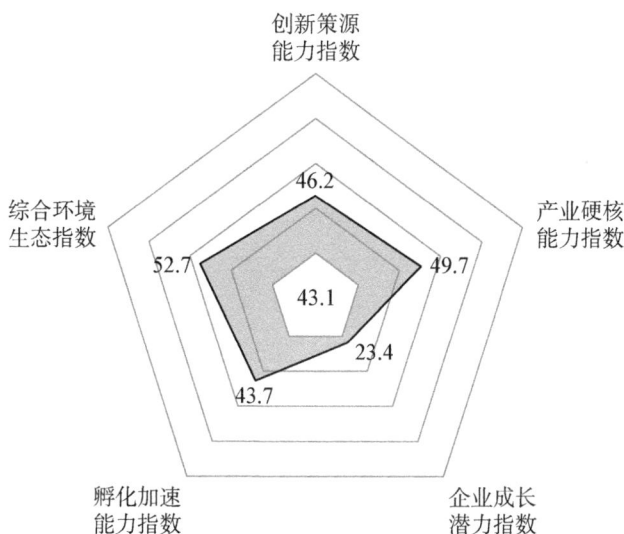

图3　济南未来产业潜力指数得分

17.63%,以非硅基芯材料、量子科技、未来智能为代表的未来产业行业发明居全国第16位,科创板上市企业数量与天津、青岛持平。济南拥有国家级企业技术中心31家,远少于天津、青岛;战略性新兴产业占工业产值比重在25城中仅高于东莞、泉州,拉低了分指数排名。

创业企业获市场认可,创业空间需提升。企业成长潜力整体与天津、青岛相当,均是短板,潜在独角兽企业仅有1家,成立三年内的初创企业发明专利申请量高于青岛、天津,居全国第14位。在孵化加速能力方面,国家级孵化器仅有14家,远少于天津、青岛,居全国第22位。获得风险投资企业数量居全国第10位,获得风险投资金额居全国第17位,表明济南创新创业企业还是获得了资本市场认可。

综合环境生态整体较好,城市营商环境有短板。济南综合环境生态整体居全国第14位,优于城市GDP排名。但城市营商环境得分较低,仅优于泉州、长沙、重庆,主要因为交通、生态环境等硬性生活环境有短板。

四、烟台:产业硬核有特色,创新实力待提升

2022年,烟台GDP紧随常州之后,居全国第26位,并于2023年踏入万亿俱乐部。总体来看,烟台未来产业潜力综合指数得分为28.0分(见图4),在27

个城市(25 个城市之外,新加入烟台、大连)中排名仅强于泉州。5 个分指数得分均不高,除创新策源能力和综合环境生态指数得分分别为 32.5 分和 36.3 分,在 27 个城市中均居第 26 位以后,其余指数排名均略优于综合指数排名,其中产业硬核能力、企业成长潜力、孵化加速能力得分分别为 35.1 分、13.4 分、22.9 分,排名分别为第 22、第 23、第 25。

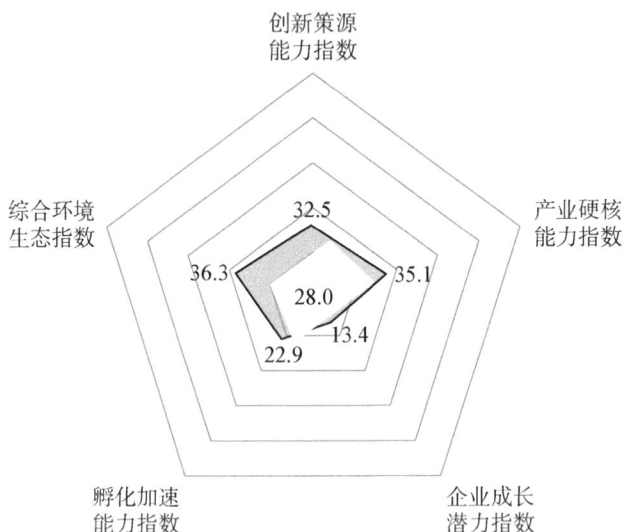

图 4　烟台未来产业潜力指数得分

创新策源能力偏弱,科技创新投入待提高。烟台作为普通地级市,科创资源具有先天劣势,研发经费投入占 GDP 比重仅为 2%,低于全国平均水平。创新人才规模位居 25 城最后,科技创新要素投入明显偏弱,导致创新产出方面发明专利授权量为 1.38 万项,排名第 24,拉低了整体创新策源能力水平。

产业硬核有实力,国家级企业技术中心表现突出。烟台的制造业具有一定基础优势,拥有生物医药、先进结构材料 2 个国家级战略性新兴产业集群,在商业航天、生物安全、基因和细胞治疗等领域已经前瞻布局。此外,烟台拥有科创板上市企业 3 家,国家级企业技术中心 25 家,在 27 城中居第 17 位,优势明显,但战略性新兴产业占比仅强于泉州,过于依赖传统制造业,造成未来产业发展潜力受限。

企业成长潜力、孵化加速能力需加强,初创企业有潜力。烟台拥有潜在独角兽企业 2 家,获得风险投资企业 8 家,在初创企业方面具有一定优势,但国家级孵化器仅有 11 家,略强于福州、泉州,获得风险投资金额排名最后,表明烟台亟需加大投入,支持企业孵化成长。

综合环境生态尚需提升,城市营商环境优势明显。烟台综合环境生态虽仅强于南通,算力供给以及未来产业城市宣传均有待加强,但城市营商环境居第 18 位,表现突出。

五、大连:综合得分优于经济排名,创新策源能力突出

大连作为东北门户,号称"北方香港"。近十年来,经济呈现出一种停滞的态势,在全国城市 GDP 排名中从 2012 年的第 14 名下降到 2022 年的第 28 名,但科技创新等方面底蕴犹存,多个指标强于其他城市。总体来看,大连未来产业潜力综合指数得分为 30. 9 分(见图 5),在 27 个城市中排名优于烟台、泉州。5 个分指数得分中,创新策源能力、产业硬核能力指数得分分别为 48. 3 分、42. 0 分,在 27 个城市中排名分别为第 16、第 18;综合环境生态、企业成长潜力指数分别得分 40. 9、8. 4 分,排名均居第 24 位,孵化加速能力指数得分为14. 9 分,居第 26 位,拉低了整体得分。

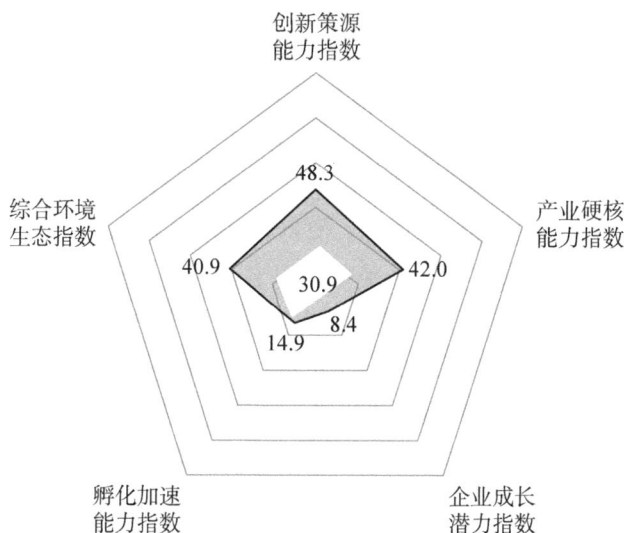

创新策源
能力指数

48.3

产业硬核
能力指数

42.0

综合环境
生态指数

40.9

30.9

8.4

14.9

孵化加速
能力指数

企业成长
潜力指数

图 5 大连未来产业潜力指数得分

科创底蕴雄厚,创新策源能力较强。大连拥有中国科学院大连化学物理研究所等全国知名高能级科研院所以及 31 所大学,其中包括 21 所本科大学和

10所专科学校，大连理工大学被列入国家"双一流"建设高校，并且是"985工程"和"211工程"建设高校之一，拥有两个一流学科，发明专利授权量2.03万项，研发经费投入占GDP比重达3.1%，两个指标均居第16位，创新人才指标居第18位，创新策源能力表现突出。

产业硬核能力较强，企业创新待提升。辽宁仅有的两个国家战略性新兴产业集群全在大连，分别为智能制造、信息技术服务；高性能复合材料、空天利用、新型储能等未来产业领域优势明显，行业发明专利居第14位。科创板上市企业数量、战略性新兴产业占工业比重排名靠后，均有待提升；大连有国家级企业技术中心15家，居第23位，稍显薄弱。

企业成长潜力和孵化加速能力较弱。大连的潜力独角兽企业仅有1家，获得风险投资企业仅有2家，在25城中排名最后；国家级孵化器有13家，仅强于烟台、福州、泉州，反映出大连的初创企业竞争力不足。

城市营商环境较好。大连综合环境生态虽然仅强于常州、烟台、南通，但城市营商环境分项指标却居第15位，城市未来产业关注度也较突出，这主要得益于大连的旅游城市宣传和良好的生活居住环境，但算力供给度表现不佳，需进一步加强。

总体来看，环渤海五个城市都是制造业大市，地理位置相当，产业结构相似，船舶海工、生物医药、新材料都是其主导产业，这也造成了优势和短板大致相同。产业硬核能力均表现突出，但传统制造业占比较大，战略性新兴产业需进一步培育发展，企业自主创新能力需提升，尤其是济南、烟台、大连要着力支持国家级企业技术中心等高能级平台建设。天津、济南、青岛、大连均拥有丰富的科创教育资源，创新策源能力较强，但科技创新转化不足，企业成长潜力、孵化加速能力两大涉及创新创业的板块均是其短板，亟须打造良好创新创业环境，提升科技创新转化水平。而烟台作为普通地级市，这方面存在短板，研发经费投入、科技人才引育、创新创业扶持方面亟待加强。除济南外，其他城市均为滨海城市，生态环境良好，综合环境生态指数排名要优于GDP排名，而天津、济南、青岛算力发展水平进入全国TOP20，进一步增强了综合环境竞争力。反观大连、烟台，需要在算力等新型基础设施方面加大投入力度。此外，青岛近年来城市知名度有所下降，在未来产业发展中要进一步强化城市品牌宣传，提升青岛的全球品牌影响力。

作者：李光辉

粤闽地区制造业强市,谁更有未来产业想象空间

粤闽地区作为中国制造业的重要基地和引擎,拥有雄厚的工业基础、发达的交通基础设施网络。2022 年,全国工业增加值前十强城市中,佛山、东莞、泉州以地级市的身份跻身其中,工业实力不容小觑。在"强省会"和"强门户"争创国家中心城市的战略加持之下,福州的资源集聚优势越发明显,GDP 赶超泉州,成为福建省经济第一大城市。近年来,粤闽两地在做优传统产业的同时,不断厚植制造业发展新势能,纷纷把目光转向新能源、集成电路、信息技术等新兴产业,推动制造业向价值链中高端迈进。面对新一轮科技革命和产业变革机遇,佛山、东莞、泉州和福州这四座制造业强市谁更有未来产业想象空间,能够在未来的竞争中获取新的竞争优势呢?

一、东莞:创新策源能力相对领先,企业成长潜力有待提升

总体来看,东莞未来产业潜力综合指数得分为 38.5 分(见图 1),在 25 城中排名第 19,优于 GDP 排名(第 24)5 个位次,体现了东莞未来产业发展具有一定潜力。5 个分指数中,创新策源能力、综合环境生态指数得分超过 50 分,连同孵化加速能力指数,排名均优于未来产业潜力综合指数排名;产业硬核能力、企业成长潜力分别排名第 22、第 24,与 GDP 排名相当,反映出东莞未来产业发展潜力略强于城市综合经济发展实力。

创新策源能力具备一定优势。东莞大力布局基础研究,拥有以建设具有全球影响力的原始创新高地为定位的松山湖科学城,建成全球第四台、中国首台脉冲式散裂中子源以及松山湖材料实验室。散裂中子源二期、先进阿秒激光设施被纳入国家"十四五"专项规划,南方先进光源等重大科技基础设施正加快布局建设,东莞研发经费投入强度、重大科技基础设施均遥遥领先其他三市,在25 城中分别排名第五、第六,表现出东莞在源头创新方面具有明显优势。东莞

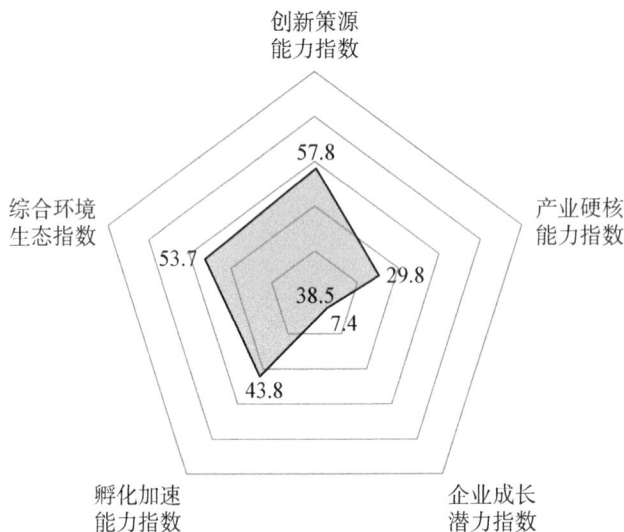

图 1 东莞未来产业潜力指数得分

虽在发明专利授权量、创新人才规模、优势学科等方面位居四市首位，但与一线城市相比有着较大差距。随着香港城市大学（东莞）获批筹设、大湾区大学加快建设，东莞的创新生态将不断完善，对人才的吸引力也将逐渐增大。

产业硬核能力中未来智能潜力突出。近年来，东莞加速朝着先进制造方向迈进，电子信息制造业率先成为万亿级先进制造集群，智能移动终端集群和智能装备集群入选中国先进制造业集群国家队。未来智能领域发明专利在 25 城中居第 11 位，尤其是扩展现实表现突出，为未来智能的发展提供了良好的产业基础。此外，东莞新能源产业集聚度走在全国前列，比亚迪、赣锋锂电纷纷落户，并与宁德时代签署战略合作框架协议。东莞有科创板上市企业 10 家，大幅领先福州、泉州，在 25 城中排名第 11，远优于 GDP 排名，但国家战略性新兴产业集群数、战略性新兴产业占比、国家级企业技术中心等指标相对滞后，主要是因为东莞正处于产业转型升级关键期，战略性新兴产业尚在布局培育中。

企业成长潜力有待增强。东莞成立三年内的初创企业发明专利申请量略高于泉州、福州，居全国第 21 位，但潜在独角兽企业数量、近三年获得融资的初创企业数量尚未实现零的突破，亟须提升初创企业竞争力。

孵化加速能力相对较优。东莞在企业孵化方面整体不如佛山，虽拥有松山湖国际机器人产业基地、林润智谷产业园、金美科技园等 28 家国家级孵化器，获得风险投资的企业数量均排在佛山之前,但获得风险投资额过低,在 25 城中仅高于泉州、郑州,明显拉低了分指数排名,表明资本市场支持力度有待加强。

综合环境生态较为优越。东莞综合环境生态在 25 城中居第 13 位,较城市综合实力排名高 11 位,反映出东莞未来产业发展的综合环境生态较好。其中,城市营商环境得分与北上广深组成第一梯队,领跑全国,可见东莞争创一流营商环境攻坚行动成效显著。早在 2020 年,东莞就规划布局了新概念材料、量子信息、类脑智能、通用航空航天四大未来产业,未来产业关注度在 25 城中排名第 18。相比之下,东莞算力供给度水平较差,排在第 23 位,还有很大提升空间。

二、佛山:孵化加速能力突出,企业成长潜力有待加强

总体来看,佛山未来产业潜力综合指数得分为 34.5 分(见图 2),排名第 22,比 GDP 排名(第 17)低 5 位,总体反映出佛山的未来产业发展潜力有待提升。5 个分指数中,孵化加速能力指数排名第 17,优于其他指数,创新策源能力、产业硬核能力、企业成长潜力、综合环境生态指数均排在 20 名以外,分别为第 20、第 23、第 21 和第 23 位,均落后于其 GDP 排位。

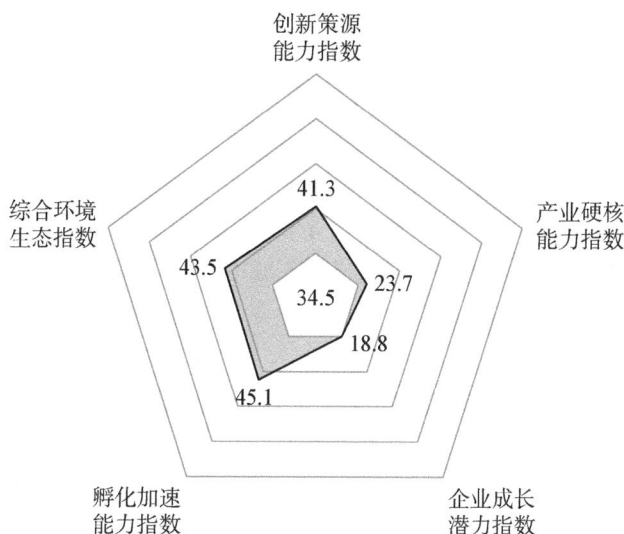

图 2 佛山未来产业潜力指数得分

创新策源能力总体较强。近年来,佛山大力实施创新驱动发展战略,持续强化三龙湾科技城创新策源能力建设,先后引进了季华实验室、仙湖实验室等一批高端科创平台,研发经费投入强度、发明专利授权量、创新人才规模均在25城中居前20名,表现优于宁波、青岛等计划单列市以及长沙、郑州等省会城市。但优势学科数量相对落后,重大基础设施数量不及东莞,其高等教育的实力排名远落后于城市综合实力排名,表明佛山亟须加快高等教育优化升级。

产业硬核能力相对偏弱。佛山加码布局高端装备、新材料、新能源等战略性新兴产业,吸引宁德邦普、一汽大众、星源材质、瑞浦能源等一批百亿级战略性新兴产业项目相继落户。工业战略性新兴产业增加值占规模以上工业的比重达到30%,优于泉州、东莞,在25城中排在第15位,但国家级企业技术中心仅有17家,排名靠后(第20位),拉低了产业硬核能力整体水平。行业发明专利虽居第23位,但在通用AI领域具有一定竞争优势,拥有华南最大机器人本体生产基地,AI自编程快速部署机器人、双臂工业机器人、冲压模具智能设计系统等成果形成行业示范。

企业成长潜力较为薄弱,孵化加速能力突出。佛山企业成长潜力整体不及福州,但其中成立三年内的初创企业发明专利申请量是福州的近8倍,在25城中排名第11,反映出佛山的新赛道发展活跃度较高。此外,佛山拥有国家级孵化器25家,较东莞少3家,在25城中居第15位;获得风险投资企业数量居第16位,但获得风险投资金额排名较为靠后,拉低了整体排名。

综合环境生态有待优化。佛山积极推进光纤、5G等信息基础设施建设,引进和培育中国电信、腾讯云、京东智联云、百度人工智能云、华为、阿里云、富士康工业互联等优质数智化转型服务商超300家,夯实数字化转型的硬件和软件基础,算力供给度排名第18,这也带动了佛山通用AI的发展。佛山的城市营商环境得分、城市未来产业关注度排在25城中的20位以外,反映出佛山营商环境还有较大提升空间。

三、福州:综合环境生态有一定优势,孵化加速能力存短板

总体来看,福州未来产业潜力综合指数得分为33.1分(见图3),排名第21,低于GDP排名(第18),说明福州在未来产业培育方面略显不足。5个分指数中,企业成长潜力指数居全国第15位,产业硬核能力指数居第21位,其他3个指数排名均低于综合指数排名。

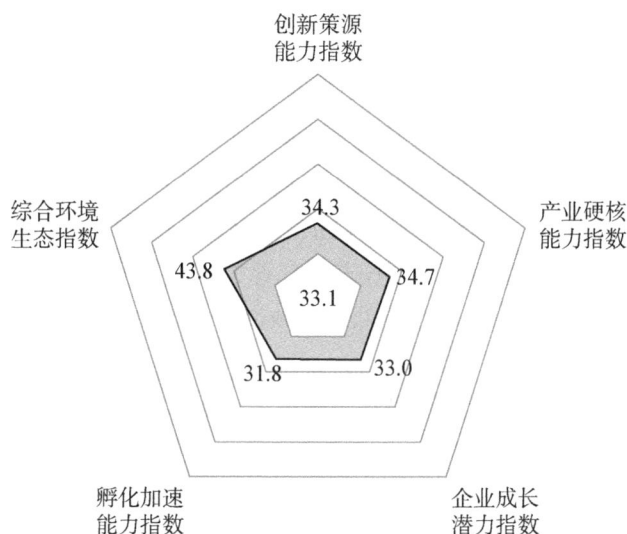

图3 福州未来产业潜力指数得分

创新策源能力总体较弱。福州作为省会城市,科教资源具有先天优势,拥有福州大学、福建理工大学、福建农林大学等35所高校,但相较于其他省会城市不具备竞争优势,仅有福州大学1所"双一流"大学,优势学科1个,在25城中居第18位。发明专利授权量、研发经费投入强度均居第23位,人才规模居第22位,重大科技基础设施居于末位,4项指标排名均落后于综合实力水平,说明福州在科技创新要素投入及产出成效方面均亟须提升。

产业硬核能力有一定优势。福州形成新型功能材料1个国家级战略性新兴产业集群,以及信息技术、生物医药、光电、氢能源4个省级战略性新兴产业集群,前瞻布局量子科技、未来网络这两个孕育期未来产业,战略性新兴产业占比在25城中居第19位,略落后于城市综合实力。依托中国科学院海西研究院、闽都创新实验室、海峡创新实验室等创新平台,福州已培育17家国家级企业技术中心,与佛山实力相当,但在省会城市中位居最末。此外,福州的行业发明专利排在25城中第20位,不及东莞、佛山;科创板上市企业3家,仅强于重庆、郑州、泉州,这与福州省会城市的地位不相匹配。

企业成长潜力、孵化加速能力较强。福州成立三年内且获得过融资的初创企业数量与杭州、无锡、合肥等处于同一梯队,在25城中居第9位;获得风险投资金额相对获得风险投资企业数量更多,且两项指标均进入前20,说明福州在市场化创新创业方面表现突出。潜在独角兽企业数量、成立三年内的初创企业发明专利申请量、国家级孵化器数量较少,在 25 城中分别居第 16、第 23、第 24 位,与北上广深等城市存在明显差距,反映出福州的初创企业创新能力有待提升,政府对孵化器创新平台的扶持有待加强。

综合环境生态不及泉州。福州综合环境生态总体水平不及同省的泉州,在 25 城中排名倒数,亟须优化提升总体的营商环境、企业服务环境,以适应未来产业、新兴赛道的发展需求。其中,未来产业关注度、算力供给度均排在第 19 位,城市营商环境排在第 20 位,均低于其城市综合实力排位。

四、泉州:综合环境生态较佳,多项指标亟须提升

总体来看,泉州未来产业潜力综合指数排在 25 城中的最后一位,其得分与排名第 24 的南通(得分 31.5 分)相差较大(见图 4),比 GDP 排名(第 19)低 4 位,与泉州的经济实力明显不符,说明泉州未来产业发展潜力较弱。5 个分指数中,泉州仅综合环境生态指数排在第 21 位,略高于总指数排名。

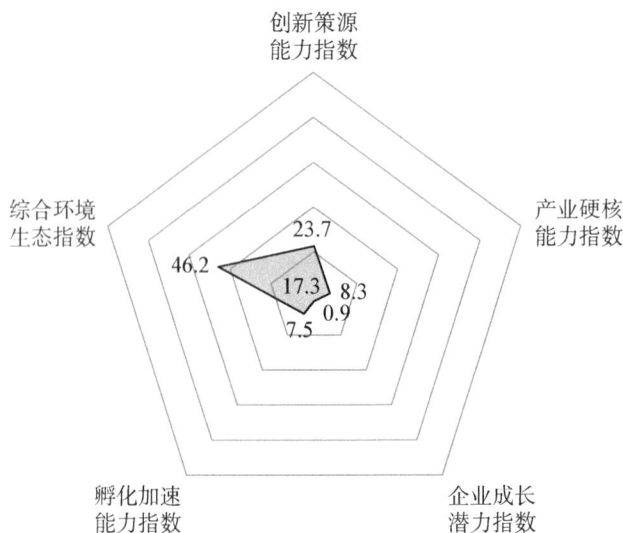

创新策源
能力指数

产业硬核
能力指数

综合环境
生态指数

23.7

46.2

17.3 8.3

0.9

7.5

孵化加速
能力指数

企业成长
潜力指数

图 4　泉州未来产业潜力指数得分

创新策源能力亟须提升。泉州创新策源能力的各项指标排名垫底,反映于泉州在基础研究投入、创新平台搭建、创新资源集聚以及高端人才引育等方面存在明显短板。其中,泉州在高校的数量和质量上表现出明显的不匹配性和差

距性，与万亿级地级市相比，虽数量多于无锡、佛山、东莞、南通等，略少于苏州，但优质高等教育资源却捉襟见肘，泉州在吸引未来科技人才等要素方面还需加强。

产业硬核能力明显不足。泉州的产业结构以纺织服装、鞋业、食品饮料等传统轻工业为主，目前正处于传统制造业转型升级的攻坚阶段，战略性新兴产业集群培育发展缓慢，得分与城市产业发展阶段大致相当，但与其他城市差距较大。25 城中仅有泉州、郑州两个城市无科创板上市企业。泉州有国家级企业技术中心 11 家，仅强于东莞，反映出泉州的未来产业的硬核产业基础整体偏弱。

企业成长潜力、孵化加速能力亟待强化。泉州企业成长潜力、孵化加速能力两项指数的排名均落后于其他 24 城，与其综合经济实力明显不匹配。从具体指标来看，获得风险投资金额仅优于郑州，潜在独角兽企业数量和已获融资的初创企业数量与东莞类似，国家级孵化器数量不足 5 家，远低于其他城市，亟须加快补齐创新能力薄弱、孵化空间不足、孵化能力较弱等短板。

综合环境生态较好。泉州的综合环境生态整体水平明显高于其他分项指标，在 25 城中居第 21 位，超过福州、佛山。其中，未来产业关注度表现相对突出，较总指数排名高 10 位，说明泉州对未来产业的重视程度、顶层设计能力和布局推动力度较强。算力供给、城市营商环境亟须改善优化，在 25 城中分别居第 20、第 23 位，拉低了综合环境生态指数整体排名。

总体来看，四座工业重镇都在经历产业转型升级的阵痛期，与同为万亿级的城市相比，对未来产业的整体布局略显滞后，但仍均具备发展未来产业的潜力，同时也有亟待提升的短板和不足。东莞需着力提升企业成长潜力，尤其要进一步优化潜在独角兽企业成长、壮大的环境，发挥大科学装置的基础研究平台作用，提升硬核科技和前沿技术的创新能力，在未来产业细分领域的技术创新方面努力实现突破。佛山需要加大支持国家级企业技术中心等高能级平台建设力度，提升初创企业的创新能力，并进一步增强优质高等教育资源供给。福州需重点加大研发经费投入强度，提升基础研究的策源能力，聚焦打造标杆孵化器，提升科技创新转化水平。泉州则需要在科技人才引育、创新创业环境优化、新型基础设施建设等各个维度持续发力，努力缩小与其他城市的差距。总体上，四座城市均亟须加大新兴产业和未来产业的前瞻布局，引领带动产业转型升级，加快实现新旧动能转换，构筑面向未来的持久竞争优势。

作者：王诗悦

第四部分

上海 16 区科创风云

黄浦区:科创回归都市的示范生

近年来全球兴起科创回归都市大潮,包括科技领军企业总部、科技中小企业、高技术服务业及科创服务业等科创大军汇聚大都市,与都市区的政府和区域内大学、科研院所等一起,共同推动科创从园区向城区转移。在这轮大潮中,黄浦区作为上海中央活动区,充分发挥资源要素集聚、应用场景丰富、创新人才荟萃等优势,加速布局科创载体,全力集聚科创企业,科创产业突飞猛进,科创生态日益丰富,成为科创回归都市的示范生。

一、黄浦区成为上海科创中心建设中快速崛起的新力量

黄浦区是上海的窗口和名片,经济密度高、综合实力强、配套服务完善,2022年全区地区生产总值突破3 000亿元,形成了金融服务、专业服务、现代商贸服务三大千亿级产业集群。但因为区内缺少大学大院大所,过去一个时期,黄浦区在上海科创中心建设中的存在感并不强。

随着上海国际科创中心建设进入全面提升功能的新阶段,科技创新全链条加快构建,打造世界级产业集群和培育世界一流企业成为新的主攻方向。黄浦区牢牢把握科创回归都市这一大趋势,充分发挥自身的独特区位优势和专业服务优势,积极谋划在上海科创中心建设中发挥更大作用。

"十三五"以来,黄浦区前瞻布局新赛道和未来产业,不断丰富创新生态体系,发明专利申请量和高新技术企业数量快速增长,集聚了一批高能级科创平台,区块链、机器人、临床转化服务、半导体芯片"科创四小龙"发展迅猛,生物医药、人工智能、数字经济、金融科技、绿色低碳等领域也集聚了一大批创新企业。同时,随着中船集团、中建科创集团、中国海工等一批央企总部入驻,黄浦区科创能级进一步提升。目前,黄浦区已经形成了"产业链+创新链+服务链"的科技生态圈,对高能级的科创企业集聚产生了强大吸引力,黄浦区正在加快成为

上海国际科创中心新的核心功能承载区之一。

二、黄浦区迈向上海中央科创区的四张王牌

纽约硅巷、伦敦硅环岛、波士顿肯德尔广场，都是大都市中心城区科创崛起的典型代表。黄浦区作为上海中心城区，对标国际顶尖标杆，努力打造上海中央科创区。

2023年9月6日，上海市委书记陈吉宁在黄浦区调研，要求黄浦区把中央科创区建设放在全市科技创新策源功能全面升级的战略大局中谋划考虑，发挥自身优势，坚持规划引领，做强核心功能，营造良好生态，把中央科创区打造成为黄浦高质量发展的强引擎，为上海加快建设具有全球影响力的科技创新中心作出更大贡献。上海目前已经形成东西南北四大科创空间格局，黄浦区在此时敢于"华山论剑"，提出建设上海中央科创区，主要是因为手中有四张王牌。

一是最能代表上海的"窗口"区。黄浦区位于上海城市中心，被上海两条母亲河——黄浦江和苏州河环抱，拥有南京东路、淮海中路、豫园这三大世界级商圈。历史底蕴和文化资源更是得天独厚，百年外滩、一大会址新天地、上海博物馆、上海大剧院、上海音乐厅、大世界等上海顶级文化场所云集，是国内外商务人士和高端人才眼中最有上海味道的地方。从纽约、伦敦、香港等城市的经验看，商业和文化会产生强大吸引力，让黄浦区成为国内外顶尖科创企业和创新人才的向往之地。

二是金融和专业服务高度发达。金融和专业服务是科创生态的重要组成部分，黄浦区在这两方面具有非常明显的优势。黄浦区的金融行业占据上海半壁江山，拥有6家国家级金融要素市场和700多家持牌金融机构，金融市场交易总额约占全市70%。黄浦区拥有丰富的专业服务体系，全球咨询公司TOP10有5家在黄浦，全球会计师事务所TOP10有2家在黄浦，全球人力资源服务机构TOP10有5家在黄浦。这些金融和专业服务机构正加快创新服务模式，开拓科创服务市场。近几年，不少科技企业将总部搬到黄浦区，就是看中了黄浦的金融和专业服务。

三是优质场景资源特别丰富。作为上海的中心，黄浦区拥有得天独厚的场景优势，不但有南京路、淮海路、豫园等顶级商圈，还有上海大剧院、上海音乐厅、演艺大世界、上海博物馆、上海当代艺术博物馆、上海当代艺术馆、外滩美术馆、复星艺术中心等国内外知名的博物馆、美术馆、艺术馆，外滩地区集聚了五

六十家美术馆、艺术馆、画廊、拍卖行、艺术空间。这些场景的特点是开放包容，愿意尝试新产品、新科技，关键是人流如织。黄浦区这些优质的场景资源，是无数科技企业梦寐以求的。

四是政府服务水准国际一流。科创企业的发展往往面临许多现有法律和制度限制，能够为企业解决发展难题的政府服务，无疑对科创企业落地形成强大吸引力。作为上海的中心城区，黄浦区市场化、法治化、国际化水平较高，具有浓厚的为企业服务的意识和传统。近年来，在科创加速的大趋势下，黄浦区更加注重为科技企业营造更有吸引力的科创营商环境，科创政策供给日益丰富，科创人才服务不断优化，成立了 30 亿元的"双创"政府引导投资基金，更多的科技企业愿意在黄浦区集聚发展。

三、黄浦区从示范生到新典范的建议

上海正在建设具有全球影响力的科创中心，相信黄浦区未来也会成为像纽约硅巷、伦敦硅环岛这样的科创回归都市的典范。但从"示范"到"典范"，黄浦区还需要走很长的路，建议通过以下几方面的突破来实现科创引领。

一是选准主导的科创产业。不同区域有不同的基础和优势，在科创赛道的选择上需要因地制宜。以纽约为例，硅巷的科创产业并没有围绕芯片、半导体、生物医药等展开，而是在金融、商业、文化、传媒等产业中融入大量高科技和信息技术，打造金融科技、新型商业和时尚传媒，实现科创与商业、艺术、文化的深度融合，发展出东岸模式。黄浦区是上海的中心城区，要深刻理解和把握科创发展规律，走出中心城科创的路子，围绕"新"做文章，在区块链、人工智能、元宇宙等新赛道发力，推动智能数字技术与传统产业深度融合，打造新商业、新文化、新传媒，引领上海科创潮流之先。

二是推出更多低成本创新创业空间。随着移动互联网、5G、大数据、云计算等信息技术的快速发展，大量科技企业实现制造和其他功能分离，其研发、设计、服务、总部等价值链环节都可以在中心城区的商务楼宇中实现。中心城有很多天然的优势，商业配套完善，交通便利，更容易获得人才等，最大的劣势则是"贵"。创业期和成长期的科创企业融资较难，一方面希望享受中心城区便捷的服务，另一方面又难以承受中心城区的高昂房租。建议黄浦区抓住主要矛盾，通过政府补贴、支持、鼓励等方式，推出一批面向初创企业的租金成本较低的孵化器和众创空间。

三是促进金融与科技的双向赋能。在谈到金融和科创的关系时,科创金融无疑是非常重要的,包括为科创企业提供天使投资、创业投资、科创信贷、科创保险、企业上市等金融服务。金融对科创的另一个重要作用是提供场景。金融机构不但有科技需求,而且还有资金,对于科创企业来说是优质场景。比如,银行业的人工智能水平一直走在各行业前列,是最先使用人工智能的场景之一。对于推出最新科技的企业来说,场景资源是最宝贵的资源。黄浦区金融优势明显,可以在科创金融和金融科技两方面同时发力,助力金融更好地服务科技创新。

四是打响黄浦科创服务品牌。在上海科创中心建设中,以黄浦区为代表的中心城区在为科创企业提供专业服务方面具有天然优势。作为科创主力军,科创企业在成长过程中需要技术、信息、金融、咨询、法律、传媒、知识产权、人力资源等专业服务支撑。黄浦区集聚了很多国际国内领先的专业服务机构,通过打响黄浦科创服务品牌,不仅可以为上海市乃至整个长三角的科创企业服务,还将成为黄浦区科创营商环境的独特优势。

作者:杨宏伟

浦东新区:加快迈向世界级科创高地

20世纪90年代初实施浦东开发开放战略以来,在中央大力支持下,上海举全市之力发展浦东,设立张江、金桥、外高桥、陆家嘴等国家级开发区,支持外资企业在浦东集聚发展,引导高校、科研院所等在浦东落地生根,率先开展自贸试验区改革试点,支持张江建设综合性国家科学中心和国际一流科学城。近30年来,浦东成为我国科技产业发展最快、创新资源投入最大的区域之一,特别是近十多年来,随着一批重大科技基础设施布局,浦东的创新显示度、集聚度显著提升,加快向具有世界影响力的科创高地迈进。

一、浦东是开放的旗手,更是创新的先锋

浦东开发开放是党的十一届三中全会以来,我国改革开放史上具有重大意义的战略部署。30多年来,浦东始终走在我国改革开放前沿,取得了举世瞩目的成就。同时,浦东在创新方面的成就也很耀眼,在浦东开发开放30周年庆祝大会上,习近平总书记明确指出,浦东要全力做强创新引擎,打造自主创新新高地。

浦东之所以有这样的雄心和底气,得益于其在创新方面的前瞻布局。有别于同时代其他地区的开放发展路径,浦东在开发开放初期就植入了创新发展的基因,张江高科技园区就是承载浦东创新发展的核心区域。1992年,张江高科技园区正式开园,对标美国的硅谷作为,规划布局的是软件信息、集成电路、生物医药等前沿产业,1992年设立浦东软件园,1994年张江药谷启动建设,1995年华虹微电子成立,2000年中芯国际成立……

在科学研究方面,浦东也是一马当先。20世纪90年代中后期,浦东就开始谋划科学设施、科研机构、研究型大学等的建设布局。1999年,上海光源项目开展预制研究立项,在此后20多年里,超强超短激光装置、软X射线自由电

子激光装置、硬 X 射线自由电子激光装置等一大批国家重大科技基础设施落地浦东。2003 年中国科学院上海药物所迁至张江，2013 年上海科技大学成立，2018 年李政道研究所实验室选址张江，2018 年首届世界顶级科学家论坛在临港召开……

二、当仁不让的国际科技创新中心核心区

《中共中央　国务院关于支持浦东新区高水平改革开放打造社会主义现代化建设引领区的意见》明确提出，建设国际科技创新中心核心区，这也是首次从国家战略层面赋予浦东在上海科创中心建设中的功能定位。浦东之所以具备建设国际科创核心区的底气，源于其经过 30 多年的砥砺前行，在科学设施、科研机构、硬核产业、创新人才等方面积累了丰厚的家底，已成为具有国际影响力的科技创新高地。

一是重大科学设施高地。浦东在重大科学设施硬件建设方面投入力度非常大，科学设施数量在全国乃至世界均属于领先地位。上海现有的 3 个国家实验室，有 2 个在浦东（一个在张江、一个在临港）；全市已建、在建和规划的 20 个大科学装置，有 14 个在浦东，浦东已经建成世界领先的光子大科学装置集群，这样的大科学装置数量和密度在世界范围内也是比较少见的。与此同时，浦东在吸引和集聚研究型大学和前沿基础研究机构等方面也做了大量的工作，上海科技大学已成长为领先的研究型大学，复旦大学、上海交通大学、同济大学、浙江大学、中国科学技术大学等国内知名大学纷纷在浦东设立研究机构，近年来还引进了李政道研究所、朱光亚研究院、前瞻物质科学研究院等顶尖科研机构，科学机构和平台建设成效显著。

二是硬核科技产业高地。上海三大先导产业的主战场就在浦东，全市六大重大产业中的电子信息、汽车、生命健康、高端装备等，浦东也是最重要的承载区。为此，浦东专门提出了中国芯、创新药、智能造、未来车、蓝天梦、数字港六大硬核产业，在这些领域，浦东不仅有着产业规模的优势，更是产业集群的引领者和科技创新的策源地。以三大先导产业为例，浦东集成电路产业规模占到上海的七成，集聚了中芯、华虹、海思、紫光展锐等头部企业，人工智能产业规模也占到上海的四成，生物医药的规模占比虽不算太高，但是业界历来有"全国三分之一的创新药出自张江"的说法。

三是高端创新人才高地。浦东拥有高质量的创业平台，同时在人才引进培

育方面下功夫、勇于创新，近年来推出人才 14 条、海外人才 9 条、人才发展 35 条等系列突破性政策，特别是在海外人才引进方面，张江在全国率先实施外籍人才永久居留推荐"直通车"试点，实施科创人才通关、留学生直接工作等便利化措施。长期以来，张江科学城是海外人才归国创新创业的首站和首选，特别是在三大先导产业领域，汇聚了众多的海外人才。目前，浦东集聚了众多两院院士和顶尖高科技人才，集聚了全市超过三成的人工智能人才，生物医药相关从业人员也达到全市的 46％，六大硬核产业从业人员总量超过 70 万人。

四是创新创业生态高地。作为我国改革开放前沿高地，从金桥到张江再到临港，浦东在创新创业生态营造方面极具战略眼光和创意。在浦东开发开放初期，金桥开发区前瞻规划布局了碧云社区，很多外资企业高管表示，碧云社区是他们快速做出落户金桥的重要原因。1994 年，张江高科技园区启动了以科学家命名的道路规划，如今已形成 18 条以古今中外科学家命名的道路，如张衡路、蔡伦路、祖冲之路、牛顿路、高斯路、伽利略路……在这些道路两侧，集聚了大量国内外知名的科学设施、科研机构、企业总部等。2018 年，临港举办了首届世界顶尖科学家论坛，目前已经举办了五届，临港乘势而上打造了世界顶尖科学家论坛永久会场、世界顶尖科学家社区，打造了由诺贝尔奖获得者牵头组建的顶级科学家工作室以及各类高能级实验室等。

三、浦东建设世界级科创高地的几点建议

浦东要建设世界级科创高地，必须在创新策源方面发挥更大的作用，要汇聚全球高层次人才，要培育世界一流企业，要牢牢占据未来产业发展的制高点。

一是打造科技创新的核爆点。上海市委书记陈吉宁提出："一个创新的城市应有几个'核爆点'，这里是创新思想的源泉、新赛道的风口点，是全球各类最好创新资源的汇聚区。"浦东具备率先打造创新核爆点的条件，同时这也是未来浦东跻身世界顶尖创新区域的关键。浦东最有条件打造创新核爆点的区域，一是张江科学城，二是临港新片区。目前张江科学城打造创新核爆点的基础条件更好，一方面，张江科学城集聚了大量的大科学设施、研究型大学以及高能级科研院所，可以为核爆点提供源源不断的新思想、新技术；另一方面，张江科学城拥有大量高水平的科技企业和产业园区，可以为核爆点提供完整的产业链配套。可以考虑在张江城市副中心区域范围内，张江南区科创中心板块约 3 平方千米的区域，重点打造浦东新区的创新核爆点。

二是培育世界级科技领军企业。在整个创新链条中，企业是最终面对市场和消费者的创新主体，是市场竞争的直接参与者和核心力量。一个国家、一个地区要在激烈的竞争中胜出，仅靠企业数量多是远远不够的，必须有一批占据产业链和创新链顶端的科技领军企业。浦东已经培育出中芯国际这样的准世界级硬核科技领军企业，但领先程度和话语权还不够，同类级别的科技领军企业数量也不多。未来浦东要把培育世界级科技领军企业作为产业发展的重要工作来抓，要研究科技领军企业的成长轨迹，抓住重点和关键环节，营造有利于科技领军企业成长的环境。

三是形成未来产业迸发的土壤。未来产业已被明确写进国家"十四五"规划，上海等多个省市也专门出台了未来产业发展的政策文件，十二届上海市委三次全会首次将未来产业与三大先导产业并列提出，彰显出未来产业在上海市产业发展中的重要地位。未来产业之所以重要，一方面因其由前沿颠覆性技术驱动，一旦掌握就拥有了高科技产业的主动性和话语权；另一方面是其反映了未来的需求方向，蕴藏着巨大的市场前景。上海提出的未来产业五大领域16个赛道，有半数以上赛道的主战场在浦东。未来浦东要营造好未来产业的生态，搭建科学家、企业家、投资家共同探索未来技术和产业发展的平台，打通基础研究、技术研发与转化、企业孵化的创新链条，抢占未来产业的制高点。

四是营造人才近悦远来的环境。党的二十大报告明确提出，人才是第一资源。浦东历来重视人才工作，集聚了很多科技和产业方面的人才，但与世界领先创新区域相比，在高水平人才储备量和吸引力等方面还有不小的差距。浦东要建设世界级科创高地，还需要进一步汇聚天下英才，特别是要重视对顶尖科学家和高层次人才的引进和培育。为此，建议浦东可考虑再建设布局1～2所顶尖的研究型大学，支持国家实验室、重大科技基础设施、高水平科研机构面向全球招揽人才，发挥世界顶尖科学家论坛和浦东院士交流中心等高端平台的作用，集聚国内外顶尖的科学家和科创领军人才。

作者：芮晔平

宝山区:从钢铁之城到上海科创中心主阵地

以前谈起上海科创中心建设,大家首先想到的是坐拥张江科学城的浦东新区,是拥有复旦大学、同济大学的杨浦区,是拥有上海交通大学、华东师范大学的闵行区,是大院大所大校云集的徐汇区,很难想到又"黑"又"重"的钢铁之城宝山区。如今提起宝山区,大家耳边肯定会响起"上海科创中心主阵地",宝山区在上海科创中心建设中的分量也越来越重。

一、科创中心主阵地建设跑出加速度

2020 年,十一届上海市委十次全会明确提出"加快宝山南大、吴淞地区转型,大力发展大学科技园,全面推进产城融合创新发展、新兴产业创新发展,打造成为全市科技创新中心建设的主阵地之一",为科创宝山发展定好了主基调。为贯彻落实市委、市政府的要求,宝山区将科创中心主阵地建设纳入"十四五"规划,并制定科创中心主阵地专项规划,陆续出台《宝山区推进上海科创中心主阵地建设三年(2021—2023)行动计划》《宝山区加快建设上海科创中心主阵地促进产业高质量发展政策》等一系列支持政策。

近年来,宝山区科创中心主阵地建设日新月异,成果不断涌现。宝山通过对又"黑"又"重"的老工业基地进行改造翻新,融入各类科创元素,整个面貌焕然一新,曾经锈迹斑斑的老厂房、老堆场、老港区,逐渐被文化创意展厅、产业孵化基地、创新产业园区和邮轮度假平台取代。

创新主体加速涌现。2022 年,宝山区高新技术企业总数达 1 475 家,同比增长 35%;国家专精特新"小巨人"企业、市专精特新企业分别新增 13 家、118家,同比翻两番、增长 60%。新增国家(市级)企业技术中心 12 家、市科技"小巨人"工程企业 6 家;2021 年以来新增院士专家工作站 8 家。

大学科技园引领作用持续凸显。环上大科技园被列为南北转型重点区域,宝山复旦科创中心赵东元院士项目落地,北大科技园正式开园,上海第二工业大学、同济大学、上海理工大学、上海海洋大学、悉尼科技大学等项目加速落地。

硬科技产业赛道加快布局。积极布局新材料、机器人及智能装备、新一代信息技术和生物医药四大硬科技产业赛道,当前这四大领域产值占宝山规上工业总产值比重已经达到 58.4%。

创新生态环境不断优化。创新孵化载体加快布局,现有市级以上创新创业载体 32 家,国家级创新创业载体 8 家。科创企业融资服务持续提升,开启风险共担的创新应用,政策性担保持续助力中小企业发展,围绕人才发展引育留用全生命周期环节,持续优化人才服务。

二、宝山区向科创中心主阵地迈进的十八般武艺

宝山区敢于打造上海科创中心主阵地的底气来自哪里?从打好大学牌、布局硬科技、打造大平台到营造生态圈等,宝山区正在不断向我们展示它的十八般武艺。

(一) 打好大学牌

大学科技园一头连着高校,一头牵着产业,是重要的创新策源地,是科技成果转化的首发地。宝山区以上海大学为出发点和核心点,同时依托高校朋友圈,引进复旦、同济、北大等一批知名大学科技园品牌,构建宝山大学科技园联盟,让越来越多的高校投身宝山科创中心主阵地建设,发扬高校科技成果转化优势,引领区域经济转型,策源未来产业发展。环上大科技园加速构建各类科创平台,形成孵化基地 3 个、中试加速基地 5 个、重点领域应用技术平台 3 个。推动建立环上大科技创新联盟,聘用顶尖科学家、业界大咖为专家顾问,积极引入人才活水。宝山复旦科创中心落地中国科学院赵东元院士领衔的功能介孔材料研发等 3 个国内外领先科技项目。北大科技园 2022 年正式开园,成功入选上海市 2022 年科技创新创业载体培育体系。同济大学科技成果转化概念验证宝山中心落地,研究建设智能建造研究中心、同济大学科技园等并达成初步共识。

(二) 布局硬科技

从传统钢铁工业基地转型而来的宝山,持续推动新旧动能转换,正成为新

兴产业的摇篮。新材料、机器人及智能装备、生物医药和新一代信息技术四大硬科技赛道持续发展,其中新材料、生物医药和机器人在全市形成了突出显示度和独特竞争优势。新材料地位突出,"石墨烯"和"超导"成为两大名片,石墨烯产业技术功能型平台持续推动从基础研究到产业化的创新,上海国际超导建成全国首条千米级高温超导电缆示范工程;机器人及智能装备产业高度集聚,工业机器人和产业机器人已成为宝山特色,服务机器人也在努力赶超。目前,宝山区规上工业机器人产值 84.8 亿元,同比增长 22.1%,占上海市工业机器人产值的 35.4%,集聚发那科、安川、快仓、视比特、赛赫智能等一批优势突出、特色鲜明的机器人企业;生物医药加速崛起,近两年产值增速超过 70%,集聚生物医药企业近 400 家,呈现每年翻番之势,同时宝山区在全市率先布局合成生物,挂牌本市第一家合成生物产业园。

(三) 打造大平台

科创产业的发展离不开产业平台的支撑,吴淞创新城和南大智慧城这两个由老工业基地转型的重点板块以及五大特色产业园区,既能提供中心城区的高品质科创载体,又能提供大规模的成果转化和先进制造基地,正加速成为宝山科创中心主阵地核心承载区。吴淞创新城作为以钢铁工业和港口运输为主导的传统工业基地,占地 26 平方千米,是上海市转型区域中面积最大、条件最好、配套最全的一块不可多得的"大衣料子"。目前吴淞创新城的规划、开发、建设等各项工作进入快车道,充分依托现有央企、市属国企等资源优势,以新材料、新硬件和新经济"三新"产业为引领,全力打造世界级长三角科创中心。南大智慧城同样是市五大重点转型区域之一,占尽地理优势,半小时车行距离内可至人民广场、上海虹桥火车站。10 千米半径内,云集复旦大学、同济大学、上海财经大学、上海大学等众多高校。南大智慧城正聚焦智慧医疗、人工智能、软件服务等数字经济赛道,着力引进优质企业和高能级项目,打造全市数字经济标杆引领区。宝山区拥有北上海生物医药产业园、上海机器人产业园、超能新材料科创园、数智南大产业园、宝武(上海)碳中和产业园五大市级特色产业园区,位居全市第二,为宝山进一步集聚优质企业、布局产业新赛道提供了有力的抓手。

(四) 营造生态圈

宝山区正在打造热带雨林般的创新生态,着力激发区域创新活力,推动科技创新成果转化产业化。构建新型研发体系,围绕三大产业方向,推进龙头企业与高校、院所共建新材料、生物医药、智能制造产业技术研究院或公共技术平台,搭建平台与三大特色产业园的联动机制,增强科创引领北转型的引擎动能。加快建设石墨烯、智慧诊断、新能源关键材料、新药研发与转化等市区两级功能型平台。宝山计划在医疗器械、"双碳"和新能源、机器人及智能制造、新材料等领域建设若干创新联合体,根据不同产业特点、规模属性,通过强强联合、以大带小、聚沙成塔等多种联合体模式循序推进。遵循科技型企业全生命周期发展特点,早期提供科技成果转化先投后股创新试点政策、长三角国创中心拨投结合政策、银基保贷投保联动多元化支持模式,尤其是先投后股政策,对于从 0 到1、从 1 到 10 阶段的项目和企业而言,为其送上了"雪中的第一筐炭"。中期配套科创母基金、专项子基金,帮助对接基金生态圈伙伴,提升市场募资能力,中后期南大科创金融服务中心跨前提供上市辅导,提升上市效率。

三、宝山区打造科创中心主阵地的几点建议

宝山区要打造上海科创中心主阵地,既要聚力锻造长板,也要逐步补齐短板,这样才能蹄疾步稳,为此提出如下几点建议。

(一) 打响科创空间品牌

提起上海科创中心建设,大家首先想到的是浦东的张江科学城、闵行大零号湾全球创新创业集聚区、杨浦五角场和环同济、松江 G60 科创走廊。虽然宝山区上海科创中心主阵地建设成果有目共睹,但科创中心主阵地是个全域概念,缺乏一个能够叫得非常响亮的科创空间板块。宝山区应进一步聚焦环上大科技园,加大各类资源要素倾斜,打造全链条布局的创新生态,同时加大宣传推介力度,打响环上大科技园空间品牌,着力提升在全市的科技创新显示度。

(二) 增强创新策源功能

宝山区缺乏中国科学院研究所,"双一流"高校也仅有上海大学一所,相比而言,嘉定区拥有中国科学院院所十余个,闵行区也坐拥上海交通大学和华东师范大学等高水平大学,整体来说,宝山区在原始创新主体的数量上相对缺乏。原始创新策源能力是区域不可或缺的发展引擎,宝山区要尽量补齐这块短板,加快建立以上海大学为核心的"1 + N"原始创新体系,持续加强与国内外高水平研究型大学及科研院所对接,积极推动高水平研究型大学院所在宝山设立分

校、分院、研究院和实验室等分支机构,积极引进国家实验室分基地,着力提升区域原始创新策源能力。

(三) 强化科技成果转化产业化

近年来,宝山区聚焦科技成果转化产业化,持续推出建立科技成果研发转化功能平台、组建创新联合体、率先建立先投后股改革试点、设立宝山科技成果转移机构等一系列改革举措,引发了学界和产业界的广泛关注,各类创新主体纷至沓来,加速向宝山集聚。宝山区应进一步强化科技成果转化优势,加大创新改革试点,围绕硬科技赛道领域,从组建新型研发机构、布局概念验证中心、建设小试中试基地、打造高质量孵化器和完善风险共担的科技金融体系等维度,构建全链条加速的宝山样板,持续推动科技的种子在宝山落地扎根、开花结果。

(四) 集聚青年科技创新人才

创新驱动实质上是人才驱动,谁拥有一流的创新人才,谁就拥有科技创新的优势和主导权,尤其是青年科技人才,决定着科技创新的活力和未来。宝山区相对全市其他重点科创区域,在青年人才竞争力方面略显不足,虽不能称为人才洼地,但也很难说是人才高地。宝山区应围绕青年人才的引、育、留、用等全生命周期环节,做好全方位服务,打造近悦远来的青年人才集聚地。打响"海聚英才、智聚科创"云选会活动品牌,充分利用海外引才工作站等渠道,持续引进青年人才。依托以上海大学为首的高校联盟和产业联盟,加快青年人才培育。完善青年人才服务,提供低成本的人才公寓,打造书房、剧院、体育场馆、咖啡厅和酒吧等促进青年人才交流的文体娱乐空间。

作者:朱加乐

嘉定区：科技创新和产业创新双轮驱动，
促进嘉定科技创新"出圈"

科技，是嘉定的重要基因，这里诞生了无数个"第一"：为第一颗原子弹研制作出贡献的 J501 大型计算机、第一台每秒 500 万次的大型计算机、第一颗人造地球卫星"东方红一号"播放设备、第一台等离子喷涂装置、第一块激光钕玻璃……

嘉定区位于上海西北部，是江南历史文化名城，是一座国际汽车城，是仅次于浦东的制造业强区，亦是市郊唯一的科创中心重要承载区。1958 年，嘉定被命名为"上海科学卫星城"，科创底蕴自此开始形成。2015 年，嘉定被市委、市政府确定为上海建设具有全球影响力的科技创新中心重要承载区。从科学卫星城到创新活力城，嘉定积极发挥科技资源密集、实体经济发达、自主创新突出、创新人才集聚的比较优势，逐渐形成了全国首屈一指、国家级科研机构高度集聚的大格局，全面打响"科技嘉定"品牌。

一、院地合作和汽车变革牢筑嘉定创新基石

随着中国科学院上海光学精密机械研究所、华东计算技术研究所等一大批科研机构相继迁入，开启了科研院所在嘉定创办发展的历史篇章。在新时期，嘉定又集聚了中国科学院上海光学精密机械研究所、中国电子科技集团公司第三十二研究所、上海中科国家技术转移中心、中国科学院电动汽车研发中心等创新科研机构，形成了"十一所三中心二基地"的国家级科研院所和 7 所高校的集聚态势，"科技嘉定"成为一张闪亮的名片。

科研力量的壮大，也助力了嘉定产业的创新转型。随着汽车电动化与智能化进程的推进，嘉定推动汽车"新四化"领域的创新，集聚了蔚来、理想、集度、智己等一批全球领先的新势力品牌，设立了国内首个智能网联汽车试点示范区，发出全国首张无人驾驶测试牌照，上海智能网联汽车规模化载人示范应用启动……嘉定为汽车产业一个个奇迹的诞生提供了广阔的舞台，逐步完成了从汽

车城到世界级汽车产业中心的转变。

随着芯片在汽车供应链中的地位逐步上升，嘉定积极布局集成电路装备及材料产业，产出了艾普强的质子治疗装置、和兰透平的燃气轮机等一系列重大项目成果，嘉定逐步实现以智能传感器为核心的集成电路产业发展。嘉定又依托复旦、瑞金两大创新锚点以及联影医疗等链主企业，发展高性能医疗设备及精准医疗产业，诞生了中国首台自主研发的高性能超导磁共振系统，实现了PET数字光导探测器、MR超导磁体、RT多叶光栅等全线高端医学影像及放疗产品核心部件的自主研发。嘉定科技创新和产业的创新发展正走在大有可为的道路上。

二、嘉定科技创新的三把利器

（一）独特的院地合作转化模式

党的十八大以来，嘉定实施"凤还巢"战略，吸引了一批科研院所回归。目前，嘉定全区集聚了上海光学精密机械研究所、上海应用物理研究所、中国科学院声学研究所东海研究站、中国电子科技集团公司第三十二研究所、上海核工业第八研究所等11家国家级科研院所，拥有9个国家级重点实验室、国家工程技术研究中心，40余个国家和省部级研究平台。嘉定积极探索"一所一园""一园一策"模式，推动科嘉示范园、拟态安全产业园等科研院所特色园区建设，谋划院地合作千亿级科技园建设模式。持续推动平台载体建设，打造了8英寸研发中试线、智能型新能源汽车两个市级研发转化功能型平台，围绕集成电路陆续布局国家智能传感器创新中心、上海集成电路装备材料产业创新中心等创新平台，嘉定与中国科学院上海分院合作建立国家技术转移中心嘉定产业基地，与中国工程院联合成立院士成果展示与转化中心，为重点领域的科技成果转化提供服务平台。目前院地合作企业数达到480余家，上海微系统与信息技术研究所孵化出新傲科技、率盛数据、腾盛智能，中国电子科技集团公司第三十二研究所孵化出欧菲智能、华东汽车、华验精密，上海光学精密机械研究所孵化出飞博激光、纪衡数码，上海微技术工业研究院累计育成孵化11家企业，估值超63亿元。

（二）与时俱进的产业培育模式

嘉定在培育产业方面主要通过三条路径：鼓励主导产业转型发展；围绕主导产业发展战略性新兴产业；前瞻布局潜力产业，培育产业发展优势。汽车是嘉定的重大产业，为嘉定贡献了70%的产值、60%的销售、50%的GDP、40%的就业、30%的税收。从传统油车到新能源车，嘉定抓住机遇，主动拥抱汽车产业新变革，引入上汽集团创新研究开发总院、上海汽车芯片工程中心等高能级平台，建立智能网联汽车和氢能及燃料电池汽车两大产业联盟，加快新能源汽车和智能网联汽车公共数据"双中心"迭代升级，全力支持传统车企转型升级。2022年，嘉定汽车产业规模超8 300亿元，其中汽车"新四化"总产出1 646.9亿元，实现了汽车产业从制造到创造到引领的发展过程。此后，随着汽车电子的爆发式增长，嘉定围绕智能驾驶、智能硬件、智能机器人等领域发展基于MEMS半导体工艺，涵盖力、光、声、热、磁、环境等类目的智能传感器产业，实现了智能传感器及物联网产业从培育到壮大的发展历程。嘉定紧跟科技创新发展的趋势，深挖产业发展新增长点，在联影医疗、三友医疗等龙头企业的引领下，擦亮嘉定高性能医疗设备及精准医疗产业品牌，实现了高性能医疗设备及精准医疗产业从突破到引领的转变。

（三）"大树"建"林带"的企业培育模式

通过实施"蚂蚁雄兵"计划，夯实创新培育链，完善创新主体梯度培育发展体系。嘉定区目前拥有高新技术企业2 453家、国家级专精特新"小巨人"企业70家，总量均位列全市第二；市科技"小巨人"（培育）企业283家，居全市第三；拥有民营企业总部46家，A股上市企业31家，均位居全市第三，企业硬核创新实力突出。嘉定区创新企业集聚还得益于嘉定围绕"大树"打造"林带"，充分发挥链主企业的带动作用，推动上下游产业链企业集聚，如位于嘉定工业区的联影小镇，以链主企业联影医疗为核心，围绕高性能医疗设备集群，重点发展影像诊断设备及系统、高端医疗芯片及元器件、高端治疗设备、自动化试验设备等。再如链主邦迪汽车发挥创新带动作用，促进配套器件、控制器件等上下游企业转型，全产业链向"新四化"方向进发。

三、嘉定进一步推动科技创新发展的建议

嘉定建设上海科技创新中心重要承载区、长三角综合性节点城区的目标愿景已经绘就，嘉定新城要发挥全区在创新资源和高端产业方面的优势，着重推动院地深度合作，促进成果转移转化，进一步促进科技赋能新兴产业，营造符合科技创新的生态环境。

（一）持续深化院地合作，打造院地合作科技成果转化示范引领区

聚焦智能驾驶、智能传感器、高性能医疗设备等重点领域，鼓励嘉定区龙头企业与高等院校、科研院所组建创新联合体，开展科研和产业化项目攻关，着力突破一批关键核心技术。进一步加强孵化转化关键环节功能平台建设，聚焦汽车"新四化"、新能源、新材料、精准医疗、智能制造等科研资源优势明显的细分领域，鼓励龙头企业、科研院所等牵头建设或共同建设概念验证中心，支持概念验证中心提供技术验证和商业验证，打通科技成果转化的"最初一公里"，提高成果转化成功率。引导高校院所、创投机构、龙头企业布局建设学研投产交叉赋能、大中小企业融通发展的特色孵化器，提升区内重点孵化器的专业化、市场化、品牌化和国际化水平，重点打造一批高质量孵化器。

（二）加快布局未来产业集群，打造未来产业高质量发展的标杆样本

优势产业是发展的硬实力，是一个城市在激烈的竞争中占领制高点、赢得发展主动权、掌握行业话语权的关键。在汽车"新四化"和智能传感器及物联网超前布局的背景下，嘉定在未来智能和未来能源领域打下了坚实的基础。未来嘉定要着眼于开辟发展新领域新赛道，塑造新动能新优势，增强全区经济创新力和竞争力。以场景驱动、衍生应用为牵引，推动现有优势产业未来化，全力打造未来智能、未来能源产业集群；以跨领域技术融合创新为导向，推动尖端项目产业化，突破打造未来材料、未来健康产业领域；以科研院所前瞻技术供给为依托，推动原创科技成果产品化，探索开拓未来空间未来产业方向。

（三）打响世界级智能网联汽车品牌，打造智能驾驶的全球引领者

在汽车产业变革的下半场，技术革命将进入深水区，智能网联汽车作为智慧城市、智能交通、智慧能源等协同发展的枢纽，也已成为数字经济时代信息流

动的关键载体。近年来,嘉定依托国内唯一的电动汽车国际示范区和全国首个智能网联汽车试点示范区,集聚了一批头部企业。未来嘉定要继续吸引全球顶尖的科研机构、创新人才和科技企业,打造智能网联汽车高新技术综合体,构建集中运用计算机、现代传感、信息融合、通信、人工智能及自动控制等技术,集环境感知、规划决策、多等级辅助驾驶等功能于一体的综合系统。重点在智能驾驶的前沿技术创新、国家乃至国际标准制定、应用场景开发、技术成果交易以及科技企业培育等方面走在世界前列,带动长三角乃至全国汽车产业转型升级。

(四)加快创新服务配套,打造创新种子开花结果的热带雨林

加强创新服务配套,能够促进创新要素合理配置,促进创新系统高效运行。未来嘉定区要着重完善科技服务体系,聚焦以三大产业为核心的重点领域,积极引入专业研发设计服务、创业孵化服务、技术转移服务、检验检测服务等科技成果转化服务机构,不断提升科技服务产业的承载力和支撑力,提供高端科技成果转化服务。强化金融赋能科技创新,设立产学研合作专项资金,重点推动中试基地、公共服务平台等产学研协同创新载体建设和重点产学研合作项目,促进科技成果转化。此外,相较于中心城区,嘉定需要进一步提升环境品质形象,提升医疗、教育等公共服务品质,提供低成本、多元化、高品质的居住服务,吸引并留住各类创新创业人才。

作者:蒋英杰

虹口区：如何成为上海最硅巷地区

作为中心城区，虹口区是上海首个提出硅巷模式的中心城。从科技回归都市的趋势看，未来上海将有更多的区域提出打造上海硅巷的口号。那么，虹口的硅巷模式到底探索到了什么程度？现在的虹口是不是已经形成了与硅巷模式相匹配的科创生态？虹口要想成为上海最硅巷地区，还可以在哪些方向发力？

一、成为潜力股：虹口科创发展初具规模

虹口已然成为打造上海最硅巷地区的潜力股。早在 2015 年，虹口就提出打造上海硅巷。2021 年，虹口区进一步在区科技创新"十四五"规划中，明确了要以"硅巷型创新"和"嵌入式集聚"为路径，最大限度调动和释放区域的创新动力和创造活力，为虹口"十四五"期间的科创发展指明了方向。

当前，虹口的科创产业加快布局，围绕"2 + 4 + X"重点产业方向，聚焦"两大两新"（大数据、大健康，新材料、新能源）科技产业，依托科技全面赋能和引领北外滩开发建设，集聚前沿新兴产业集群，打造高能级的全球科技创新信息流、成果流、人才流、资金流的汇聚点，加快推进具有全球影响力的上海科创中心建设，为全力打造虹口区硅巷型科创中心和升级版的国际创新港，也为打造上海科创中心特色功能区提供了有力支撑。

虹口的科创产业总体规模扩大，产业集聚度显著提升，科技创新功能型平台机构集聚发展。截至 2022 年，区内累计集聚高新技术企业 459 家，高新技术企业密度居全市前列。集聚蓝晶微生物等合成生物龙头企业，集聚 38 家元宇宙企业，其中包括未来跳动、灵伴科技等 11 家优质元宇宙企业。引进天弥数码、菁卡信息等 5G 产业链上下游企业 420 家。区内拥有国家级专精特新"小巨人"企业 3 家、国家级企业技术中心 2 家。成功打造"全球双千兆第一区"，华为—上海 5G＋XR 创新中心、上海市工业互联网协会等一批功能型平台相继

落地。合并组建北科创集团,北外滩集团成功发行公司债"22北外滩",推动北科创与北外滩形成南北联动、协同发展的重要载体。

二、亮出看家活:如何构筑硅巷科创生态

一个区域要成为上海最硅巷地区,前提在于拥有与硅巷模式对应的科创生态。目前,对照纽约硅巷的发展经验,虹口区在区位空间优势、科创主体集聚、金融赋能科创、科创生态构建等方面都有较好的表现。

(一) 区位优势与科创空间功能初步凸显

区位优势和空间载体对纽约硅巷的崛起有不可忽视的作用。作为上海中心城区之一,虹口位于黄浦江、苏州河"一江一河"交汇处,尽享浦江两岸世纪同框,区位优势明显,发展积淀深厚。从空间载体看,北外滩作为上海中心城区不可多得的黄金地段,集聚了白玉兰广场、北外滩来福士、友邦金融中心等一批高端商务载体,能为企业提供比肩陆家嘴的商务办公空间。北中环科创集聚带正推动低效产业园区和工业厂房整合转型,汇集张江虹口智慧健康医疗产业基地、同济科技园虹口园、明珠创意产业园、1876老站创意园、新业坊LAB等18个园区,约40万平方米产业空间。世界会客厅也逐渐承担起上海市重要会议和世界重要宾客接待任务。

(二) 各类科创主体高密度集聚

纽约硅巷建设的经验之一在于吸引了各类高校院所、科技企业进驻,推动科创主体高密度集聚。目前,虹口区也在持续向提升区域创新浓度方向发力。截至2022年,区内累计集聚高新技术企业459家,按照虹口的体量,相当于每平方千米集聚高新技术企业19.6家,密度位居全市前列。区域内及周边还集聚了同济大学、复旦大学、上海财经大学等高校及上海材料研究所、中国科学院上海技术物理研究所、上海勘测设计研究院、华东电力设计院等大院大所。如今,虹口还把北外滩和北中环建设提升到战略高度,这也意味着未来虹口将会引进更多高能级的科创主体。

(三) 金融资本赋能科创潜力释放

曼哈顿是世界金融中心和全球CBD,风险资本是纽约硅巷诞生于曼哈顿

的核心要素。虹口区的金融产业以投资管理为特色,是带动区内经济增长、财政增收、经济结构优化提升的核心支柱产业。目前,虹口资产管理规模超 8 万亿元。其中,百亿级私募 15 家,数量居上海市第一。近年来,虹口在各类资本市场上市上板科技企业达 45 家,科技企业获债券融资 1.89 亿元。部市合作项目"绿色技术银行"成立了 35 亿元绿色技术成果转化基金。此外,虹口还集聚了全国碳排放权交易市场、北外滩科创路演中心、绿色技术金融协同创新联盟等平台,加快推动区内金融赋能科技作用显现。

(四)科创服务资源形成服务生态圈

纽约硅巷所在的曼哈顿区排名前四的产业均为知识密集型服务业,为科创主体提供了全方位的科创服务。虹口也积极建立遍布全区的创新创业服务平台体系,初步形成了高品质全要素生态圈。虹口不仅汇集了一批成果转化、法律顾问、财务咨询、创业孵化第三方专业化科技服务机构,还集聚了上海科技成果转化促进会技术转移和成果转化创新平台、上海科技成果转化法律服务中心等科技创新成果协同服务平台。同时,为了更好地服务科创人才,虹口区科委还与北外滩企业服务中心签约打造了北外滩国际人才领航站。

三、寻找发力点:成为上海最硅巷地区还可以做什么

想要成为上海最硅巷的地区并不容易,不仅要拥有与硅巷模式对应的科创生态,更要学到硅巷模式的精髓;不仅要学到精髓,还要结合自身实际,突破现有的硅巷模式。虹口需结合自身实际,更大程度地挖掘区域潜力,走出有虹口特点的硅巷模式。

(一)挖掘更多社会化应用场景

纽约硅巷的发展特点在于,以服务人的需求为核心构建场景,让科技方方面面赋能社会化场景。目前虹口对现有文化、社会资源的挖掘仍然有待提升,亟须加大挖掘力度,让虹口更好地将科创融入社会生活。一方面,可以充分发掘虹口足球场的应用场景优势。虹口足球场对虹口有一定的特殊性。一提到虹口,十个人里面有八个会想到虹口足球场。把虹口足球场打造成上海乃至国内首屈一指的科技体育场馆,既可以支持区内 5G 技术、数字 XR、元宇宙等技术应用,对虹口自身 IP 的建设也相当有益,能够间接吸引年轻人才认识虹口、

在虹口生活。另一方面,虹口可以打造更多数字文创 IP。利用数字化技术赋能文旅及影视制作,进一步挖掘鲁迅公园、中共四大遗址、多伦路文化名人街、远东反战大会旧址、百老汇大戏院等文创 IP 价值,提升各类数字文创 IP 的沉浸式、互动式体验,为红色文化和海派风情的传承与弘扬提供科技动力。此外,据官方统计,2023 年虹口全区老龄化程度位居全市首位,虹口也可在社会康养方面做布局,推动科技赋能养老工作。

(二) 加快推动区域内部联动

一方面要推动区域内部优势联动。纽约布鲁克林科技三角区的崛起离不开布鲁克林 DUMBO 区、布鲁克林造船厂和布鲁克林市中心区三大区域的有机联动。虹口目前初步提出了"双北"联动格局,联动的关键是要带动区域"动"起来。北外滩金融优势明显,希望集聚一批科创总部。北中环产业园区多,企业多为初创企业、中小型创新企业,有较大的融资需求。虹口可为北外滩金融资本和北中环的创新企业牵线搭桥,解决北中环创新企业面临的资金问题,助力在北中环成长壮大的优质企业在北外滩"定居",实现区内优质科创企业输送闭环。另一方面,要不断改善区内交通环境。根据纽约布鲁克林科技三角区和皇后区长岛市等新兴硅巷空间的建设发展经验,强大的交通网络是硅巷发展不可或缺的因素。虹口北外滩大部分道路仍以单车道为主或单向道保留使用,道路交通条件不足以承载未来更大的人口流量。虽然北横通道项目加速推进,但项目推进仍需要时间,区域内部总体仍存在南北不通、东西不畅的问题,尤其是南北向道路仍需扩容。

(三) 推动与杨浦、黄浦等周边区域合作

一方面,要加快与杨浦资源联动。纽约的应用科学计划通过与全球著名大学合作,打造高水平的研发中心,实现对科技创新人才和企业的吸引。虹口虽然有一批高校院所,但高校资源相比杨浦略显不足。建议虹口和杨浦加强合作,支持区内企业与杨浦高校院所合作共建科创孵化器、创新联合体、新型研发机构等,推动更多创新企业、创新人才集聚。同时,杨浦商圈基础较为薄弱,虹口也可与杨浦在商圈应用场景加强合作。另一方面,要和黄浦合力打造更多应用场景。虹口与黄浦同属金融、航运等现代服务业发达的中心城区,北外滩与外滩均是知名的网红打卡点,深受青年人才的喜爱。虹口可以与黄浦加强合作,着力推动北外滩滨江与黄浦滨江合力打造精品数字化航运旅游专线。同

时，虹口也可在数字化商圈建设方面与黄浦加强合作。

（四）形成更加清晰的科创产业

科创产业在精不在多，虹口要结合自身资源禀赋及功能定位，集中精力发展优势产业。一是要聚焦生命健康产业。虹口在智慧健康产业方面积累了一定的基础，张江虹口园智慧健康医疗产业基地以"互联网＋健康医疗"为特色，吸引了中科润达、全景影像、复星领智等一批高知名度医疗企业入驻。下一步可以继续聚焦生命健康产业，扩大智慧医疗、精准医疗、在线医疗、高值医疗器械等服务和产品多元优质供给，打造一批"5G＋医疗垂直行业"应用场景。二是重视推动智能制造产业。虹口是全球双千兆第一区，拥有致景科技、西门子、华为—上海 5G＋XR 创新中心、上海市工业互联网协会等一批工业互联网资源。目前，虹口厂区逐渐向智能制造、高科技制造方向转型，下一步可以依托区内 5G、工业互联网的优势，带动区内制造业打造个性化、定制化的智能制造新范式。三是支持绿色低碳产业发展。绿色低碳已成为热门新赛道，虹口拥有全国碳排放权交易市场，集聚银行、公募基金、资管公司、保险公司等金融机构，在发展绿色金融方面潜力较大，下一步应当深化和上海环境能源交易所在绿色金融、节能环保、科技创新等领域的创新。

（五）发挥区内金融资管优势

虹口的金融资源优势明显，区内金融业务以资管为主。虹口要发展科创产业，需要有更多的产业用地。与中心城区特点相匹配，区内对土地的规划主要建立在盘活存量用地上，低效闲置的老厂房和仓库资源改造需要大量融资。这种情况下，区内资管机构即使拿出 5％的资管资金投入旧改，也足够缓解区内的融资压力。所以，建议虹口用好区内资管资源，联合上海资产管理协会，撬动区内资管机构参与区内老厂房改造，让更多资管机构参与北外滩、北中环的更新共建。

（六）持续打造北外滩的世界影响力

北外滩对虹口的地位不言而喻，是未来虹口最有机会形成世界影响力的重要区域。但目前北外滩始终缺乏闪亮登场的机会，这也间接对其打造科创总部、吸引高端科技人才产生了影响。从北外滩独一无二的区位优势看，未来这里仍然会有很多世界瞩目的机遇，为此北外滩也要抓紧布局、抓住机遇，向国际递出"世界会客厅"名片。一方面,要支持一批首创、潮牌活动、重磅演出活动在北外滩发布;另一方面,也要发挥世界会客厅优势,做好场馆服务及配套保障工作,争取一批国际科技论坛、发布会等在此落地。

作者:王珏

徐汇区:打造科技创新的"六边形战士"

徐汇是上海开埠以来中西科技交流的发源地之一,不仅人文底蕴丰厚,科技创新实力也不容小觑。如今,徐汇是上海市中心城区核心区域,也是深化上海全球科创中心建设的重要承载区,集聚了一大批高能级创新资源,产出了丰硕的创新成果,人工智能、元宇宙、数字经济、生命健康等科技产业形成了独具特色的产业生态。

一、徐汇具备科技创新的强大基因

徐汇的科技创新历史可追溯至 17 世纪 20 年代,当时明末文渊阁大学士、著名科学家徐光启曾在这里从事科技活动,"徐汇"一名也由此而来。2015 年,中央赋予了上海建设具有全球影响力的科技创新中心的重大任务和战略使命,徐汇作为六大功能承载区之一,集聚了一批大院、大所、大校、大企、大师,不仅拥有中国科学院上海分院、上海核工程研究设计院、华东计算技术研究所等100 多家国家级、市级科研机构,上海人工智能实验室、上海期智研究院等一批标杆性新型研发机构,上海交通大学、华东理工大学、复旦大学上海医学院等10 余所高等院校,8 家三甲医院,还汇聚了全市超过三分之一高被引科学家和超六成两院院士,吸引了包括微软、华为、阿里等在内的头部科技企业,以及119 家跨国公司地区总部和 30 家外资研发中心。此外,徐汇的研发投入强度排名全市首位,年度创业投资总量实现倍增,外资企业总部及研发中心、科技"小巨人"、技术先进型服务企业数量均位居上海中心城区首位。

科创资源要素的不断汇集、碰撞、聚变,给徐汇带来了丰硕的创新成果,创造了显著的经济价值和社会贡献。2022 年度上海市科学技术奖徐汇获得 80 项,占全市总量 1/4 以上,18 项自然科学奖和 14 项技术发明奖的获奖数量均占到全市约 1/3,全市技术发明特等奖则全部花落徐汇。此外,徐汇各类科研主体年发表国际学术论文超过 4.6 万篇，每万人高价值发明专利拥有量达到 72.2 件，连续 6 年位居全市第一，商标集聚度、活跃度排名全市首位……

二、徐汇拥有科技创新三个"之最"

（一）构建了最完整的创新链条

目前，徐汇已经形成了集基础研究、科技成果转化、产业发展、金融服务、应用场景等环节于一体的完整的创新链条。基础研究方面，徐汇大院、大所、大校、大师云集，拥有完善丰富的顶尖科研载体，国家实验室和国家重点实验室、高能级科研院所、"双一流"高校、外资企业研发中心数量均高居全市榜首，博士后科研工作站数量位居全市第二，国家工程技术研究中心数量位居全市第三，拥有超过全市六成的两院院士，可以说，徐汇的科技创新策源实力仅次于浦东。科技成果转化方面，徐汇率先发布《徐汇区促进科技成果转化操作指导规程》《徐汇区关于促进科技成果转移转化的实施意见》等政策，设立徐汇区科技成果转化服务中心，从成果供给、概念验证、创新孵化、风险投资、支撑服务等方面，初步畅通了科技成果"供给—转化—落地"渠道，科技成果转化和产业化水平大幅提高，高新技术成果转化项目数量位列中心城区首位，国家职务科技成果权属改革试点机构数量超过全市 50%。金融服务方面，徐汇高度重视金融服务实体经济工作，2022 年，区域普惠型小微企业贷款余额高达 294 亿元，增速超 50%，获评中央财政支持普惠金融发展示范区（国家级）。多年来，徐汇扶持了众多科技型中小企业，如漕河泾科技型中小企业融资平台 13 年累计为 609 户次中小企业提供低息纯信用贷款近 30 亿元。此外，徐汇还集聚了一批知名投资机构和融资平台，仅金巷（衡复风貌区）就已经集聚了超过 500 家 PE、VC 等各类金融机构。2023 年，徐汇出资设立了徐汇科创投基金，专注布局从 0 到 1 的早期创新项目，科技金融服务能力大幅提高。

（二）打造了最丰富的创新空间

依托雄厚的创新资源，结合不同时期的国家任务、上海新赛道布局以及自身特色产业，徐汇打造出了集科技园区、高校园区、滨江岸线、科创街区等于一体的多元化创新空间格局。漕河泾开发区始建于 20 世纪 80 年代，位于上海市中心的西南部，交通区位条件优越，同时具备国家级经济技术开发区、国家级高新技术产业开发区、国家级出口加工区三重功能，历经更新迭代，已经形成了完善的"1＋5＋1"产业发展体系，构建了"科技苗圃＋众创空间＋孵化器＋加速器"全链条孵化加速机制，打造了"全周期＋全链条"科技服务体系，形成活力四射的创新发展生态，已成为上海国际科技创新中心的重要科创功能承载区。枫林区域汇聚了上海生命科学研究院、中国科学院分子细胞科学卓越创新中心等数十家国家级生命科学研究机构，上海交通大学、复旦大学医学院为代表的十余家顶尖学府，以及复旦大学附属中山医院、上海市第六人民医院等8家国内顶级三甲医院以及众多区属医院和医疗卫生机构。依托徐汇丰富的创新资源和生物医药应用场景，徐汇陆续建设了枫林生命科学园区、徐汇区首个专业生物技术产业孵化园区聚科生物园区、枫林瑞创谷等生物医药园区，初步构建了以枫林地区为核心、漕河泾开发区和西岸生命蓝湾为支撑的"一核两基地"产业发展格局。徐汇滨江岸线是徐汇为科技创新发展一早规划好的拓展区域，西岸传媒港、西岸数字谷、西岸金融城"一港一谷一城"有序落位、提质增效，西岸热力秀场、西岸生命蓝湾、西岸数智中心"一场一湾一心"把握机遇、提速规划，六大百万级体量产业组团串珠成链，沿岸区域创新浓度、经济密度、产业高度持续提升，实现了从"工业锈带"到"生活秀带""科创绣带"的转变，成为全区、全市乃至全国崭新的科创地标和人工智能战略高地。科创街区建设是徐汇增强区域科技创新动力的路径之一，目前，徐汇正着力打造枫林生命健康、漕河泾数字技术、环交大人工智能、环华理生物材料、视听器械、营养健康六大科创街区，更新改造建设一批高能级科创载体，引入具有实验室功能的孵化器，在中心城区实现科创人员、设备、信息和服务共享，满足机构自身就近转化需求，降低全社会的创新成本。

（三）抢占了最前沿的产业风口

回望徐汇科技创新的发展历程可以发现，徐汇极具产业发展眼光，从20世纪80年代上海最早的微电子工业区，到如今国家级人工智能产业集群，再到积极抢占元宇宙新赛道，徐汇几乎每一次都敏锐地捕捉到了重大发展机遇，抓住了前沿产业风口。2000年，生物医药迎来繁荣时代，徐汇再次敏锐地把握住了上海发展生物医药的机遇，依托自身丰富的大院大所和临床试验资源，加速布局生命健康产业，集聚了默沙东、石药集团、复宏汉霖等一批医药头部企业以及艾昆纬、昆翎等头部CRO机构，搭建了上海医药临床研究中心、上海市临床研究伦理委员会、上海市生物样本库工程技术中心三个全市首家专业平台以及全市首个重点聚焦生命健康领域成果转化的 TTO 平台。2009 年,徐汇成为上海市生物医药六大产业基地之一,而且是六大基地中唯一的中心城区。如今,徐汇生命健康品牌逐渐凸显,正式写入国家生物医药产业创新高地上海方案。早在 2017 年,徐汇便敏锐地捕捉到新一轮科技革命和产业变革机遇,开始积极谋划人工智能产业发展,建立起人工智能先发优势。2017 年,徐汇率先启动了上海首个人工智能发展集聚区建设,2018 年起,依托各届世界人工智能大会,徐汇陆续集聚了华为、阿里、网易等一批顶尖人工智能企业,期智研究院、树图区块链研究院等一批研发机构以及全球高校人工智能学术联盟等一批功能型平台机构,2019 年入选全国首批战略性新兴产业集群,如今,徐汇已经成为上海和长三角区域人工智能技术研发和运用的先行区。

三、徐汇强化科技创新的几点建议

徐汇要建设上海创新策源的先行之区、长三角科技服务的引领之区、全国创新生态的示范之区以及国内国际双循环的枢纽之区,不仅需要巩固长板优势,也要补齐短板弱项,为此提出以下几点建议。

(一) 孕育徐汇西岸人工智能产业创新核爆点

上海市委书记陈吉宁提出,"一个创新的城市应有几个'核爆点',这里是创新思想的源泉、新赛道的风口点,是全球各类最好创新资源的汇聚区"。目前,上海仅浦东张江等个别区域喊出了打造科技创新"核爆点"的口号,徐汇作为创新策源实力仅次于浦东的种子选手,资源、产业、场景齐全,也具备打造"核爆点"的基础条件。目前,徐汇最有条件打造产业创新"核爆点"的区域是徐汇西岸的人工智能集聚地。一方面,徐汇西岸拥有大量初创企业、成熟巨头、投资基金、功能型平台等,产业链相对完整,可以为"核爆点"提供完善的产业生态;另一方面,西岸还拥有期智研究院、树图区块链研究院、信通院华东分院等一批研发机构,且距离徐汇其他大院、大所、大校、大企资源相对较近,可以为"核爆点"提供源源不断的新思想、新技术。

(二) 打造一批人工智能超级应用场景

应用场景创新是实现技术迭代升级和产业快速增长的新路径。推动人工智能应用场景创新,对促进人工智能更高水平应用、更高效率成长、更好地支撑高质量发展具有重要意义。徐汇作为上海和长三角区域人工智能技术研发和运用的先行区，近年来人工智能前沿技术持续突破、数据和算力资源日益丰富、头部企业不断集聚、元宇宙和大模型等智慧应用场景不断拓展，为打造徐汇人工智能超级应用场景奠定了坚实基础。但目前徐汇仍存在对场景创新认识不到位、场景应用开放程度不足、场景创新生态不完善等问题，未来需要加强对人工智能场景创新工作的统筹指导，充分发挥徐汇特色产业基础和新赛道先发优势，加速拓展标杆场景应用，全面推动人工智能技术在生命健康、金融服务、教育培训、社交文娱、智能终端、绿色低碳、政务服务等传统领域的融合应用，打造一批徐汇人工智能超级应用场景，推动传统产业转型升级。

（三）探索"五链融合"的科创生态圈

徐汇拥有丰富的基础研究资源和扎实的产业发展基础，如何将创新资源优势转化为产业发展优势，是徐汇创新发展的首要问题。目前徐汇提出要深化创新链、产业链、资金链、人才链"四链融合"，随着科技服务成为区域科技创新竞争力的主要标志之一，服务链的重要性逐渐显现，徐汇应围绕创新链布局产业链，完善资金链、人才链以及服务链，率先探索形成"五链融合"模式，打造协同发力的产业创新生态。鼓励中国科学院系统院所、上海交通大学等资源与全区龙头企业联合开展区域内重点产业关键技术攻关，依托华东理工科技园等建设，完善区域创新生态圈。探索科技金融模式创新，发挥政府引导基金作用，撬动更多社会资本向区内重点产业和未来前沿产业集聚。升级人才政策，打造前沿科创人才高地。发挥知识产权服务的核心优势，拓展技术概念验证、科技中介服务、研发服务外包、成果转移转化等各类科技服务，打造服务全市、辐射国内的科技服务高地。

作者：项田晓雨

普陀区："半马苏河"孕育的无限科创想象

蜿蜒的苏州河流经普陀区约 21 千米,恰好相当于半程马拉松的长度,因此被形象地称作"半马苏河"。百余年前的"半马苏河",工厂林立、舟楫往来,孕育了中国近现代民族工业之火,沿岸坐落着中央造币厂旧址、福新面粉厂旧址、江苏药水厂旧址、上海啤酒厂旧址、天利氮气厂旧址等近 20 处工业遗产。而今,现代科创文明在此处生根发芽,创新要素资源逐步集聚,"中华武数"科创版图日渐耀眼。

一、普陀"中华武数"全面发力

普陀区作为上海"西大门",是沪宁发展轴线的起点,也是上海连接和服务长三角的陆上要津。结合本区发展情况,普陀区提出"中华武数"四个方面的科创布局。其中,"中"即中以(上海)创新园,"华"即上海清华国际创新中心,"武"即武宁创新共同体,"数"即海纳小镇数字化转型示范区。"中华武数"作为普陀区科技创新的四梁八柱,进一步引领普陀的产业布局、空间布局同向发力。

中以(上海)创新园是上海市与以色列创新署共建的重要平台,聚焦国际创新合作孵化,定位于联合创新研发与双向技术转移,入驻企业 130 余家,落地知识产权 500 余项。上海清华国际创新中心全力打造集成电路研究平台,推进建设 3 个功能型实验室,发起设立长三角高端智库联盟,落地 40 余家高科技企业。武宁创新共同体凝聚武宁路沿线高校、科研院所、创新企业、创新平台等各类创新主体,推动政产学研用全链条协同发展。海纳小镇数字化转型示范区发布全国首个地市级数字化转型指数,加快建设数字交通等示范性应用场景,已集聚 360、京东、阿里、电科所等十几家数字产业领军企业。

总体来看,普陀区科技创新已有基本布局,科创亮点逐步凸显,但是随着国际局势日益错综复杂，中以（上海）创新园等国际合作平台存在着不确定性。对普陀而言，要想在上海科创中心建设中发挥更加核心的功能，真正转变为科创大区，现有“中华武数”的科创亮点仍显不足，已有优势需要进一步发挥，其他潜力有待进一步挖掘，科技创新方面仍需继续发力。

二、普陀科技创新值得深挖的四大潜力

（一）大院大所集聚，原始创新资源丰富

普陀区科创资源较为丰富，除了中以（上海）创新园、上海清华国际创新中心这样的重大科创平台，还拥有华东师范大学和同济大学沪西校区两所知名高校，有华东电力设计院、中国电子科技集团、上海化工研究院、中国特种设备检测研究院、上海司法鉴定科学研究院等 16 家科研院所，有上海机器人研发与转化和上海工业控制系统安全创新两大功能型平台，还有两个国家级工程技术研究中心、三个国家级重点实验室、三个国家级产业技术基础公共服务平台，33 个市级科技研发平台、两个工程研究中心、24 个企业技术中心、10 个金融服务平台、一批国家级和市级科技企业孵化器以及千余家科技创新企业。大量的科创载体资源为普陀孕育了无限的想象空间，交通繁忙的武宁路也日益成为创新要素交织流动的科创纽带。

（二）区位和载体空间优势显现，水岸经济特色凸显

相较其他中心城区，普陀具有可开发土地充足的空间优势和外中环内后发地区的成本优势，承载空间较大，综合商务成本较低。丰富的产业空间和科创空间不仅能为现有产业提供广阔的载体，也同步孕育着新产业萌芽发展的可能性。相较郊区，普陀区作为上海的“西大门”，具有服务便利的优势。普陀连接着上海各中心区和邻近郊区，临近虹桥交通枢纽，区内拥有外环、中环、内环等快速干道通道，往西与沪宁高速连通，往北与沪嘉高速连通，并拥有上海西站，是上海连接长三角的重要节点枢纽。此外，水岸经济一直是城市发展重要的动力来源，巴黎从塞纳河中的西岱岛逐渐发展成为历史名城便是世界级滨水区发展的典型案例。在普陀“一带一心一城”的空间发展布局中，苏河水岸经济发展带被赋予了重要的地位，承载着聚合创新势能的重要功能。

(三)"半马苏河"人文积淀深厚,与时俱进增添活力

曾经,凭水运之便,中国最早的纺织、面粉、火柴、化工等民族工业都在"半马苏河"畔起步,涌现出一大批诸如福新面粉厂、申新纺织公司等知名民族企业。随着 2020 年底苏州河滨水岸线贯通开放,普陀区统筹两岸景观绿地、苏河驿站、体育设施等元素,打造了一批新地标、新空间,"半马苏河"逐渐从"工业锈带"转变为"生活秀带""发展秀带"。数据显示,"半马苏河"所处的"三长"(长风、长寿、长征)地区经济发展强劲活跃,2022 年区级产业税收产出占全区总量比重达 65%,重点楼宇占比达 87%,汇聚了众多区内重点产业。2023 年 8 月,全球元宇宙大会上海站活动在普陀举行,普陀发布了"半马苏河"元宇宙政策包,与华东师范大学、上海联通、砺算科技等签署合作伙伴协议,元上苏河应用场景受到广泛关注。在百余年的发展历程中,"半马苏河"见证了民族工业之演变,见证了赤色沪西之精神,也见证了这片河畔土地如何从近代工业热土蜕变为创新宜居乐土,其间沉淀的历史人文底蕴是普陀的宝贵财富。

(四)四大产业加速发展,细分领域不断深化

智能软件、研发服务、科技金融和生命健康是普陀的四大重点培育产业,近年来加速发展,产业体系已初具规模。2023 年 1—8 月,四大重点产业占区级税收比重达 45.3%,为地区经济提供了有力支撑。在智能软件方面,普陀拥有关联企业 4800 余家,建成了天地软件园等高质量载体,培育和集聚了拉扎斯、波克城市、360 等领军企业。在研发服务方面,普陀成功入选上海市首批科技服务业发展示范区(试点),截至 2022 年底,共有科技服务业企业 6300 余家,业务涉及先进材料、检测认证、智能建造、科技服务等多元领域。在科技金融方面,沿苏河两岸汇集上汽金控、收钱吧、德邦证券等金融行业知名企业,以及央行上海票据中心、上海联合产权交易所、长三角金融科技研究院等平台机构。在生命健康方面,纳入上海市生物医药"1＋5＋X"产业布局,连续两年增速超 30%,围绕医药及生物技术研发服务、高端医疗器械、数字医疗及健康服务、医药流通与销售四大领域,拥有超过 2800 家产业企业,集聚上药系、华润系、九州通系、复星医疗系等龙头企业。

三、三个串联让普陀由"中华武数"迈向科创大区

普陀要想从"中华武数"的科创布局真正迈向更具知名度和影响力的科创大区,不仅要发挥好已有优势,让各类创新要素串联起来、活跃起来,还要进一步挖掘更多特色和场景,打造更加丰富的科创亮点,为此提出以下几点建议。

(一)串联起原始创新优势和广阔市场优势

2022 年 12 月 31 日,上海市委书记陈吉宁来普陀调研时提出,"普陀要把原始创新优势和广阔市场优势更加紧密结合起来,为创新企业和科技人才干事创业营造良好生态,加快打造科技创新新亮点"。一方面,普陀应持续深耕"中华武数"。普陀应强化高校、平台、大院大所的溢出效应,通过搭建平台联盟等形式,围绕科创企业所需的共性技术、基础性技术,提供专业化、组团式服务,同时积极探索"企业出题、院所答题"的模式,促进科研机构的研究成果与区域产业发展需求更好地匹配。另一方面,普陀要积极发掘社会化场景需求。普陀现有街镇中,既有 20 世纪的工人新村遗留,又有作为上海第一代城市副中心的真如,还有从郊区划转而来的桃浦,多元的土地和居民类型蕴含着广阔的市场需求。普陀可依托场景优势,围绕医疗健康、生活居住、交通出行和商圈消费等生活场景领域,加快推动 5G、数字 XR、元宇宙等新技术综合应用。与区内高校及科研院所合作,依托苏州河工业文明展示馆、上海纺织博物馆、M50 创意园等文化场馆,结合数字化科技手段,围绕青少年科普教育、社区科普服务、弘扬科学家精神科普宣传等方面,大力发展科普产业。

(二)串联起全区创新要素和产业发展

虽然普陀创新要素众多,但是创新主体之间仍存在各自为政的局面,科技创新对产业的赋能尚显不足。普陀要着力打通创新链和产业链之间的壁垒。一是深化协同创新,打响武宁创新共同体名片,将更多优秀主体纳入创新共同体,积极举办各类论坛、峰会,加强各类创新主体之间的信息互通、资源整合、项目对接、成果共享。二是做强四大主导产业,在产业主赛道上持续深耕,擦亮四大产业在全市乃至全国的显示度,更好地发挥科技金融和研发服务对其他产业的赋能作用,建立风险共担机制,为科创企业提供全生命周期的金融服务和研发服务。紧盯信息科技最新发展情况,在生命健康和智能软件领域锚住高附加

值环节,提升产业能级。三是加快上海清华国际创新中心建设,聚焦清华"芯",发挥清华集成电路研究优势,推动产生更多硬核科技成果。结合区内智能软件产业优势,重点聚焦元宇宙、人工智能、智能网联汽车等领域,布局新赛道,打造引领赛道风口的核爆点。

(三)串联起百年民族工业文明和现代科创文明

普陀区是上海市的老工业区和沪西工业区的主体部分。19世纪末20世纪初,民族实业家和外商纷纷在苏州河沿岸开设工厂,河流为工业区的发展提供了天然的运输水道和排水便利。纵观全球,过去几十年,水岸城市在滨水空间的更新上亦有许多成功的案例,比如总部经济回归都市滨水核心区的巴黎拉德芳斯、科技回归都市滨水核心区的东伦敦科技城等。"半马苏河"是普陀得天独厚的天然禀赋,应该对滨水空间进行充分利用,将曾经繁荣的滨水工业区复兴为新时代下科技创新和产品创新的策源地。一是聘请专业团队对工业老厂房、车间、仓库等进行整体设计规划,延续原有工业风格并迭代升级,为科技创新打造下一代的产业载体;将老工业园区改造为创意办公空间,吸引科创型中小企业入驻,举办各种创新创业和科技交流活动。二是依托"半马苏河"名片,围绕元宇宙、未来智能、未来健康等前沿科技领域,举办各类赛事、论坛和展会,汇集金融投资机构、科创企业、科研机构和优秀创业者等要素,增加交流密度,打造各类科创要素融合的会客厅。

作者:刘梦婷

松江区:科创之源发力,催生科创蝶变效应

G60 高速边,一座气势恢宏的云中巨舰 G60 科创云廊展露雄姿,引擎一般的 G60 之眼雕塑沿途可见,象征着 G60 科创走廊正为松江的发展提供源源不断的创新动能。

"上海之根""沪上之巅""浦江之首""大学之府"这些都是松江鼎鼎有名的标签。如今,松江又增添了不少新名片,如"长三角 G60 科创走廊策源地""上海科创中心重要承载区"等,这个传统的农业县、房地产占半壁江山的近郊区,正逐渐发展成为支撑国家区域重大战略的科创策源地。一项项高精尖技术不断突破,一批批科创成果在此落地,一场科创蝶变正持续点亮上海西南,辐射苏浙皖。

一、依托科创原动力,托举起高质量发展

近年来,凭借长三角 G60 科创走廊国家战略,松江以创新集群带动产业集群,聚焦集成电路、人工智能、生物医药等"6＋X"战略性新兴产业,构建了具有高辨识度和强影响力的先进制造业产业集群,"十四五"期间进一步布局了卫星互联网、信创产业、科学仪器、虚拟现实产业等一批面向未来、有优势的重点领域。截至 2022 年底,松江战略性新兴产业产值占比攀升至史无前例的66.3%,高新技术产品出口占总出口额比重近七成;杭州、金华、嘉兴、湖州等16 个城市在松江建设科创飞地,策源地引力效应不断显现。

(一) 强有力的研发投入,为科创企业插上翅膀

回眸过去,松江以外向型经济为主,自主创新能力不足,导致利润被低附加值产品挤占。在转型阵痛期,松江及时厘清"公鸡母鸡",从土地要素驱动发展转为向科创要动力。没承想,看起来亏本的买卖成了下金蛋的母鸡,百亿级项

目纷至沓来,一大批头部企业接踵而至,跨出了科创驱动"中国制造"迈向"中国创造"的关键第一步。2022 年,松江全社会研发经费投入突破百亿元大关,达到 118.79 亿元,研发投入强度超过 5%,其中约 88% 的研发投入来自经营主体。截至目前,松江共汇聚国家级专精特新"小巨人"企业 83 家,市级以上专精特新企业达到 1056 家,位列全市第二,成为松江推动高质量发展的新引擎。

(二) 瞄准关键核心技术,硬核科创成果不断涌现

松江不断筑牢科学地基,创新突破从 0 到 1 关键核心技术,占据战略性新兴产业高附加值环节。450 毫米集成电路用晶体生长系统、全球最先进的 ALD 光伏工作母机核心技术等在"缺芯"寒潮下扛起国产替代重任,瑞钼特高端影像 CT 设备球管用钨铼合金靶材填补国内空白,生物节律紊乱体细胞克隆猴技术、猕猴大脑皮层单细胞空间分布图谱等领跑全球,"G60 号"和"松江号"等实验卫星成功发射并组网。与此同时,松江研发成果实现了有效产业化,2023 年上半年市高新技术成果转化项目立项 53 项,位于全市前列。松江高新技术成果转化规模、技术合同交易金额等一批关键指标均表现良好。

二、从外向型经济转向创新型经济——松江的发展密码

(一) 举起协同创新旗帜,推动科创生态一体化

松江区转型发展到一定阶段后,出现了产业能级不高、传统增长动力减弱的趋势,能催生新动能的科创资源较为缺乏。为提升创新能级,松江把目光望向了远方,沿着 G60 高速公路扛起了长三角 G60 科创走廊这面大旗。正如美国的 101 国道见证了硅谷的诞生成长,波士顿 128 公路促进了微电子工业的发展与繁荣一样,G60 科创走廊也成为松江的协同创新引擎。松江积极推动成立 G60 科技成果转移转化示范基地,包含 16 个 G60 产业联盟、13 个产业合作示范园区、"G60 科创云"线上全要素对接平台、G60 科技成果转化促进中心和联盟等,常态化开展科创要素高效精准对接。为加速科技成果转化落地,涵盖松江在内的九城区启用了 G60 科创成果发布交易中心,并做大做强 G60 科技成果转化基金。目前基金总规模达 100 亿元,已立项投资科创企业 16 家,建立含有 600 家企业的拟投项目库。此外还实体化运作 G60 知识产权行政保护协作中心、法治研究中心和公共法律服务中心等平台,构建法制化科创生态。松江

率先建立长三角 G60 科创走廊"一网通办"机制,发出全国第一张跨省异地办理的工商登记执照。9 台 23 线的松江枢纽将在中心区集聚长三角 G60 科创走廊沿线商务功能,展现"科技芯、世界窗"的目标愿景,打造面向长三角和全国的上海西南门户枢纽,进一步提升创新资源配置能力。此外,松江也尝试通过科创飞地、离岸孵化等模式加强与义乌、上饶等地同频共振、同题共答,科创"朋友圈"正通过科创走廊向远方延伸。

(二) 抢占创新"智高点",加速汇聚高端科创力量

松江的创新动力既源于企业创新主体地位的发挥,也来自科研平台、人才等各项资源要素的集聚,从而催生一颗颗科创种子萌芽、成长、壮大。在科技企业培育方面,松江把高新技术企业培育作为头号工程,先后开展"专利清零"行动、"小升高"工程和高企倍增计划,培育打造全周期创新主体梯度培育链。2022 年,全区有效期内高企总数上升至 2 595 家,年均增长率为 49.93%,总量位列全市第三。同时,不断厚植科技"小巨人"企业成长沃土,形成补链强链主力军,2022 年新增市科技"小巨人"企业 20 家,排名全市第二,目前市科技"小巨人"企业总数达 191 家。在科创平台建设方面,松江区在引进高校科研院所、共建重大研发平台方面不断发力,相继建立 G60 脑智科创基地、上海低碳技术创新功能型平台、上海分析技术产业研究院、上海脑科学与类脑研究中心、Wiley-G60 研究院、腾讯科恩实验室、优图实验室等全球顶尖数字研究室正式挂牌。中国科学院、东华大学、上海工程技术大学等一批高校院所先后落地松江,以设立合作研究机构、共建创新园区等多种方式打造政产学研用金一体化创新平台。清华启迪、阿里巴巴(松江临港)、蚂蚁创客(泰晤士小镇)等国内知名品牌孵化载体相继入驻。在科创人才集聚上,松江积极促进高端人才和头部产业"联姻",加强产业链引才,大量高技能高学历的人才纷纷选择落户松江区,2022 年松江区引进的人才多达 3 136 名,办理留学生落户人数更是同比 2021 年暴增 442%。同时,通过发挥松江大学城的高校优势,深化教育科技人才融合发展项目,共引进院士专家 329 名。

(三) 锚定尖端领域,打造高水平产业创新集群

松江以科创走廊发端成就了既往的高速发展,也不断整合科技创新资源,引领发展战略性新兴产业、新赛道和未来产业,持续打造新质生产力。松江重点布局高科技、高附加值的尖端领域,加强产业链创新链深度融合,带动上下游

企业组团成长，形成了研用产一体的创新型产业集群。目前，集成电路领域已构建从设计、制造到封测的完整产业链，聚集重点企业121家。人工智能领域聚集科大智能、库卡机器人等人工智能企业842家，拟打造以腾讯G60智算中心为龙头的"3＋N"人工智能生态圈。生物医药领域集聚近3 000家企业，引进培育复宏汉霖、同联制药等重点企业。同时，松江积极把握数字技术迭代升级机遇，前瞻布局工业互联网、卫星互联网、信创等数字经济新赛道，初步成为具有广泛影响力的国家级数字经济创新产业集群。在工业互联网领域，松江拥有全国首个工业互联网领域的新型工业化产业示范基地，集聚相关企业301家，覆盖芯片、传感器、机器视觉、机器人、通信设备和工业互联网平台企业等产业链上下游。在卫星互联网领域，松江初步建成长三角首个卫星制造"灯塔工厂"，并构建低轨道、高通量多媒体卫星网络产业集群。在信创及商密产业领域，引进华东地区唯一的国家级商用密码检测中心，松江信创产业园成功创建上海市级特色产业园区。未来，松江还将围绕科学仪器、虚拟现实等未来产业领域培育一批硬科技企业以及具有竞争力的明星产品。

三、科创风云变幻，松江如何继续科创蝶变之路

上海科创中心建设正在迈向一个崭新的全面升级阶段，在AI、生物医药等前沿技术迅速发展和数字经济蓬勃壮大的无限可能下，松江的科创蝶变之路应该如何继续？

（一）激发科创走廊涡轮增压效应，打造创新要素集聚枢纽

长三角G60科创走廊建设从1.0版到3.0版，高质量跨越式发展取得的各项成果来之不易，已然成为松江乃至整个长三角地区的一张闪亮名片。松江作为G60科创走廊的重要节点，未来要用好这张名片，充分发挥创新网络的协同优势，进一步在科创要素的全方位融合上下功夫，让要素流通聚集生根，实现价值增值。依托G60科创云廊、G60科创之眼等新地标，推动最前沿科技成果在G60发布与展示，同时加大宣传推介力度，增强科创走廊在全球创新网络中的影响力和显示度。联合长三角其他地区共同提升整体区域对全球高端科创主体的吸引力，既需要不断提升城市宜居度和便利度，更要在要素流动的体制机制上进一步创新突破，深度探索联合引才、利益共享、研发创新等跨区域合作机制，进一步吸引一批高校院所落地、一批头部企业进驻、一批高层次科技人才

汇聚,以要素聚变推动科创蝶变。

(二)依托科技领军企业,构建热带雨林式创新生态

2016 年,松江高新技术企业的数量快速增加,但具有强大核心竞争力和创新能级的独角兽企业和具备登陆科创板潜力的后备队伍较少,在通向行业绝对领先的路上仍存短板。松江应围绕科技领军企业塑造良好的企业创新生态圈,做大做强以高成长性科创企业为代表的创新集群,培育更多黑科技、硬科技企业,促进原创能力提升和创新活力迸发。支持科技领军企业开展开放式创新,面向行业提供高质量共性技术服务,开放创新资源和应用场景,促进大中小企业业务协作、资源共享和系统集成。推动重点领域领军企业以市场化方式组织产业链上下游优势企业、科研机构和高等院校组建跨学科、跨领域、跨区域的创新联合体,优化并实施关键核心技术"征榜、张榜、揭榜"制度。

(三)强化科创功能性支撑,厚植创新创业的优良土壤

科创服务是科技创新体系中的一个重要组成部分,可以使科技资源得到充分整合和优化,各种资源潜力也得到充分挖掘,科技创新需要得到各类关键科创服务的支持。松江拥有全国首个数字经济领域创新型产业集群,在数字经济新赛道上已具备先发优势,建议松江利用工业互联网、人工智能、区块链等前沿技术探索发展"互联网 + 检验检测认证"、工业元宇宙、数字孪生等新兴科技服务业态,并培育一批面向战略性新兴产业及未来产业的研发设计机构、检验检测认证实验室及专业检验检测机构以及 SMO 机构等。资金密集型产业的科技创新离不开金融活水。松江应充分发挥长三角 G60 科创走廊科技成果转化基金的作用,以"母基金 + 直投"结合的双轮驱动方式,支持前瞻性、引领性、颠覆性的早期未来产业项目。鼓励金融机构借鉴上海技术交易所模式,在研发平台运营、成果转化的同时,为平台提供科技贷款、股权融资、科技保险等方面的支持。除此之外,松江还需要在科技管理体制机制、科研成果转化机制、知识产权评估、质押和流转体系等方面不断迈出新步伐,通过完善风险共担、利益共享机制等,形成浓厚的科创氛围。

(四)提升原始创新能力,推动应用研究与基础研究并重发展

原始创新是一个厚积薄发的过程,一流的高校、科研院所、重大研发平台是其重要依托与支撑。相对于长三角科技资源发达的区域,松江区高层次大学和

科研院所数量不多,科研团队资源存量不足,亟须加大引进和培育力度,为建设科创强区夯实基础。建议松江利用五个新城建设的契机,加快推进松江大学城创新园区建设,为基础研究和应用研究提供空间载体。松江应提高创新能级,加大对高水平高校、创新研究院和新型研发机构的布局和引育,建立以应用为导向的高水平研发公共平台,以产业集群建设的现实问题为起点,以可靠成果为归宿,形成一个任务带学科、学科促任务的闭环。支持龙头企业建设新型产业技术研究院,提升基础研究、技术研发、人才培养、项目培育、市场转化等综合集成功能。此外,松江需加强研用融合,鼓励大学、科研院所与龙头企业联合建立概念验证中心,并利用好现有的脑科学、低碳、分析技术等科研平台,促进重大研究成果落地。

作者:许君莎

杨浦区:"区校成行",推动创新转型发展

回望20年来杨浦的发展历程,从积困重重的老工业基地到创新蝶变,从摸索建设到创新策源能力快速发展,杨浦已成为连续五年被国务院表彰的区域"双创"示范基地,其创新策源能力建设也进入全面提升阶段,而唯一不变的是杨浦与区域内高校院所合作共赢的策略。

一、区校同创之上海"杨浦模式"

2004年,杨浦在全国率先创新提出"三区融合、联动发展"的核心理念,自此杨浦积极推动区校融合发展,咬定科创不放松,才有了今日杨浦创新转型的显著成就。

(一)区校同心,联动创新

拥有科教资源丰富的独特区位优势,杨浦通过融合大学校区和科技园区、联动公共社区,充分调动科技、资本、创新等资源要素,全面提升区域创新体系的整体运行效率、城区经济和社会能级,形成了如今"你中有我、我中有你"的区校深度融合发展格局,这一切高质量发展都离不开杨浦的动力之源——三区联动。而其中尤为重要的区校联动,是杨浦区政府以复旦大学、同济大学等十余所研究型、应用型高校为主体,主动服务高校知识创新和科技成果转化,促进高等院校产学研发展的过程。一方面,杨浦区全力为高校院所提供全方位服务保障,助力前瞻性基础研究、支持引领性原创成果突破;另一方面,杨浦区着力优化产学研生态圈,努力构建原始创新、创新转化、创新应用"三创闭环"正反馈,推出科技成果孵化转化系列服务包。积极推动校区发展与城区发展走向全面融合,杨浦形成了如今"大学的城市、城市的大学"的环境和氛围。

（二）二十而立，硕果累累

创新发展 20 周年，从城市老工业区到科创核心区，杨浦区蹚出了一条创新转型发展的新路子，也成功实现了从"工业杨浦"到"知识杨浦"，再到"创新杨浦"的飞跃。同时，从知识创新密集区到国家创新型试点城区，到上海科创中心重要承载区，再到国家"双创"示范基地，杨浦的科技创新之路也伴随战略地位的提升越走越宽阔。在科创方面，杨浦区有着显著的成绩。根据相关数据，杨浦区的"双创"指数近 8 年年均增长率保持两位数，主要创新类指标也均位于上海市前列。此外，杨浦区累计培育了高新技术企业约 1 200 家，每万人发明专利拥有量 120 件，研发投入强度超过 5%，累计培育专精特新"小巨人"企业 258 家、高新技术企业超过 1 200 家，总量居上海中心城区第一。

二、杨浦区校联动——在产学创融合的土壤之上

创新势能逐渐集聚在杨浦，那么杨浦是如何通过区校合作推动创新转型发展的？如何将高校人才资源转化为区域科技创新人才优势的？又是什么营造了杨浦创新活力的氛围？

（一）科创源泉，顶尖高校＋大学云集

高校，是体系化人才培养的摇篮，杨浦作为全市乃至全国高校和科研院所最集聚的城区之一，汇聚了十余所国内外知名高校，占据上海一半以上的高等院校和科研院所。除了复旦大学、同济大学、上海财经大学等知名高校和科研机构之外，杨浦周围还有上海外国语大学等可依托的教育资源。目前，杨浦拥有科研机构 100 多家，两院院士 66 人（占全市 1/3），大学生创业企业 2 300 多家，在校大学生、研究生分别占全市的 20% 和 30%……作为创新人才和创新科技的策源地，大学为科技园区提供创新人才、项目和手段，为整个区域经济发展提供智力支持。对于科创企业来说，核心竞争力即核心技术的领先性。而杨浦区各大院校及院校产业园区的聚集，为企业吸引高质量科创人才提供了得天独厚的环境，为科技创新提供了强有力的支撑。

（二）高校母体，孕育大学科技园

科技园区是上海科创中心建设的重要策源地和承载地，全上海 14 个国家

级科技园,杨浦占了7个。杨浦在科技创新发展中主要依靠的就是大学生源和低成本的空间。有大学就有人、有科学、有技术、有流量,而后再通过对大学周边的老厂房、旧仓库进行收购和改造,区校联手建设成为大学科技园区。从2000年复旦科技园挂牌成立起,杨浦区先后建成了复旦大学、同济大学、上海理工大学、上海财经大学、上海电力大学、上海体育大学、上海海洋大学7个国家级大学科技园和10个专业化大学科技园,建成了上海中心城区最大的国家级科技企业孵化基地,具有极大的产业优势和竞争优势。例如,绿意葱茏、湿地环绕的湾谷科技园,这座位于杨浦区新江湾城的科技园充满了年轻、鲜活的气息,5千米辐射半径内聚集了同济大学、上海财经大学等高校,与美国硅谷有着相似的区位优势,是杨浦区"三区联动"区域创新协同网络体系创新示范园区。

(三)科教滋养,激发创新功能区

在释放高校和科研院所创新潜能方面,杨浦与复旦大学、同济大学、上海财经大学、上海理工大学等区域内外11所高校签订新一轮合作协议,合力打造复旦创新走廊、环同济知识经济圈、财大金融谷、上理工太赫兹产业园等重点载体。其中,创智天地园区集聚了甲骨文等多家世界500强企业和数百家中小企业,环同济知识经济圈也集聚了一批规模设计企业和约1.8万家中小型设计企业,创新产业集群在杨浦逐步形成。此外,为了吸引更多科创型华裔青年人才来沪,杨浦聚焦归国人才创新创业的多元需求,成立了华裔青年创新创业基地,打造了华裔青年来沪创新创业的孵化器和加速器。总之,科教资源的区块优势,使得杨浦成为广大华侨华人回国创业的首选地之一,也使得杨浦成为创新要素高浓度集聚的功能区。

(四)活力迸发,沉浸创新氛围

除了历史气息浓郁的江湾体育场、充满创新创业激情的创智天地,杨浦还有充满浓浓烟火气的大学路。这是一段风貌多元化的街道、集聚文创力的街道,根据不同的主题,大学路每月会组织一场大型活动和三场小型活动,包括舞台表演、市集、互动游戏、艺术空间、零售、直播、公益活动等,努力打造创新街区的破圈升级。由于周围大学生夜间觅食主要集中在国定路和政民路的夜市摊和各类小饭馆,大学路拥有了天然的年轻人客群聚集优势,给后续的提升和多元化发展提供了良好的基础。例如,2023年的5月20日起,每逢周末和节假日,大学路变身为限时步行街模式,采用最新数字化管理方式,聚焦夜经济和直播经济,推动线上线下企业融合,让大学路街区成为一条智慧步行街,成为杨浦的城市名片。

三、创新发展新阶段,区校联动新聚点

在科技创新发展的新形势下,在区域禀赋优势的加持下,杨浦应当在新阶段继续推进区校联动,持续为创新发展提供燃料,为此提出以下几点建议。

(一) 杨浦区校合作新阶段应聚焦科创

在杨浦的三区联动中高校服务做得很好,但是涵盖领域太多,比如学生就业、学校周边的道路建设等。在科技创新的加速度之下,杨浦可以提供必要的空间载体、人才服务和匹配的政策,助力本地高校院所强化基础研究及原始创新功能,积极建设基础研究特区,加速构筑原始创新高地。同时,杨浦应当深化畅通科技成果孵化转化路径,从保障基础研究和推进应用转化两方面入手,把高校的科创资源激发出来、释放出来。如率先建成一批高质量孵化器、新型研发机构和大学科技园示范园,使高校企业科技成果加速转化为生产力,让优质的科创资源更充分地赋能区域发展,在创新发展新阶段更加聚焦科创。

(二) 大学科技园新阶段应聚焦核心孵化、创业功能

虽然复旦大学、同济大学、上海理工大学等大学科技园区品牌持续向外辐射溢出,杨浦区孵化载体的整体能级还不够高,聚焦重点领域的专业化孵化载体也较为缺乏,总体上杨浦的大学科技园区存在数量多却成效不佳的问题。在上海科创中心建设向实现核心功能的新阶段迈进的当下,杨浦应当加强大学科技园与高校的合作,推动科技成果信息供需对接,探索"楼上创新、楼下创业"模式,推进产学研协同创新和高校科技成果转化,增强大学科技园成果转化孵化能力,聚焦大学科技园区的核心孵化和创业功能。例如,积极打造1~2家大学科技园示范园,全面拓展大学科技园发展内涵和服务能力,全力提升大学科技园创业孵化首站功能,打造一批在孵化、创业功能方面具有一定影响力的大学科技园示范园。

(三) 凝聚校友资源,常回家看看

"十四五"以来,杨浦重点推进滨江、大创智、大创谷、环同济四大功能区,已

形成各具特色的品牌标识。站在五角场中心,往西走是复旦大学、上海财经大学,往西南走是同济大学,往北走是上海体育大学、第二军医大学,东边走远一些是上海理工大学和上海海洋大学,数以百十万计的校友资源,是未来推动杨浦创新发展的最大未利用资源。因此,杨浦作为高校资源云集地,应充分凝聚校友资源,以五角场为聚集地,举办如全球校友会、校友经济论坛等活动,打造五角场校友联盟,号召尖端投资人、顶尖科学家、一流企业家校友常回家看看。让校友回流、让校友企业回流、让校友带动资本回流,凝聚五角场周围高校力量,打出五角场品牌,促进城市、高校、校友三方融合,为杨浦新阶段发展增砖添瓦。

作者:马冰含

静安区：数智引领、服务赋能、全球视野的科创新势力

近年来，关于科技回归都市的声音不断高涨，作为上海典型的中心城区，静安区完美演绎了科技的种子可以在大都市中心区落地、生根、发芽、成长，本文将细数静安区在科创领域的资源禀赋和独特优势，并畅想未来静安如何在科创领域站得更高、走得更远，让科创之花开得更加绚丽。

一、繁华都市孕育出科创新芽

提起上海静安区，人们首先想到的就是恒隆广场、高端商务楼、世界级消费中心。诚然，静安拥有堪比全球城市中心城区的商业规模、商务能级、经济密度、环境品质。但静安的创新实力同样不容小觑，这里有汇集了上海全市 1/3 核心大数据企业的市北高新区，这里也有上海科技服务业发展示范区核心区域的苏河湾功能区，这里还是国内首个全球服务商计划的诞生地，区内集聚的全球服务商多达 92 家，集聚的全球高端专业服务机构 43 家，约占上海的 1/3。

近年来，静安区在科创领域明显发力，将加快科技创新、增强科创动能作为首要任务，以高品质的数智产业创新为核心，以构建良好的创新生态和高水平技术应用场景为两翼，以创新人才、创新载体、创新主体为三大驱动力量，以市北高新区、苏河湾、大宁、南京西路四大功能区为科技产业的发展极，逐步形成全局全域向科创进军的发展局面，不断释放科技创新的资源优势和潜力，加快提升科技创新对经济社会发展的引领力。

二、科创静安的四块金字招牌

如果给静安区的科创做个整体画像，可以用八个字来概括，即数智、专业、品质、国际。数智代表静安的科技产业前沿方向，专业代表静安服务业的方向

和能级,品质代表静安产业创新空间的质量,国际代表静安连接全球资源的能力。

(一)数字化硬核产业

人类社会正迈向全面深度数字化发展阶段,数字经济是当前乃至今后很长时间内最具前景的科技产业。早在 2010 年前后,静安区就开始大举进军大数据产业领域,经过十多年持之以恒的发展,已形成云、数、智、链一体化发展格局,成为上海乃至全国数字经济的品牌和高地。

静安区拥有数据智能相关企业 1 700 多家,核心大数据企业数量占到上海全市的 1/3 以上,拥有上海市大数据中心、上海数据交易中心、上海大数据联盟等众多行业功能平台,以及上海市大数据应用创新中心、上海超算中心大数据产业加速器、上海—亚马逊 AWS 联合创新中心、SAP 全球技术创新中心、华为上海区块链生态创新中心、蚂蚁链上海产业开发创新中心等一大批高能级创新平台。

作为静安乃至全市数字经济的地标,市北高新区不仅是上海首个大数据产业基地、首个云计算产业基地、首批超高清视频产业示范基地,也是全市首批数字经济特色产业园区、数字化转型市级示范区以及全市唯一的国家区块链创新应用综合性试点。

(二)专业化服务能力

静安区是国家服务业综合改革试点区,也是上海市首批科技服务业发展示范区,拥有人力资源、检验检测等多个国家级试点示范区,法律服务、咨询服务、会计服务等专业服务业也非常发达,这些专业服务机构为科技企业发展和创新创业活动提供了强有力的支撑。

在人力资源服务方面,2022 年,静安区有各类人力资源服务机构 326 家,人力资源服务机构的分支机构遍布全球 180 多个国家和地区。中国上海人力资源服务产业园区是国内首家人力资源服务产业园,集聚了任仕达、力德国际、利唐i人事等众多头部人力资源服务机构。

在检验检测服务方面,静安区创建成为全国首家国家检验检测认证公共服务平台示范区,集聚了莱茵、天祥、南德、德凯、欧陆检测、上海市计量测试技术研究院、华测等众多知名的检验检测机构。

在法律服务方面,根据上海市律师协会 2021 年的统计数据,静安区有 257

家律所,占全市的 1/5 以上,平均每平方千米约有 6.88 家律所,密度也是全市各区最高,仅南京西路上就分布了 33 家律所。

在咨询和会计服务方面,静安区汇聚了罗兰贝格、安永、毕马威等一批世界顶尖的咨询机构和会计师事务所,形成了辐射长三角乃至全国的专业服务网络。

(三) 品质化创新空间

静安区汇集了中央商务区、都市老工业区、城市内河岸线等丰富的创新创业空间,拥有上海大学国家大学科技园、4 个国家级科技企业孵化器、3 个国家备案的众创空间、19 个纳入市级培育的创新创业载体,总体形成了市北、苏河湾、大宁、南京西路等各具特色的科创功能区。

一是市北高新功能区,这里是静安乃至上海数字经济重要的策源地,拥有完整的创新链条、丰富的创业生态,依托市北壹中心、市北数智大厦、上海区块链生态谷以及在建的静安国际科创社区等高品质功能载体,汇聚高能级的科研机构、创业团队、科技企业,打造成为以大数据为引领的硬核产业高地。

二是苏河湾功能区,这里是静安区重点打造的世界级滨水中央活动区、世界级城市会客厅,依托苏州河独特的滨水岸线资源,以高品质商务楼宇为载体,吸引金融机构、专业服务机构、科创服务机构、文创服务机构等总部集聚,着力打造科技服务业发展示范区的核心引领区。

三是大宁功能区,这里拥有上海中心城区最大的生态景观公园,也是商贸、文创、产业等多元空间融汇的区域,依托环上大国际影视园、灵石中国电竞中心等功能载体,在大力发展影视创作、电子竞技等文创产业的同时,积极培育集成电路、数据安全等产业。

四是南京西路功能区,这里是上海国际大都市中心城区的核心区域、黄金地段,是中心的中心,依托世界级商圈和顶级商务楼宇等功能载体,高标准打造世界级中央活动区、国际消费中心城市核心承载区,成为数字经济场景驱动的重要实验区。

(四) 全球化创新网络

一直以来,静安区主打国际牌,素有"国际静安、卓越城区"的美誉。静安区是上海乃至全国范围内国际化程度最高的区域之一,全区累计引进跨国公司地区总部 122 家、民营企业总部 23 家、贸易型总部 14 家,还有外资研发中心 10

家,总量位居上海中心城区前列。

得益于优雅时尚的城区环境,静安区也是国际人才集聚度较高的区域,近年来全区年均外国高端人才(A类)许可证办理量接近1000人次,外籍高端人才数量也在全市名列前茅。

2018年前后,静安区率先提出并实施全球服务商计划,十二届上海市委三次全会报告也提出要支持静安区实施全球服务商计划。目前区内集聚的全球服务商多达92家,涵盖咨询、会计、法律、科创、广告、人力资源、检验检测等多个专业服务领域,这些全球服务商为跨国企业深耕中国市场、为本土企业开拓海外布局提供了有力支撑。

三、关于提升静安科创竞争力的建议

静安区的科创资源特色非常明显,未来要把特色进一步转变成优势,要在数字硬核产业里培育领军企业,要在专业服务上叠加科技属性,要在全球网络中汇聚核心力量,归纳起来是九个字,即"强主体、强链接、强策源"。

(一) 培育世界级科技领军企业

企业是科技创新的主力军,静安现有的科技企业数量不少,但缺少掌握领先技术、面向全球市场的科技领军企业。未来要在科技企业数量集聚的基础上,加快实现科技企业质量的跃升,建议静安区围绕重点领域实施领军企业培育计划,精准定制政策服务包,为企业发展提供更有力的政策服务、要素保障、场景支持,特别是在占全市1/3的核心大数据企业中,着力培育1~2家世界级的科技领军企业,培育一批行业细分领域达到国际先进水平的骨干企业。

(二) 打造全球性科技服务高地

全球服务商计划让静安在汇聚全球高端专业服务机构方面占据了先机,未来要为这些专业服务机构创造更多的施展空间。建议实施全球服务商计划升级版,引导国内外高端专业服务机构向科技服务进军,重点围绕上海乃至长三角重点产业领域的科技企业需求和创新创业活动,在全球范围内进行人才、技术、资金、市场等资源要素配置,将静安打造成为具有全球影响力的科技服务高地,反过来又将促使更多的全球服务商机构在静安集聚。

（三）汇聚国内外顶尖创业团队

十多年前，市北高新区前瞻布局大数据产业，形成了大数据领域的一个"核爆点"。建议静安区抓住科技回归都市的趋势，在苏河湾等区域规划布局国际化创业社区，打造高质量孵化器、加速器等孵化转化平台，提供高品质的配套服务和精准化的人才政策，瞄准静安区重点发展的未来产业细分领域，吸引全球顶尖的创新创业团队和初创科技企业，培育新的创新"核爆点"。

作者：芮晔平

金山区:科技创新点燃转型发展引擎

金山区是上海的老工业基地,是上海南北转型的主阵地,同时也是上海科创中心建设的重要功能区。近年来,金山区深入实施创新驱动发展战略,加快转型发展步伐,科技创新正在成为金山转型发展的核心动力引擎。

一、老工业基地开出创新之花

提起金山区,大家首先想到的是化工产业,是上海的制造强区,科技创新的标签似乎与金山区关系不大。经过多年发展,金山区在科技创新领域稳扎稳打,正在颠覆人们的传统印象。创新成果不断涌现,2018 年以来,金山区先后获得上海市科学技术奖 28 个,其中一等奖 8 个。2022 年,PCT 国际专利申请 69 件,同比增长 53.33%,增速位居全市第五。创新型企业加快集聚,2022 年,高新技术企业数量、专精特新企业数量分别同比提高 19%、139%,跨国企业和民营企业总部达到 20 家,同比提高 17.6%。研发投入加速提升,2022 年,金山全区研发投入总量为 39.58 亿元,同比增长 23.5%;研发投入强度为 3.54%,比上年提高 0.83 个百分点,排名位于全市第八,较上年提高 4 个名次,金山区正在逐步贴上"研发担当"的新标签。

二、金山区科技创新发展的三大动力引擎

金山区在科技创新领域的加速崛起,离不开三大动力引擎的助力:上海湾区科创中心加快推动各类优质创新资源集聚,战略性新兴产业为创新技术提供了丰富的产业应用场景,特色产业园区为创新成果转化产业化提供了充足的发展空间。

(一)上海湾区科创中心释放新活力

上海湾区科创城是金山推动高端产业创新发展和建设成为上海科技创新中心重要承载区的核心功能区,其中湾区科创中心是科创城的核心,近年来湾区科创中心重点汇聚创新要素、集聚创新平台,正加快成为科创城的科技服务集中地和科技创新集聚地。在科创资源汇聚方面,湾区科创中心先后与清华系院校、中国科技开发院合作成立浙江清华长三角研究院·湾区科创产业园、中开院(上海湾区)创新基地、清华大学天津高端装备研究院·上海湾区联合研究与转化中心等,成立了全市首个区级数字化转型赋能中心——上海湾区数字化转型赋能中心,创建上海市软件和信息服务产业基地,这些平台发挥着资源排兵布阵的作用,将资源禀赋优势转化为强劲的发展动能。在科创企业集聚方面,作为市级科技企业孵化器,湾区科创中心拥有近3 000家企业,其中科技型企业近百家,吸引了汇马医疗、天徽聚合等一批高科技企业入驻,阿里云、中经云、红星云等一批优质项目相继落地。

(二)战略性新兴产业孕育新场景

金山区正着力构建现代产业体系,打造以新材料、生命健康、智能装备、信息技术四个重点产业集群为核心的战略性新兴产业,朝着集群化、特色化、高端化的定位靠拢,为创新技术应用提供了丰富的产业场景。2022年,四大产业集群占全区规上工业产值比重达到79.7%,为金山转型发展提供了无限动能。在新材料产业方面,依托完整的化工产业链,重点发展高分子材料、3D打印材料、石墨烯材料、智能仿生材料和碳纤维材料等新材料领域,集聚上海化工、巴斯夫、灏润科技、金山石化碳纤维和上海碳纤维复合材料创新研究院等一批创新主体。在生命健康产业方面,金山生命健康产业规模持续扩大,2022年全区实现生物医药产业规上工业总产值150亿元,位列郊区第二。集聚科济生物、恒润达生等CART细胞龙头,引入了青赛生物、复星凯茂、东富龙等疫苗产业上下游的领军企业。在智能装备产业方面,依托华东无人机基地和长三角智能装备产业园,集聚一批无人航空、数控机床、成套装备、核心基础零部件等生产企业,其中御风未来自主研发了2吨级eVTOL M1首架机,普睿玛为生产焊接增材制造加工中心的制造业单项冠军,汉钟精机为生产螺杆式制冷剂压缩机的制造业单项冠军。在信息技术产业方面,金山依托新型显示产业园,聚焦新型显示、集成电路、电子通信等领域,提升产业集群规模,发挥产业集群效应,打造国内新型显示战略高地和全国化合物半导体特色产业高地。与此同时,金山区正在积极培育绿色能源、合成生物、集成电路、人工智能等产业,不断塑造发展新动能、新优势。

(三)特色产业园区提供新空间

金山区拥有充足的产业空间,已经形成"基地—市级特色产业园区—区级特色产业园区—特色微园"的梯度产业空间格局,尤其是拥有五个市级特色产业园区,位居全市各区前列,可为创新成果转化产业化提供充足的产业空间。上海碳谷绿湾产业园规划面积为 8.58 平方千米,可供产业用地 0.73 平方千米,依托上海化工区和上海石化两大石化基地的上游产业链,聚焦节能环保、绿色材料和生物医药等产业,集聚了巴斯夫、科凯、本三井化学、东邦化学、汇得、群力、赫腾等国内外知名企业。碳谷绿湾也是金山区打造国际"纤维之都"的重要承载地。湾区生物医药港规划面积为 4.74 平方千米,可供产业用地 1.73 平方千米,是上海市六大生物医药产业基地之一,聚焦新药创制、高端医疗器械和前沿生物技术领域,集聚生物医药企业数量超过 50 家,包括凯莱英生物、科济制药、恒润达生、迈威生物、凯茂生物等。上海新型显示产业园规划面积为 3.8 平方千米,可供产业用地近 2 平方千米,聚焦新型显示为主的上下游企业,以和辉光电为核心,集聚 20 家上下游配套企业,如奥来德、升翕、繁枫、玟昕、九山电子等,整个产业链项目的投资额高达 470 亿元。华东无人机基地规划面积为 2.73 平方千米,可供产业用地 1.33 平方千米,作为全市唯一的无人机特色产业园区、全国首批民用无人驾驶航空试验区,基地已累计引进各类研发制造型、应用服务型、研发测试型无人机企业 40 余家,代表性企业有御风未来、峰飞航空、中信海直、如意航空、翰动浩翔等。基地积极推进适航审定技术研究与海岛间低空物流运输商业化探索,创下多个国内"首次",如完成我国首次使用 eVTOL 无人驾驶飞行器进行超长距离海岛场景物流运输的实践。上海电子化学品专区是国家首批新型工业化示范基地,依托上海化工区扎实的产业基础,可以为金山的企业提供电子特气、湿电子化学品等关键配套。

三、金山区科技创新发展的几点建议

金山区承载着南北转型和上海科创中心建设重要承载区的使命,应聚力打造具有显示度的科创空间区域,发挥好市级特色产业园区的空间载体优势,加快培育创新引领的科技企业，加强区域开放创新合作。

（一）全力打造上海湾区科创中心

金山区内暂无叫得响的科创空间区域，同是郊区的松江区有 G60 科创走廊、青浦区有华为小镇，金山区也要打造标志性的科创空间区域，提升科创集聚度和显示度。金山区应全力打造上海湾区科创中心，通过举办高能级的论坛活动，全方位加大宣传推介力度，提升湾区科创中心品牌知名度，同时要强化各类创新要素的布局，推动高校院所等高能级创新平台落地，搭建创新研发、成果转化、孵化加速、产业化落地等各类服务平台，引进各类专业化的科创服务机构，完善全过程创新全链条加速机制，打造具有高创新浓度和创新显示度的空间区域。

（二）做强做优特色产业园区

金山区拥有充足的产业空间，特别是拥有五大市级特色产业园区，如何有效发挥五大特色产业园区的优势，推动优质创新成果落地，需要金山区深入谋划。金山区应以五大市级特色产业园为核心，聚焦园区重点产业定位，加快推动产业链上下游企业集聚，配套优质产业服务机构，打造标杆性产业园区。着力提升园区科技浓度，推动市级特色产业园区建设国家级和市级制造业创新中心、产业创新中心和技术创新中心，集聚新型研发机构和高水平研发中心。完善园区科技成果转化—孵化—产业化机制，引育专业化、特色化的孵化器，探索孵投联动、超前孵化等模式，积极对接全市优质创新成果，推动创新成果在金山转化产业化。

（三）梯度培育科技型企业

当前金山区内企业多以生产制造为主，企业创新能力不足，具有行业引领地位的龙头企业也较为缺乏。企业是科技创新的主体，在金山区缺少高校科研院所等创新资源的背景下，科技型企业的培育显得尤为重要。金山区应重点支持区内龙头企业发展，提供"一企一策"的政策服务包，支持龙头企业提升企业自主创新能力，支持有条件、有意愿的龙头企业建立开放式创新中心，面向中小企业开放技术和应用场景。金山区应做好科技型中小企业支持培育，加大科技型中小企业研发投入奖励支持力度，支持企业积极申报高新技术企业和专精特新企业，为企业提供应用场景拓展、产业融通、融资对接等精准服务支持。

（四）加强区域开放创新合作

科创资源不足是金山区的一大短板，尤其是在原始创新方面，金山区需要借助外部力量，补全 0—1—10—100 的完整创新链条。金山区应按照《关于推进张江高新区改革创新发展 建设世界领先科技园区的若干意见》中关于园区联动发展的要求，依托张江高新区"一区 22 园"机制，积极加强与科创资源丰富的兄弟区域合作，如重点加强与张江科学城、闵行区、杨浦区、徐汇区等科创重点区域合作，积极推动创新强区研发、金山制造的创新协作模式，推动优质创新成果在金山落地生根、开花结果。

作者：朱加乐

闵行区:工业强区的开放与创新发展之路

闵行一直是上海工业发展的象征,素有"中国的工业化看上海,上海的工业化根植闵行"的历史美谈,这里诞生了"四大金刚"和"五朵金花"。2016 年,闵行区全面启动上海南部科创中心建设,上海交通大学、华东师范大学以及上海航天技术研究院等高校科研院所的创新效应进一步释放,大零号湾地区加速崛起,从当初的老工业基地到如今的上海南部科创中心,闵行区实现了从制造大区到制造强区、创新城区的蜕变。

一、科技创新赋能闵行制造业高质量发展

从闵行作为新中国第一座工业卫星城启动建设,到上海交通大学闵行校区建设,奠定了闵行背靠高校创新的雏形,再到闵行启动航天城建设,以上海航天技术研究院为代表的航天系研究所、中国船舶重工集团公司第七一一研究所为代表的中船系研究所等大院大所落地,闵行创新资源加速集聚,制造业向着高端化、智能化发展。2015 年,紧邻上海交通大学的西北角,一块名为"零号湾"的区域开始尝试打破高校与社会之间的高墙,搭建起高校技术与产业需求互通有无的创新平台,形成了高校院所、投资机构、科技企业、技术人才共生、内生、共融的人才创新生态群落。2016 年,闵行区全面启动上海南部科创中心建设,进一步打通科技成果的产业化路径,实现了从推动科技成果产业化到科技创新策源的转变。

时至今日,闵行全社会研发经费收入保持在 10% 左右,在上海市 16 个区中排名第一,拥有高价值专利超过万件,位居上海市第二,闵行区两院院士占全市 40%,国家级、市级海外高层次人才引进占全市 1/4。区内形成高端装备、新一代信息技术、人工智能和生物医药四大产业集聚的格局,顺利完成"嫦娥五号"探测器、"天问一号"、新一代载人飞船试验船等国家航天重大战略任务。

二、闵行科技创新的"三大一新"

(一)大零号湾世界级科创湾区

大零号湾已成为上海最有活力、最有朝气的区域之一。2023年,上海研究制定《推进"大零号湾"科技创新策源功能区建设方案》,提出要对标世界一流,推动大零号湾全面建成科技创新策源地,成为世界级科创湾区。大零号湾连同闵行区环上海交通大学、华东师范大学核心区域约17平方千米,拥有超13万名科技人才,集聚了交大科技园、飞马旅等10多家孵化载体,各类专业化市场化科创服务机构和平台近百个,科创企业总数超过4000家,逐渐成为闵行区科技创新的主引擎以及上海近悦远来的科创热土。未来大零号湾将争取在高端装备制造、新一代信息技术、生物医药、人工智能等产业的"卡脖子"领域实现新突破。

(二)大虹桥国际开放创新枢纽

闵行区是上海连接长三角的一座桥头堡,是上海沟通全球的一扇枢纽门户。闵行区作为虹桥国际开放枢纽"一核"和南向拓展带的主力军、主战场、主引擎,正全力推动48平方千米虹桥国际中央商务区(闵行部分)的建设发展,着力打造国内国际双循环的战略链接。区域内集聚了虹桥进口商品展示交易中心、上海国际技术交易市场、虹桥数字贸易产业创新赋能中心、虹桥国际人才港等众多国际平台,未来可以帮助全球商品、技术、服务进入中国,通过借助技术交易市场,汇聚全球科技成果信息资源,促进一批国际前沿科技项目转化落地,也可以通过数字创新赋能中心,加速数字科技、服务和贸易融合,激发企业数字服务贸易创新。

(三)大校大院创新创业基地

闵行区既有上海交通大学、华东师范大学等国内知名高校,也有很多细分领域的大院大所,如上海航天技术研究院为代表的航天系研究所、中国船舶重工集团公司第七——研究所为代表的中船系研究所。高校孵化成为闵行发展的特色优势,大零号湾汇聚了4000多家硬科技企业,其中60%~70%的企业均为高校师生校友企业,融资额从千万元到超10亿元的企业有70余家。未来闵行区要依托大校大所,推动高校开放创新、区域融合发展、创新资源共享共用共建,打造校区、园区、社区共融共创生态,促进高校成果落地转化。

(四) 新兴产业集聚高地

在上海市产业发展格局中,闵行区无论是产业规模还是产业能级,总体都居于前列。2022 年 GDP 排名全市第三,达到 2 880 亿元;工业总产值为 3 450 亿元,战略性新兴产业占规模以上工业产值 53%。闵行区目前已经形成高端装备、新一代信息技术、人工智能和生物医药四大产业集聚的格局,航空、航天、船舶、电气、核电装备等大国重器都有布局,并成为上海的承载重镇。在产业载体方面,闵行拥有闵行开发区、莘庄工业区、紫竹高新区等在全市排名居于前列的品牌园区,也拥有马桥人工智能创新试验区、浦江创芯之城等上海市特色产业园区。2023 年上海硬核科技企业 TOP100 榜单中,闵行有 10 家企业入选。

三、闵行科技创新发展的建议

(一) 用好科教资源,打造创新创业高地

聚焦闵行南部区域,依托上海交通大学、华东师范大学等高校以及航空、航天、船舶、核电等科研院所,探索建立集高校、科研院所、企业以及"双创"基地、产业基地、产业社区等于一体的协同创新、融合发展共同体,形成从研发、孵化、加速到形成产业规模的科创全链条布局,围绕高端装备、人工智能等产业集群,推动科技创新和科技成果转移转化。充分发挥上海交通大学、华东师范大学全球校友资源,举办全球校友会、校友经济论坛等活动,支持教师圈、校友圈和朋友圈的交大系科创企业落地大零号湾,为建设具有全球影响力的产业创新高地注入更多的活力,打造创新创业高地。

(二) 发挥先发优势,做强未来产业先导区

闵行区在未来产业的布局上已经形成一定的先发优势。上海交通大学溥渊未来技术学院是教育部公布的全国首批 12 所未来技术学院之一,未来能源与智能机器人未来产业科技园成功获批国家首批未来产业科技园建设试点,宁德时代未来能源研究院开工建设;大零号湾获批上海首批未来产业先导区。未来要结合闵行大零号湾地区的创新资源优势和产业基础,重点围绕未来智能、

未来能源、未来空间等领域加快布局,加快实施一批未来产业学科建设、科技创新、人才培养重点项目加快实施,构建适应未来产业发展的集群生态,形成闽行未来产业先发引领地位和优势。

(三)依托开放枢纽,打造双循环协同创新节点

充分发挥闽行区域位置独特的优势,依托虹桥国际开放枢纽建设,强化创新资源、发展要素、市场空间的配置能力,为处于虹桥国际开放枢纽南向拓展带上的大零号湾发展赋能。发挥闽行作为国家科技成果转移转化示范区的枢纽龙头作用,加强与浙江、苏南、宁波等国家科技成果转移转化示范区协同联动,推动一批科技成果转移转化合作项目。依托上海国际技术交易市场,打造一批科技成果转移转化专业平台,支持全球科技创新成果在长三角转移转化,引领长三角科技市场一体化发展。

(四)聚焦服务人才,营造人才近悦远来的环境

一个宜居宜业的生态环境,对吸引科技人才具有重要作用。相较于中心城区,闽行需要进一步提升环境品质形象,重点选择低效用地区域,进行业态调整,高标准建设商业、休闲等功能业态,植入绿地、公园、共享办公室、咖吧书院等开放共享的公共空间,为年轻科研人员搭建交流平台。同时,也要优化软环境生态,提升医疗、教育等公共服务品质,提供低成本、多元化、高品质的居住服务,吸引、留住各类创新创业人才。

作者:蒋英杰

奉贤区:美丽不只外表,看科创如何展现奉贤内在美

奉贤位于上海南部,毗邻临港,与金山和松江接壤,南临杭州湾,北连闵行。随着未来空间和数字江海等项目的稳步推进,在临港国家战略、五大新城市级战略、杭州湾战略等多重战略优势叠加下,奉贤正在摆脱传统的农业形象,逐渐拥抱科技和创新。奉贤的科创潜力初露锋芒,开始成为奉贤内在美的一个重要组成部分。

一、蓄势待发:奉贤科创内在美锋芒初露

2015 年,奉贤提出打造东方美谷,如今这里已经成为上海规模最大、国内知名度最高的化妆品集聚地之一。在短短九年里,奉贤的科创潜力也逐渐展露。无论是战略性新兴产业还是科创主体,又或者是科创人才、创新成果等方面,都取得了较为亮眼的成绩。

(一) 战略性新兴产业势头强劲

奉贤提出"1+1+X"产业体系,围绕以东方美谷为代表的美丽健康产业、新能源智能网联汽车配套产业等战略性新兴产业以及"四新"经济,打造重点产业创新集群。2022 年,美丽健康产业、新能源智能网联汽车配套产业等战略性新兴产业产值占全区规模以上工业产值比重达 44.0%,226 家战略性新兴产业企业完成工业总产值 1 161.5 亿元,同比增长 37.8%,高于全市 32.0 个百分点。

(二) 科创主体加速集聚

奉贤拥有 4 家国家级企业技术中心和 50 家市级企业技术中心,38 家国家级专精特新"小巨人"企业和 661 家市级专精特新企业。2022 年,奉贤高新技

术企业的总数显著增加，累计达到 1795 家，较 2015 年增长了 4.6 倍。作为中小企业科技创新活力集聚区，奉贤科技"小巨人"企业（包括培育企业）数量累计达 138 家，位列全市第七，较 2015 年增长了约 15.3 倍。同时，奉贤吸引了上海生物制品研究所等一批顶尖科研机构落户，上海师范大学、华东理工大学两所重点大学以及上海应用技术学院等高校在此布局。

（三）创新成果斐然

2022 年，奉贤累计获批市级院士工作站 9 家、市级专家工作站 61 家，数量较 2015 年增加将近 5 倍。柔性引进的两院院士数量达到了 25 位，入驻工作站的专家团队 455 位，综合排名位居全市前列。区内受理技术合同认定登记 1227 件，成交金额 63.1 亿元，总受理件数和成交金额分别同比增长 16.9% 和 23.8%。上海兰宝传感科技入围高转十强企业，7 个项目入围高转百佳项目。

二、修炼手册：修炼科创内在美的五个大招

（一）品牌招：手握东方美谷品牌

2015 年，奉贤大胆提出打造东方美谷的构想。短短九年，东方美谷已经成为集美丽与健康于一体的化妆品产业集聚地，兼有最新的护肤科技和领先的药物研发，是上海规模最大、国内知名度最高的化妆品产业基地之一。这里也成功获评国家科技兴贸创新基地和上海市特色产业园区（生物医药），吸引了生物医药、电子信息、智能网联等领域的一批优质企业落户。其中，生物医药产业成为东方美谷美丽健康产业的支柱产业。依托东方美谷，奉贤成为全市生命健康产业产值前三的区域，累计吸引了 200 余家生物医药企业，其中不乏药明生物、睿智医药、君实生物、白帆生物等知名企业。在科创服务资源方面，东方美谷集聚东方美谷产业研究院、东方美谷生命健康产业园、东方美谷普华永道中国专业服务中心等一批功能性服务平台。

（二）战略招：背靠临港新片区等多重战略

奉贤这片区域叠加了多个重要战略，不仅承载了上海五大新城战略，还是杭州湾战略的重要一环。更重要的是，奉贤毗邻临港，而 2019 年，临港新片区上升成为国家战略，奉贤有 439 平方千米被纳入临港新片区，相当于奉贤区面

积的 2/3。由于拥有独特的产业和科创优势,临港对奉贤的辐射效果显著。无论是未来空间智能制造产业还是数字江海工程,奉贤都与临港展开了密切合作。依托临港新片区,把握特斯拉落户机遇,奉贤吸引了宁德时代、均胜电子等知名智能网联企业及启腾电气新能源、储能及智能电网应用电力产品研发生产基地落户布局,并与临港集团联合打造全市首个国资数字化创新基地,签约了上海电气、阿里云、上海交通大学、上海人工智能研究院等 20 多家优质企业及院校,助力片区产学研融合深度发展。奉贤也在加速推进海归小镇项目,人才可以在这里享受临港新片区和奉贤新城的双重落户政策。

(三) 空间招:特色创新园区多向发力

东方美谷核心区、临港南桥智行生态谷、奉贤化工新材料园区、临港新片区生命蓝湾成功入选上海市 26 个特色产业园区。东方美谷·医药和临港新片区生命蓝湾是上海市生物医药特色园区,在全市 7 个生物医药特色园区中占据两席。东方美谷·医药在奉贤的地位无须赘述,临港新片区生命蓝湾占地 4.39 平方千米,专注于生命科技领域,吸引了一批国内外知名的生命科技企业入驻,包括美敦力、波士顿科学等全球领先的医疗器械企业。临港南桥智行生态谷占地面积 1.71 平方千米,是南上海汽车产业中心未来空间的关键技术创新区,建设了上海第三个无人驾驶测试中心和安全信息平台等核心功能设施,正加快推动车路协同通信系统等技术的创新研发。奉贤化工新材料产业园占地约 6.56 平方千米,是上海唯一的化工新材料园区,专注于发展以高、新、先为特点的化工新材料产业,如电子化学品、高分子复合材料、专用功能化学品、医用高分子材料等,化工和新材料基础优势强劲,形成了以巴斯夫、科思创、金力泰、康达等头部企业为代表的创新生态,吸引中国化学、新兴际华等央企加盟。

(四) 服务招:科创服务功能补充发力

在创新投融资方面,奉贤围绕美丽健康产业创新创业、专业基金 + 特色园区,引入上实资本、中财中投、工银资本、上海市科创投、复容投资、毅达资本等百亿基金进驻,目前在奉贤注册的私募股权基金达 160 余家。在科创活动方面,奉贤积极开展科创宣传及创新创业大赛,2023 年举办了 15 场“创新驱动　勇立潮头”科技政策宣讲活动,并积极开展“创·在上海”国际创新创业大赛、全球招才引智季系列活动启动仪式暨全球引才大会等活动,持续推动了区内企业和高校院所交流与合作,支持了区域创新平台、创新人才聚集和创新生态营建设。

(五)生活招:人才乐居氛围浓厚

奉贤虽然在上海的区位优势并不突出,但与闵行、金山等其他上海郊区相比,奉贤区内城市功能配套已形成基本自足的闭环,为区内留住人才提供了重要的城市功能。奉贤形成了中心扩张和资源溢出,立足南桥"单核",不断向外延展,已经吸引了一批青年人才在此置业。按照产城融合、功能完备、职住平衡的要求,奉贤进一步加快新城规划建设的脚步,公共服务、医疗卫生、教育设施、文化体育等功能项目全面铺开。奉贤天街、百联南桥购物中心等商业综合体内,往来人才络绎不绝。上海之鱼、九棵树未来艺术中心、上报传悦坊、上海东方美谷JW万豪酒店、浦南运河—生活驿站、言子书院等国际化建筑遍地开花。未来,随着新城绿环"贤荟花环"先行启动段、南上海中央公园(先行区)、新华医院(奉贤院区)、南上海体育中心等项目的不断推进,奉贤的人才环境将更加优化。

三、解锁进阶:奉贤科创如何通往美丽进阶路

(一)加快提升科创产业能级

奉贤的研发投入强度长期低于2%,尽管当前奉贤科创产业定位相对清晰,但总体能级仍显不足。以东方美谷为例,相较于其他高科技产业,化妆品产业的科技感不够强。同时,东方美谷的生命健康产业仍存在产业链分散、缺乏协同联动、缺少国际大型药企等问题。在未来空间方面,智能网联汽车、新能源汽车企业总体能级不高。奉贤城市出行服务与物流自动驾驶先导应用试点是交通运输部首批14个自动驾驶试点项目之一,能够开展数智公交、数智出行、数智生活三大场景落地示范应用,但总体在应用场景方面还可进一步丰富空间。建议奉贤加大对生命健康产业的研发投入,发挥好化工区优势,吸引一批国际龙头外资药企在奉贤建立研发分中心。依托临港智能网联、新能源汽车产业发展优势,吸引一批智能制造产业链上下游企业。在示范应用方面,鼓励开放更多商用化场景,比如,围绕奉贤海湾森林公园、渔人码头、碧海金沙等景点,打造智能驾驶旅游线路;在奉贤新城的园区之间开放无人配送车、智能公交、智能零售/配送、智能清扫等应用场景。

（二）推动科创研究与科创合作便利

高校及科研院所是区域创新的动力源泉。尽管奉贤海湾区已经聚集了一批高校和科研院所，但总体上，海湾区大学城高校能级较低，与区内科创产业发展的匹配度仍有待提升，新型研发机构数量较少。虽然奉贤是中小企业的科创活力集聚区，但中小企业的创新实力仍显不足，由企业主导的科创平台数量也不够。此外，现有高校、院所、企业之间在物理空间上交流受限。建议奉贤围绕美丽健康、智能网联、新能源、数字经济、化工材料等领域，加快引进一批强势高校及新型研发机构。比如，上海第九人民医院整复外科享誉国内外，在研发方面与奉贤的美丽健康产业适配度高，奉贤可以与上海第九人民医院开展合作，通过建设奉贤分院或者医学转化驿站的形式加强合作。支持建设企业技术中心和工程（技术）研究中心，鼓励民营企业牵头建设市级科技创新基地。优化完善海湾区及其到奉贤新城的交通网络，减少班车换乘次数。

（三）持续加强与周边区域联动

奉贤与临港、张江、闵行等地区区位较近，产业和项目方面也有较大的合作空间。对于临港，奉贤区域面积的 2/3 被划入临港，随着智能网联新能源汽车未来空间项目的合作不断深入，未来奉贤与临港之间的合作将会更加密切频繁。对于张江，张江奉贤园区虽然只占奉贤总面积的 2.6%，却是全区经济发展的重要支撑，是美丽大健康、化学新材料等奉贤重点发展领域的主战场。对于闵行，闵行的大零号湾有望成为又一个上海超级品牌 IP，奉贤连通市区的唯一一条轨道交通地铁 5 号线横穿闵行，地铁 15 号线南延伸工程开工建设，也为奉贤和闵行的深度合作奠定了基础，两区之间的联动基础较好。建议奉贤：一方面要加强与临港新片区产业联动。用好临港新片区战略机遇，做好区内产业升级，不断提高区内智能网联新能源产业能级。同时，也要争取与临港新片区的交通路网连通织密。另一方面要加强与张江资源联动。与张江开展科创合作，特别是在生命健康产业以及集成电路芯片领域进行联动发展，实现张江研发、奉贤制造。此外，也要强化与闵行项目联动，推动东方美谷、数字江海等项目在应用场景、资源共享、政策互通等方面和闵行的大零号湾等项目加强合作。

作者：王珏

崇明区：以科技创新为崇明注入不竭动力

崇明地处长江入海口，是世界上最大的河口冲积岛和中国第三大岛，作为世界级生态岛和上海的后花园，崇明承载了上海最珍贵、不可替代、面向未来的生态战略空间。近年来，崇明持续增强科技创新赋能产业发展的力度，在细分产业赛道形成了自身的优势，为经济高质量发展增添了新的动力。

一、科技创新汇聚崇明蝶变力量

提起崇明，大家想到的关键词大多是绿色生态岛、长寿之乡、东海瀛洲等，似乎"科技创新"一词与崇明关系不大。然而，近年来崇明在科技创新领域取得了不少亮眼的成绩，产业创新成果不断涌现，重点项目示范引领作用明显，部分产业技术水平甚至达到了国内、国际领先水平。

在海洋装备领域，崇明已经在世界最大的标准集装箱船、"雪龙2"号极地科考船、LNG液化天然气船、全球最大的龙门吊、3600车汽车运输船等世界高端船舶制造和港口机械制造等领域领跑全球。在现代农业领域，崇明先后获评国家现代农业示范区、国家农产品质量安全县和全国首批农业绿色发展先行区，农业绿色发展指数连续两年位列全国第一。在绿色低碳领域，2023年长兴岛电厂10万吨级燃煤燃机全周期二氧化碳捕集与利用创新示范项目成功投入试运，填补了国内空白；崇明首个长江口碳中和实验室在横沙岛先行先试，为碳汇农业提供数据支撑；第十届中国花卉博览会园区被评为全国首个碳中和园区。

二、未来崇明科创蝶变的三大支撑

(一) 优势产业创新发展,孕育科创新场景

崇明独特的生态和区位优势绘就了特色优势产业,初步形成了以海洋装备为主导,都市农业和绿色低碳为特色的产业格局,为创新技术应用提供了丰富的产业场景。其中,海洋装备产业处于国际领先水平。位于崇明的长兴岛是我国规模最大、设施最先进、最具国际竞争力的造船基地之一,也是上海海洋装备产业重点布局双核之一,旨在打造世界级海洋装备岛。2018年,长兴岛入选首批国家海洋经济发展示范区,不仅集聚了江南造船、中远海运、振华重工、沪东中华四大央企,还拥有上海交通大学海洋工程全国重点实验室、江南研究院、航运技术与安全国家重点实验室等创新资源,同时与上海交通大学、上海大学、中船重工704所等高校院所有着紧密合作,海洋装备科技创新水平不断提升,未来有望打造千亿级产业集群。现代都市农业插上科技的翅膀。随着农业科创岛建设不断推进,崇明陆续建立了崇明生态农业科创中心理事会、中荷农业食品研究院、中国农业绿色发展研究会崇明实验站、全国农业科技成果转移服务中心崇明分中心、国家种业科技成果产权交易中心崇明分中心等平台,携手上海市农业科学院、上海海洋大学、上海交通大学共同成立了崇明农业科创联盟,建成运行崇明农业科技创新孵化园,长三角农业硅谷建设蓝图已然绘就,一大批农业科创领域的高端资源随之而来。绿色低碳领域发挥示范引领作用。2022年,崇明区率先发布全国首个碳中和示范区建设实施方案,明确崇明岛建设碳中和岛、长兴岛建设低碳岛、横沙岛建设零碳岛,勾勒出未来发展格局。在创新载体方面,崇明与同济大学合作成立碳中和学院、同济崇明碳中和研究院,引入上海碳中和技术创新联盟,设立上海长兴碳中和创新产业园等。在应用场景方面,崇明在上海率先实现新能源公交车和新能源出租车区域全覆盖,国内首艘超级电容新能源车客渡船"新生态"号投入运营。

(二) 基础配套日益完善,释放科创新空间

随着崇明对外交通基础设施建设迎来重大突破,其生态、区位等优势得以进一步发挥。同时,在一批高质量产业空间的加持下,崇明可以为创新成果转化产业化以及应用场景落地提供充足、优质的产业创新空间。"高铁＋地铁"塑

造交通新格局,随着交通基础设施网络不断完善,崇明正从交通末梢向交通节点转变,对外交通短板即将迎来重大突破。目前,轨道交通崇明线、沪渝蓉高铁崇明段等主干交通建设稳步推进,岛内围绕轨道交通崇明线、沪渝蓉高铁的配套路网也在加快规划建设,东西互通、南北互联的对外交通格局正在形成。同时,与沪渝蓉高铁相配套的高铁小镇建设也在稳步推进,未来将建成一座产城融合、低碳发展的绿色小镇。生态优势逐步转化为发展胜势,崇明是自然生态资源的宝库,以全市 1/5 的土地面积,承载着全市约 40% 的生态资源和 50% 的生态服务功能,优美的自然风光、清新的空气、优良的水质和肥沃的土壤,第十届中国花卉博览会的成功举办,更是将崇明的生态品牌推向了全国。良好的生态环境,为崇明开展科技创新活动以及发展康养旅游、体育运动、赛事活动等具有生态偏好的产业提供了得天独厚的条件,未来随着崇明交通短板的突破,其生态优势和吸引力也将进一步放大。高质量产业空间载体加快释放,崇明拥有长兴海洋装备产业基地、智慧岛数据产业园、崇明工业园、富盛经济开发区等一批优质产业园区载体资源。其中,长兴海洋装备产业基地规划面积为 7.13 平方千米,集聚了江南造船、振华重工、沪东中华、上海船舶运输科学研究所国家重点实验室等龙头企业和高水平研发平台;智慧岛数据产业园 2022 年被认定为首批上海市直播电商基地之一,先后挂牌成立了 5G 生态创新创业园、直播电商园、体育产业园等特色园中园;崇明工业园区规划总面积为 4.48 平方千米,是未来高铁崇明站经济辐射圈的首批辐射阵地。

(三)科创服务加速布局,提供发展新助力

近年来,崇明陆续引进高能级研究机构和创新平台,培育高水平孵化转化平台,加快推动科技金融机构集聚发展,随着科创服务链条进一步完善,未来可为重点产业和科技企业等发展提供有力支撑。围绕产业前端的研发创新,崇明陆续引进了上海交通大学长兴海洋实验室、上海船舶运输科学研究所国家重点实验室、航运技术与安全国家重点实验室、上海交通大学海洋工程全国重点实验室、中船重工 704 所、江南研究院等一批知名科研机构,先后成立了中荷农业食品研究院、中以现代农业研究院等国际合作科创平台,着力建设临港长兴科技园、长兴海洋科技港二期等总部平台项目,还积极承接张江专项,与上海交通大学联合承担的 2020 年度张江专项资金重大项目"上海长兴海洋智能装备创新平台(一期)建设"完成验收,基于 5G 的智慧船厂示范平台也已完成搭建。围绕科技企业的孵化培育,崇明陆续建立了一批高水平的孵化转化平台和基

地,加速推动产业新理念、新技术和新产品落地,如长兴海洋家创客基地场地面积近 7 000 平方米,致力于打造中国海洋行业垂直领域最专业化的孵化器,被评为国家中小企业公共服务示范平台、上海市科技企业孵化器、上海市创业孵化示范基地;上海智慧岛数据产业园东滩智慧孵化园总面积达 3.7 万平方米,助力智慧岛数据产业园培育构建与崇明世界级生态岛定位相匹配的生态智慧型产业体系;崇明工业园创业孵化基地已形成以文化创意为主的孵化集聚地;崇明农业科技创新孵化园成为集服务农业科技研发、创新创业、产业升级于一体的综合性园区。围绕企业成长的金融服务,富盛经济开发区将总部金融作为发展重点,建成绿色金融集聚区,设立崇明生态产业专项基金,主动承接上海国际金融中心的溢出效应。目前,绿色基金小镇已经形成一定规模,各类基金机构集聚优势明显,集聚了金浦创新投资、国盛海通投资、复创绿色投资、海通碳中和投资等一批头部基金公司,为种子期、初创期的科技企业以及领军人才、高层次人才创办或参与创办项目提供重点支持。

三、崇明科技创新发展的几点建议

(一) 加快推动海洋装备产业向前沿和高端迈进

鼓励海洋工程装备领域的重大科技基础设施建设布局,重点推动上海交通大学长兴海洋实验室、上海船舶运输科学研究所国家重点实验室等高能级科研平台发展,支持将上海交通大学长兴海洋实验室打造成为汉江国家实验室的重要基地。支持四大央企加快布局智能化制造模式,推动船舶与海工装备设计、制造、运维服务技术向智能化升级,联合高能级科研机构以及中小科创企业面向船舶智能系统、智能航行、探测控制元器件等领域开展关键技术联合攻关。前瞻布局深远海洋资源探采装备产业,发展深海物探船、工程勘察船等水面海洋资源勘探装备,以及载人深潜器、无人潜水器等水下探测装备,开发重型破冰、深海运维保障、深远海多功能救援等船舶工程装备,支持龙头企业提升深海探采水平。

(二) 以应用场景驱动培育未来产业新的爆发点

在数字经济领域,依托智慧岛大数据云计算中心、格尔安全研发中心等龙头项目,实施以算法为核心、算力为基础、数据为驱动的数据安全行动,支持通用大模型、智能算力芯片、智能传感器、智能机器人、智能网联汽车等领域的数据中心布局。在未来健康领域，探索布局现代医学中心，支持基因、细胞等前沿诊疗技术以及海洋中成药、中药新剂型等产品的临床应用，加快推动高端医养融合发展，完善绿色农业、品质旅游、特色体育、中医药等"＋康养"发展模式，打造具有国际影响力的智慧康养高地。在未来能源领域，有序推动加氢站布局，重点发展燃料电池公交、客运轮船热电联供、氢农业等示范场景，加快推动形成氢"制、储、运、加、用"完整产业生态，探索战略性储能技术研究与产业化布局。在环境治理领域，将世界级生态岛作为高标准实施土壤环境治理的试验场，形成环境治理的系统方案，在环境治理系统集成、方案提供、咨询服务等方面形成优势。

（三）打通研究—孵化—产业化的关键环节

围绕重点产业领域，加强高能级科研平台、孵化平台、专业服务机构等布局，积极打通前端研发—中端孵化—后端产业化的路径。支持海洋工程装备等领域重大科技基础设施布局，加快推进上海船舶运输科学研究所国家重点实验室、中船重工704所、上海交通大学长兴海洋实验室、国家海洋装备技术创新中心等科研平台建设，鼓励开展行业关键核心技术和前沿颠覆性技术等研究。加强孵化转化平台建设，重点支持海洋家孵化器建设，力争打造成为市级高质量孵化器；支持智慧岛数字经济孵化器建设，建立5G数字技术应用早期项目（技术）发现、验证、熟化及孵化机制；支持创业孵化园打造阶梯式孵化集聚地。发挥金融赋能科技创新作用，强化基金与孵化平台等联动，推动富盛金融会客厅建设，搭建金融沙龙、展览展示、项目路演等活动平台，建立健全"基金＋产业＋招商"新模式，以基金投资方式吸引关键项目落户。提升专业化科创服务能力，搭建覆盖检验检测、资格认证、科技咨询、标准化服务等全链条科创服务体系。

（四）打造产教深度融合的国际化高教园区

强化高教园区建设，吸引国际一流大学在崇明设立分支机构或开展合作办学，加快国际高端师资和科技人才引入。依托高教园区，强化与上海交通大学、同济大学、上海外国语大学贤达经济人文学院等国内高校合作，打造国际化人才联合培养实训基地，建立人才联合培育长效机制，积极参与国家工程硕博士培养改革专项试点。聚焦农业科技、绿色低碳、环境治理等领域，打造崇明的院士港,邀请国内外知名科学家、院士将科研及技术转化项目落在崇明。与国外知名大学开展合作,为学生实习、实训提供便利。积极组织或承办环境领域的国际性会议、论坛,形成中外环境治理思想汇聚地。

作者:项田晓雨

长宁区:积聚"最国际"动能,深耕数字化领域

作为上海最具互联网基因的城区之一,长宁早在互联网刚刚兴起的2000年就打出了"数字长宁"品牌,锻造信息服务业先发优势。同时,长宁区是虹桥国际开放枢纽北向拓展带和南向拓展带的交汇点,是大虹桥的核心节点和重要桥头堡,开放特征鲜明。"最国际"与"数字化"双翼齐飞,为长宁区科技创新发展注入了澎湃动力。

一、长宁东、中、西科创联动发展布局

结合城区载体布局特点,依托地铁2号线贯通长宁主要核心功能区的交通便利条件,长宁已形成东、中、西联动发展的科技创新布局。

东部中山公园地区重点推动人工智能、区块链和金融科技等新一代信息技术融合发展。加强与中国科学院上海微系统与信息技术研究所、中国科学院上海硅酸盐研究所等机构合作,加快布局人工智能、金融科技等创新产业集群。深化与中国人民银行数字货币研究所等机构合作,积极打造中山公园数字金融城。积极打造上海硅巷、新微智谷等一批有影响力的新技术产业孵化空间。

中部虹桥地区以数字技术赋能城市发展为主题,服务街区品质和智慧化水平持续提升,助力虹桥经济技术开发区及其周边区域的数字化转型。特别是在原有慧谷白猫、绿地智造界、缤谷大厦等载体的基础上,探索以产业赋能城区载体改造和功能更新,助力数字经济创新企业集聚发展,打造产业发展新空间。

西部临空地区重点聚焦临空经济、总部经济和数字经济,重点聚焦航空服务、智能网联、生命健康、人工智能、在线新经济等产业,促进高端临空服务业集聚发展。支持集科研、转化、服务、产业配套于一体的功能型平台落地临空。结合光大安石虹桥中心、东方国信跨国公司总部科创园、人工智能产业园等园区项目建设,打造总部引领、周边制造的区域合作。

二、长宁科技创新发展的三大引擎

(一)数字化积淀深厚

2000年,长宁确立了数字长宁战略,开始大力发展信息服务业。经过20多年的深厚积淀,数字经济已经成为长宁的最大产业和最强引擎。目前长宁已集聚6 000余家数字经济企业,拼多多、携程、爱奇艺等头部企业领跑优势凸显。携程作为国内第一批互联网企业,深耕在线旅游服务行业20余年,平台交易规模全球领先;拼多多成立仅8年,但一路高歌猛进,市值成功超越阿里巴巴,成为美股市值最大的中概股。2023年1—7月,长宁区数字经济企业税收占全区税收比重为54.9%,亿元以上交易量的电商平台达26个,平台交易总额居全市第一;2023年上半年软件信息业营收同比增长58.9%,增幅居上海市第一。此外,长宁各类数字经济新空间、新规划一一亮相。2022年5月,虹桥临空数字经济产业园获批成为上海市第二批14个特色产业园区之一;2022年6月,长宁区虹桥之源在线新经济生态园正式发布,成为三个市级在线新经济生态园之一。同时,携程智慧出行园、苏河汇全球共享经济数字贸易中心等特色园中园建设持续推进。

(二)"最国际"开放引领

"东虹桥"位于虹桥国际中央商务区东部片区,面积为19.9平方千米,坐拥东虹桥,上海长宁是"虹桥"品牌的发源地。2021年,虹桥国际开放枢纽上升为国家战略,长宁区全域被纳入"一核两带"功能布局,是大虹桥7 000平方千米内上海唯一的中心城区。位于大虹桥板块的长宁,居住、出行、商业等环境配套都比较完善,产业发展特色鲜明,形成"航空+总部""数字+绿色"两大集群。东虹桥片区总部集聚,外资集中,上海60%的基地航空公司总部位于这里,联合利华、博世、米其林、百秋等重量级企业总部纷纷入驻,各类总部企业达57家。临空低碳科技产业园、临空智能驾驶产业园等特色产业园区加速建设。2022年,在商务区各片区中,长宁片区以不到七分之一的面积,贡献了近40%的税收。此外,长宁区以"虹桥"品牌赋能,通过大虹桥—中欧企业跨国交流合作平台、大虹桥—中日企业交流发展联盟等国际交流合作平台,与各国积极开展技术交流、项目孵化和产业合作。

（三）上海硅巷成果初现

2022 年底，在科技回归都市的背景下，长宁区科委（科协）联合愚园路周边街道、科技企业与院所，共同规划策划了"上海硅巷——长宁创新城区"方案。对标纽约硅巷，上海硅巷是长宁借助数字经济发展契机对城市更新和产业集聚的创新探索。上海硅巷科创街区呈现田字格状，周边有上海交通大学、华东师范大学、东华大学、华东政法大学、上海对外经贸大学、上海工程技术大学等高校，还坐落着两家重磅研发单位，即以硅族材料、硅基元器件为研究对象的我国最早的工学研究机构——中国科学院上海硅酸盐研究所和上海微系统与信息技术研究所。过去两年，这一尚在探索阶段的机制就已取得显著成果：上海硅巷 1.48 平方千米区域内集聚了新微智谷、华为联通创新示范中心等十多家创新载体、50 余栋商务楼宇以及 500 多家科技企业。其中，矽睿科技、西井科技、黑湖科技、威士顿、氪信科技等行业细分领域的隐形冠军和独角兽企业不断涌现，挚享科技、翼健科技、索电数码科技等互联网和高科技企业蓬勃发展。

三、长宁科技创新发展须打好四张牌

长宁区推动科技创新发展，要强化具有长宁鲜明标识的独特优势，持续释放城区科创活力，提升产业整体能级和发展韧性，为此提出以下几点建议。

（一）打好"虹桥牌"，强化开放枢纽门户功能

长宁区是虹桥国际开放枢纽的核心承载区，大虹桥的地理位置决定了国际化是其亮眼特色。长宁要将国际化这一长板拉长，进一步强化开放引领功能。一是打造海外人才创新创业首站。提升虹桥海外人才一站式服务、海归人才创业系列活动、留学回国人员落户审批等品牌效应和功能作用，积极为海归人才和外籍人士提供保姆式服务，努力将长宁打造成为海外人才创新创业首站。积极拓展全域载体资源，设立更多留学生创业园，打造留学生人才公寓，营造宜居宜业环境。二是进一步提升国际影响力。抓住中国国际进口博览会等国家重大战略机遇，充分发挥大虹桥营商服务中心、中欧企业跨国交流合作平台、大虹桥生命科学创新中心等功能平台作用，广泛开展国际科技创新交流与合作，推动更多重量级的国际科技赛事、路演活动、创新创业论坛等落地长宁，让"最国际"成为长宁闪闪发光的金字招牌。

(二) 打好"数字牌",培育数字经济升级新动能

在多轮信息化、数字化的浪潮中,长宁已经积淀了良好的产业基础。当前长宁的数字经济以"互联网＋生活服务业"为主,放眼未来,需要注入新的活力和动力。一是持续丰富数字经济生态圈。充分借力在线新经济的发展趋势,深度融合人工智能、无人科技等新技术,培育一批更具科技含量的"互联网＋""智能＋"新业态新模式,积极布局数字医疗、工业互联网等新领域新赛道。结合本区时尚创意产业,积极发展智能可穿戴服饰、生产式 AI 创意设计等,打造丰富的应用场景。二是强化大企业创新引领作用。围绕大企业科技创新需求,精准定制政策服务包。支持携程、拼多多等头部企业牵头组建创新联合体,打通数字经济产业链,吸引上下游企业落地发展。推动大企业与高校合作,支持大企业建设研发中心,开发数字经济领域的新产品、新功能,促进科技成果转化。

(三) 打好"硅巷牌",持续推动城市更新

在科技回归都市的浪潮之下,上海硅巷是长宁打造的一片撒满科技种子的双创街区。不过上海硅巷起步时间较晚,科创功能有待进一步拓展和深挖。一是积极发掘社会化应用场景。愚园路等网红街区人流如织,大量青年人选择在此购物、休闲。长宁可以充分利用此类场景资源,将科创元素与时尚购物、文化休闲、旅游观光相结合,加快推动 5G、数字 XR、元宇宙等新技术综合应用,打造年轻人喜欢的众创空间,吸引一批高技术人才。二是着力引入科创要素。依托中国科学院上海微系统与信息技术研究所、中国科学院上海硅酸盐所的品牌效应,积极引入高校、科研院所在长宁设置分校、分院。深入打造沿线院所阵地、城市里弄、转角空间等产业新载体,创设更多类似武夷路 333 园区、新微智谷的优质城市更新项目,吸引众多高能级科创企业入驻,实现科创企业与科研院所联动,形成协同互补。

(四) 打好产业"组合牌",构筑产业发展强磁场

除了数字经济外,近年来长宁区其他产业的重要性也日益凸显。以生命健康产业为例,区级税收增速已连续三年保持在 25％以上,集聚了国药集团、上海生物制品研究所、丹纳赫等细分领域知名企业。长宁区推动经济高质量发展,需要积极营造各产业共生共荣的良好生态。一是打造生命健康产业在城区发展的范例。依托大虹桥辐射长三角乃至全国的交通枢纽优势,聚焦打造长三

角大健康产业标杆区，与张江、临港等区域错位发展生命健康产业。借助大虹桥国际平台，积极开展生命健康行业的跨界学术探讨和国际交流合作，丰富应用场景。用好区内金融资源和上海生物医药产业基金落地的优势，为产业发展注入金融活水。二是推动传统优势产业提质升级。航空服务业、国际贸易等本区传统优势产业还需探索向上动能。大力促进航空服务业高质量创新发展，构建航空物流、航空要素交易、航空维修等航空服务业全产业链。推动现代商贸业等产业向高端化、智能化、绿色化方向转型升级，前瞻布局智能终端等产业新赛道。同时通过城市更新，引入更多参与全球资源配置功能的产业项目与服务设施，提升国际影响力。

作者：刘梦婷

青浦区：千年水乡链接数字未来，奏响科创新律

青浦，一方沐浴着千年历史光辉的土地，古老的海岸线冈身纵贯全境，太湖流域的崧泽文化发源于此。这里是江南水乡的缩影，河湖交织、塘浦相连，古老的水系文化延绵不绝，不断吸引着创新资源的汇聚。而数字未来则是一曲现代科创的奏鸣曲，作为长三角数字干线的首发地，青浦正在这个数字时代奋力崛起，数字产业化、产业数字化日益加速，为青浦的科创之路提供了无限动力。

一、科创青浦，势能正劲

随着上海西向发展轴的快速延伸，青浦正成为上海建设科创中心的战略性区域，在中国国际进口博览会、虹桥国际开放枢纽、五大新城、长三角一体化先行示范区等国家战略红利的加持下，青浦也一直在蜕变、升级。而科创作为青浦经济高质量发展的重中之重，呈现出了强劲的发展势头。2023 年，青浦区研发投入持续提升，研发投入强度从 3.56％大幅提升至 4.41％。

纵览整个青浦区，有 5 个创新功能区已颇具显示度，分别为西岑科创中心、青浦工业园、市西软件信息园、北斗西虹桥基地和西虹桥商务区。

青浦西岑科创中心是示范区"一厅三片"中的重要部分，整体分为东西两片。东片是华为青浦研发中心，建成后将导入近 3 万名研发人员，开展华为终端芯片、无线网络和物联网等领域的创新研发。西片是西岑科创园区，集企业办公、研发中试、技术孵化和配套居住于一体的国际一流创新社区基本形成。

青浦工业园拥有青浦综合保税区、张江高新青浦园两个国家级开发区，已成为产值超千亿元、税收超百亿元的大型战略性新兴产业园区，形成了生物医药、新材料、人工智能等产业集群，率先打造生命科学和数字智造两大开放式产业社区，为青浦科技成果转化提供了足够的空间支撑。

市西软件信息园是上海市软件信息产业布局中的重要一环,以软件信息和高新技术为核心产业,落地上海精测研发总部、网易国际文创科技园等项目。未来将依托华为大数字创新实验室,推动软件和信息技术服务业技术创新、区域合作、产业联动、生态营造等方面发展,把工业软件、工业互联网、人工智能、国产化创新等领域作为扩园转型升级的方向。

北斗西虹桥基地作为空间信息产业的桥头堡,正在迈向未来空间产业新蓝海,已集聚了华测、普适、联适、海积等一批"北斗 + ""+ 北斗"跨界融合企业,落地了北斗导航研发与转化功能型平台,形成了全方位、立体化的先导产业创新生态体系。

西虹桥商务区聚焦"科创 + 商贸"功能定位,集聚了国家会展中心(上海)和国家会计学院两大国家级平台,已落户中核建、安踏、美的等总部企业,引进联合国采购中心等一批国际组织,不断完善会计、审计、人力资源、金融、物流等专业服务体系,打造国际化中央商务区和开放共享的国际贸易中心新平台。

二、青浦"四手联弹",推动科技创新发展

青浦正以数字经济为引领、资源禀赋为亮点、创新产业为助力、创新生态为支撑,迈入全新的科技创新时代。

(一)以数字经济为引领,塑造新动能新优势

在多项国家战略叠加下的青浦开始布局发力,将推动产业"智变"视为制胜未来的法宝。2022 年,青浦区以 G50 沪渝高速主干廊道为纽带,率先提出打造长三角数字干线,聚焦人工智能、工业软件等核心赛道,构建从研发到生产、贸易到服务、应用场景全链条的数字经济主阵地。沿着这条干线从东向西,美的全球创新园已结构封顶,将深化布局机器人与自动化等创新研发,长三角绿洲智谷打造以"数字 + 科创 + 一体化"为核心的"双创"孵化基地,东方生命港·青浦新城园和虹桥园加快建设,打造 117 万平方米智造空间,推动优质制造业项目工业上楼,让新质生产力充分涌流。数字经济也带动了青浦传统产业转型升级。在快递物流领域,青浦正推动快递物流一头向数字供应链延伸、一头向数字物流装备拓展。青浦还大力发展数字人力资源、数字广告、数字娱乐等,这些数字技术和现代服务融合发展的新兴产业,也进一步聚木成林形成规模,为青浦提供发展动能。

(二)以资源禀赋为亮点,释放创新新场景

青浦区位独特、生态禀赋优越,为创新人才提供了宜居、宜业的发展空间。众所周知,虹桥青浦片区是中国国际进口博览会的举办地,也是虹桥国际开放枢纽的核心区,是青浦对外开放、连接全球的重要平台。西虹桥地区"虹聚"效应已加快释放,累计培育 14 幢税收"亿元楼",形成了央企总部、跨国企业总部、民企总部、新兴科技企业总部汇聚的创新企业新兴集聚地。同时,公共服务品质也在逐渐升级,百老汇剧场、安踏体育公园等高能级公共服务项目建设快马加鞭,逐渐实现高品质 15 分钟生活圈与高品质科技人才的双向奔赴。站在蟠龙天地,古往今来、中西交汇、尽收眼底。此外,青浦也是一座生态之城,高颜值正在带来高价值。一方面,依托淀山湖、元荡、青西郊野公园等水系资源,打造青溪知道书院、漕通水城门等一批承载江南文化记忆的地标,让城市有温度、有记忆。另一方面,用好风景引来新经济,如华为研发中心、西岑科创中心等。华为研发中心的落户必将吸引上下游产业链在周边布局,围绕华为所打造的青浦西岑科创中心,为前沿产业配套布局高端科技服务和文旅休闲功能,打造科创园区与小镇生活共生、创新场景与水乡风景共融的科创绿核。

(三)以创新产业为助力,拓展新领域新赛道

经济高质量发展,不仅需要像消费品工业这样的压舱石,还需要在产业新赛道上开疆拓土。青浦围绕三大优势产业,在做大数字规模、做宽健康领域、做活商贸市场方面下足了功夫,积极打造更多特色产业集群。在大数字产业方面,引入华为、网易、美的等一批头部企业,推动数字产业链迅速发展。2023年,青浦区规上软件和信息技术服务业企业营收达 490.3 亿元,同比增速达到 27.2%,始终保持全市前三。集成电路、数字物流、工业软件和云服务等细分领域重点企业均呈现较好的发展态势。在大健康产业方面,瞄准生物医药、时尚美妆、健康休闲等赛道,集聚青浦生命科学园、上海家化、妮维雅、安踏等企业和平台。位于张江青浦园内的冠瑞(上海)医疗科技产业园,正以高端医疗器械和设备为特色,为健康领域科技成果产业化提供配套服务,打造健康产业未来之城。在大商贸产业方面,青浦是"三通一达一兔"快递物流总部所在地,2022 年快递物流业营收达 1 568 亿元,占全市的 85%,全国的 15%。

（四）以创新生态为支撑，集聚科技创新要素

良好的创新生态是科技创新迸发的土壤。青浦持续优化科技创新生态，推动各类科技创新要素在此集聚。积极引进高层次人才，青浦积极打响"青峰"人才品牌，建设长三角（青浦）数字人力资源产业园。2023年上半年发放外国高端人才和专业人才工作许可446件，占许可总数的99.55％。加速培育创新型企业，目前青浦已集聚国家级专精特新"小巨人"企业33家、市高新技术企业1016家。金发科技、普利特等企业均入选上海硬核科技100强企业名单，本土企业启源芯动力完成15亿元B轮股权融资，是2024年上海首个独角兽企业。加快打造产学研平台，全区集聚院士（专家）工作站52家，吸引了复旦国际融合创新中心、同济长三角可持续发展研究院、华为大数字创新实验室、中山医院青浦新城院区等。其中，复旦国际融合创新中心与青浦新城布局产业的产学研合作，将打造三大新工科顶尖学院，推进生物医药、智慧医疗、集成电路等领域的融合创新。加速建设科技新基建，上海数据集团落地青浦，国家算力枢纽节点布局建设，中国电信、中国移动、华为以及优刻得等全国一体化算力网络国家枢纽节点项目正在落地建设。

三、推动青浦科技创新发展的几点建议

（一）推动建设数字创新高地

长三角数字干线作为一条创新链和产业链相结合的数字创新发展带，正成为青浦推动高质量发展的新引擎。青浦应加快提升长三角数字干线区域经济品牌影响力与辐射效应，争取升级成为上海乃至长三角多个城市参与的国家战略，协同联动打响数字经济硬核品牌。同时，青浦要进一步优化数字干线上各个节点的产业分工。比如，以华为研发中心投入运行为契机，推动汽车电子芯片、6G、XR等技术研发突破及产业化；充分发挥北斗导航研发与转化功能型平台作用，构建通导遥一体化空间信息系统，形成数字赋能的空间信息技术创新体系；依托网易上海国际文创科技园，支持拥有核心科技、优质内容、用户流量的创新型互联网头部企业发展；依托国家算力枢纽建设，深化与上海数据集团合作，引进一批数据、算法、应用等领域上下游重点产业，使大数据、云计算、物联网、信息枢纽等新技术的应用成为常态，构筑起强大的数字创新能量场。

（二）打造风景中的创新集聚地

近年来，青浦一直将坚守生态作为发展原则。相对于上海市区及其他近郊城市，青浦开发强度和密度适中，预留了较好的发展潜力和品质空间，有望探索更多引领科技创新发展的新模式。青浦是上海最具江南水乡特色的地区，不仅保留了较为完整的地方特色，还有老城厢等成片的历史遗留，应当在充分研究和挖掘的基础上，打响文化 IP，将科技创新元素融入城市空间建设、景观营造和特色节点打造等领域，吸引科技人才和创新型企业集聚。以西岑华为研发中心为示范项目，充分利用水乡形态和村落布局，打造独特的园区形象和创新氛围，为科创企业提供良好的创新创业环境。此外，良好的生态环境也为绿色低碳、新型储能、生物医药等科技创新应用提供了特色场景，可以把绿色经济和数字经济结合起来，打造一批标杆性示范应用场景。

（三）形成跨区域合作的创新生态圈

青浦地处虹桥国际开放枢纽核心区和长三角一体化发展示范区，可以利用其战略优势，紧密结合长三角交通枢纽中心地位，借助上海中心城区势能，打造连接全球、辐射长三角的窗口和中枢，形成开放的科技创新合作局面。一是打响上海之门、国际枢纽城市品牌。一方面发挥国家会展中心的平台功能，做好大会展、泛会展文章，打造国际化科技交流盛会。另一方面紧抓丝路电商合作先行区建设机遇，培育更多的"丝路电商"展销、直播、采购等应用场景，全面提升虹桥枢纽的开放水平和发展能级。二是积极构建长三角科技创新共同体。利用华为、网易等企业创新资源和全新网络优势，引导长三角龙头企业或领军企业牵头建立开放式创新平台，完善信息互通、人才无障碍流动、服务共享的创新网络。三是打造张江研发、上海制造的承载地。市西软件信息园、青浦生命科学园作为上海软件和信息技术服务业以及生物医药产业布局中的重要载体，可以在科技成果转化、科创载体建设和创新企业培育等方面深度对接张江高新区，加强新赛道前瞻布局。

（四）培育产学研共进的创新空间

与其他郊区相比，青浦的高校及科研院所资源较为贫乏，产学研合作能级亟待提升。建议青浦着眼未来产业重点方向，加大对应用研究类高校分支、科研院所的布局和引育，探索"学科＋产业"的创新模式，加强和企业研发中心的联合,设立研发与转化中心、重点实验室、新型研发机构等创新功能型平台,深化校地合作、校企联合、区域协作,促进科技创新成果本地转化。优化孵化器运作模式,提升创业孵化服务能级水平,形成一批具有国际影响力的开放型科创社区和科创街区。此外,围绕产业社区做好赋能文章,对标一流产业社区,加快补齐短板,鼓励区内园区搭建集检测认证、信息共享、科技成果转移、科技金融等功能于一体的科技服务平台,更好地为科技企业赋能。

作者:许君莎